JN221657

Basic Study Books

入門
人的資源管理論

Introduction to Human Resource Management

佐藤飛鳥・浅野和也・橋場俊展 編著

Sato Asuka, Asano Kazuya, Hashiba Toshinobu

法律文化社

はしがき

　「人的資源管理」の世界へようこそ！

　この世界の扉を開けてくださったことに，まず敬意を表します。なぜなら，この書を手にしたあなたは，この世界に関心を抱き，身近な出来事に対して，それが「どうして重要なのか」「何が問題なのか」，という基本を理解したいと望んでいるに違いないからです。そうした気持ちこそが，人的資源管理を学ぶ上では最も重要だと，私たちは考えています。

　本書は読者となる方々，すなわち，本書のテーマに興味をもつ学生さんや一般の方々，そして現場の方に，人的資源管理について学び始めの段階で，最新の情報や課題などをしっかりと理解してもらい，さらに，人的資源管理の理論や現在の日本の労働政策（労使関係や社会保障等々），行政の構造や制度について，その意義や実態，制度趣旨までを理解いただけるように意図しています。そうして，「人的資源管理」を基礎から理解し，その全体を俯瞰できるようになれば，あなた自身が，これから遭遇する出来事に対して，主体的に考え，対応していける基礎力を身につけることができるでしょう。そしてそれは，生活の中で極めて身近で重要な「人的資源管理」を学ぶことの意義と充実感をもっていただくことになると考えます。

　このような目的を掲げ，本書の執筆者である労務理論関連の研究者たちは，これまで蓄積してきた研究成果を基に，編著者および出版社の編集者と一致協力して，この充実した教科書を作り上げました。本書が，人的資源管理の世界の扉を開け，問題意識をもって学ぼうとする志高き読者の方々と，その方々の人生に少しでも寄与する書籍となれば幸いです。

　最後に，熟考を重ねて本書を企画・執筆・編集する上でリーダーシップを発揮された編者の佐藤飛鳥先生，浅野和也先生，橋場俊展先生に深謝します。また，執筆の機会を与えてくださった法律文化社の畑光社長と，この渾身の作を完成へと導いてくださった，私たちのかけがえのない編集者である梶谷修氏と田引勝二氏に心より感謝申し上げます。

2024年9月

　　　人的資源管理の世界を学び，自らがグローバル社会の人的資源とならんすべての読者に本書を捧げたい。

　　　　　　　　　　　　　労務理論学会第11期会長　　中村艶子

目　次

はしがき

Ⅱ　「働き方改革」下の人的資源管理と課題

Ⅲ　少子高齢・グローバル社会における課題

序　章

人的資源管理とそれを学ぶ意義

　　　　　ヒトを対象とした管理を意味する用語は複数存在するが，本書は
　　　　　人的資源管理にこだわりをもっている。人的資源管理という概念に
　　　　　込められた意図が明らかになれば，その理由を理解してもらえるこ
　　　　　とだろう。人的資源管理とは何か，そしてそれを学ぶことにはどの
　　　　　ような意義があるのかを概説することが本章の目的となる。

1　人的資源管理とは

　本書は，ヒトという経営資源を対象とした管理，すなわち
人的資源管理（Human Resource Management：以下，HRM）の
ベースとなる理論や知識，日本での具体的な展開などについ
て解説することを企図している。

　ヒトを対象とした管理を意味する言葉としては，他にも労
務管理，人事管理，両者を合わせた人事労務管理，近年では
雇用管理等も用いられるが，本書は HRM にこだわり，タイ
トルにも用いることにした。われわれがこの HRM にこだわ
る理由は次節で述べることとして，ここでは人事管理と比較
する形で HRM 概念の特徴やそれが誕生した背景を概観して
おこう。

　HRM という言葉は，1970〜80年代にアメリカにおいて普
及・定着した。それ以前は，人事管理（Personnel Manage-
ment：PM）という言葉が一般的であったのだが，この PM
は以下のような特徴を有していた。①ヒトを取り替え可能な
資源とみなすという人間観に基づいている，②雇用管理，業
績管理，報酬管理，教育訓練・能力開発，労使関係管理から
構成される管理構造となっている，③ブルーカラー労働者を
主たる管理対象としている，④利害対立を前提とした集団的
労使関係を労使関係の基本としている。

　これに対して HRM は，①価値ある資源・資産としてヒト
を重視している，②管理構造そのものは PM との差異はな
いが，経営戦略，組織構造，職務構造など，現場レベルには
とどまらない全社的マネジメントとの関係性，親和性を強く

2

意識している，③管理対象としてホワイトカラー層をより重視している，④Win-Win の関係を強調しつつ個別的な労使関係を重視していることを特徴としてあげることができる。

PM との比較を通じて把握できた以上の HRM の特徴を敷衍すれば，ヒトを企業にとって極めて貴重な資源，信頼に値するパートナーと位置づけ，ヒトの有する能力開発への積極的投資とその有効活用を図りながら企業利益を追求していこうとの指向性こそが HRM の理念といえる。

アメリカにおいてヒトの管理が PM から HRM へと発展した背景には，人的資源の軽視がアメリカの産業競争力低下につながったとの理解，逆に1970～80年代隆盛を極めた日本的経営の鍵は **QC サークル**[*]，**チーム制度**[*]，あるいは長期雇用，充実した教育訓練・能力開発，地位的格差の少ない労使関係などの日本的雇用慣行により，人的資源が有効活用されている点にあるという理解の広がりがあった。後者についていえば，当初日本的な慣行として認識された人的資源の活用は伝統的なアメリカの優良企業においても独自の展開を経て実施されていたことが知られるようになった。これも，ヒトという資源を信頼し，尊重する経営に国境はないのだという認識を促すことで，HRM 普及の一契機となったのである。

こうして生成・発展した HRM 概念は，その後，HRM システムと組織構造を，ミッション・戦略に合致させることの重要性を説くミシガン・グループの研究成果を皮切りに，戦略的人的資源管理（Strategic Human Resource Management：SHRM）へと展開され，その後も**リソース・ベースト・ビュー（RBV）**[*]といった経営戦略論の知見を援用しながら進展していくことになった。SHRM 概念において，ヒトは，企業の競争力の源泉となる戦略的資源とみなされるのである。

② 人的資源管理という概念に寄せる思い

以上で述べた，HRM の理念への共鳴，そしてこうした理念が実際日々の管理に反映されることへの期待。端的に述べれば，これこそが，HRM という言葉に本書がこだわる理由である。もちろん，無条件でこうした HRM の理念が実現するほどに企業のマネジメントが甘いものでないことは承知しているつもりである。本書のいくつかの章においても，HRM の理念から遠くかけ離れた実態，すなわち様々な労働

＊QC サークル
Quality Control サークルの略称。職場内で品質管理（Quality Control）活動を行う10人前後の小グループを指す。ZD（Zero Defects）運動，自主管理（JK）活動と呼称されることもある。

＊チーム制度
一般的に10人前後の労働者をチームとしてまとめ，そのチームに，隣接するいくつかの作業領域を統合再編したものを与えるという管理手法。（準）自律的な作業集団，自己管理（決定）チーム，チーム・コンセプトといった呼称が用いられることもある。

＊リソース・ベースト・ビュー（resource-based view）
持続的な競争優位の源泉を，企業が内部に保有する経営資源に求める競争戦略論の一アプローチ。

問題について言及されるであろう。

　しかしながら，そのような厳しい現実が存在することを
もって，理念を体現した HRM やそれを基調とした企業経営
を，非現実的なものとして諦め，あるいは冷笑することは控
えたい。まずは，企業―従業員の Win-Win の関係をもたら
しうる「良い管理」や「良い経営」の存在可能性を認めた上
で，その実現のために，企業，従業員，労働組合，政府・地
方自治体，その他（企業の）**ステークホルダー**[*]といったアク
ターにはどのような役割が求められるのかを考えていく。本
書はこのように前向きに，建設的に，そして必要に応じ批判
的に HRM を捉えていきたい。そもそも，HRM 概念台頭の
背景でも触れたように，日本企業における従来型のヒトの管
理には，従業員の意欲や成長を重視し，積極的にそれを引き
出そうとする姿勢が認められてきた（平野・江夏，2018，7
頁）。つまり，日本型 HRM は伝統的に HRM の理念を内在
してきたとみなしうるのである。むろん，従業員の意欲や成
長を無制限に追求しては，働く者の健康を蝕みかねないた
め，適切な範囲で，こうした従来型の日本的 HRM が有する
HRM 理念と重なる側面を活かしつつ，「良い管理」や「良
い経営」を実現する道筋を読者とともに模索していきたい。

＊ステークホルダー
直接的・間接的な利害関係
者を意味する。具体的に本
書においては，株主，経営
者，従業員，顧客，取引
先，金融機関，行政機関
等，株式会社の利害関係者
のことを指す。

③　改めて注視される人的資源管理の重要性

　それでは，HRM を学ぶことにはどのような意義があるの
だろうか。昨今「人的資本経営」あるいは「人的資本投資」
が，個別企業の経営課題としてはもちろん，政策的な課題と
しても重視され，政府や財界も大きな関心を寄せている。こ
うした気運を高める契機になったとされる経済産業省の報告
書（経済産業省，2020），同報告書の後継版（経済産業省，2022）
では，概略，以下のような指摘がなされた。

　今日，日本企業は，テクノロジーの急速な進歩，顧客ニー
ズの多様化，従業員の安全を確保した上での事業継続，ある
いは多様な人材確保といった変化や経営課題に直面してい
る。他方で，2010年以降，企業価値としては有形資産よりも
人的資本を含む無形資産が重視されるようになっている。こ
れらを踏まえ，ビジネスモデル，経営戦略と人材戦略を連動
させることで，企業の競争優位，イノベーションを通じた新
市場の創造・獲得に資する原動力となる人材を確保・育成
し，イノベーションを生み出す環境を整備することが，日本

企業の喫緊の課題である。

　人的資源ではなく人的資本という言葉が用いられている
が，有能な人材の確保・育成を通じて，企業競争力を高めて
いくべきとする同報告書の方向性はHRMの理念と合致して
いる。*1 すなわち，呼称こそ異なれど，昨今，過去に例がない
ほどHRMのあり方が社会的に注視されているといって過言
ではない。岸田文雄政権の掲げた「新しい資本主義」にも
「人への投資の強化」が含まれていること，「働き方改革」，
「リスキリング*」，「賃上げ」，「人工知能（AI）の進化が雇用
に与える影響」などHRMに直接・間接的に影響を及ぼす事
項が，テレビ・ラジオ・インターネットニュースや新聞紙上
で頻繁に取り上げられていることもその証左といえるだろ
う。

　このように広く注目されているHRMの基礎について学ぶ
ことは，あらゆる立場の人々にとって意味があるだろう。と
りわけ，これから社会で働くことになる学生の皆さんには，
どのような意図でどのように自身の働き方が管理されていく
のかを知ることは，理想とするキャリアを実現するという観
点や，働く者としての権利を守り，これを行使するといった
観点からも有益なはずである。

＊1　ヒトを「資源」とみ
なす考え方が「人件費＝コ
スト」との発想につなが
り，結果として人的資本へ
の投資を抑制させてきたと
の指摘も見受けられるが，
これはHRM概念生成の歴
史的プロセスを踏まえてな
い皮相な理解といわねば
ならない。
＊リスキリング
➡第7章「人材育成とキャ
リア開発」❷ 3

4　本書の特徴と概要

　本書の特徴として，重要語句の解説や補足説明，クロスリ
ファレンスの明記など側注に十分なスペースを取っているこ
とがあげられる。これは，本文中において詳細な言及がかな
わなかった専門用語，重要な出来事や事例などを網羅するこ
とによって，一定程度HRMに関する知見を有する読者の知
的好奇心を満たすとともに，各章で扱うトピックについて可
能な限り最新の情報を提供することを意図してのことであ
る。

　他方，上述したようにHRMの理念を基本的には支持しな
がらも，現実のHRMに潜む諸問題や諸課題にも目をこらし
ていること，すなわち全体を通じて日本企業におけるHRM
の二面性を描いている点が本書のもう1つの特徴といえる。
繰り返しになるが，HRMの理念が無条件に実現することは
あり得ない。過労，各種ハラスメント，格差問題等の労働問
題を直視し，それらを解決する道筋を見出さない限り，
HRMの理念は絵に描いた餅になりかねないものとわれわれ

は考える。日本型 HRM の何を評価し，どこを是正すること
で理念により忠実な HRM が実現するのかを考えながら本書
を読み進めてほしい。

　本書は日本企業における HRM の基本構造について学ぶ
「第 I 部　日本企業における人的資源管理の基盤と変容」（第
1 章〜5 章），第 I 部で学んだ日本型 HRM を掘り下げつつ，
それらが直面する課題を見据える「第 II 部　『働き方改革』
下の人的資源管理と課題」（第 6 章〜10章），少子高齢化やグ
ローバル化といった社会環境の変化を背景とする HRM の今
日的課題を取り扱う「第 III 部　少子高齢・グローバル社会に
おける課題」（第11章〜14章）の 3 部構成となっている。各章
の概要は次の通りである。

　第 1 章「**日本における人的資源管理の構造と展開**」は，
HRM が，現場管理者の担っていた管理権限を経営側が掌握
することで成立すること，その契機が，大量生産方式の導入
であることを明らかにしている。この大量生産は，伝統的な
熟練を解体し，膨大な職務を生み出し，その管理権限は経営
側に集権化された。欧米では労働組合の規制などから職務を
基軸とする人材の管理が行われるのに対し，日本では職種範
疇が欠如しており，HRM は年功を基礎に行われてきた。以
上のように，同章では日本の HRM が概観されている。

　第 2 章「**雇用調整と退職管理**」は，HRM 理論の人材戦略
アプローチを紹介しながら，長期定着と人材育成を図る人材
戦略モデルだけではなく，企業にとって人材のフローには選
択の幅があることを強調している。一方，働く者にとって
も，解雇と退職に関するワークルールを理解しておく必要が
あることから，同章は，そのワークルールを解説し，その規
制緩和について読者に考えてもらう論点を示している。

　第 3 章「**評価制度**」は評価制度を扱う。HRM において
は，長く続く雇用や業務請負が開始された時点で設定された
処遇条件を，期間の経過とともに変化させる仕組みが採られ
ていることが多い。それは働き手のコミットメントを調達し
続けたり「能力」の向上を促すためである。その処遇水準を
コントロールするための梃子として人材の評価制度があるこ
となどが明らかにされる。

　第 4 章「**複雑化する賃金制度・報酬，福利厚生**」は，ここ
数年，大きな課題となっている賃金の改革を取り扱う。一般
に日本の賃金は，年功賃金として把握されてきた。だが年功

賃金は，労働者間の配分の問題であり，企業経営の視点からは利潤と賃金の関係が前提とされる。同章ではベース賃金にかかわる総額賃金の問題と，年功賃金にかかわる賃金形態の変遷，さらに福利厚生の動向を考える。それをもとに日本における賃金管理の展開について検討している。

第5章「**労働組合と労使関係**」は，労働組合を中心としながら労使関係について概説する。具体的には，日本的労使関係の特徴を明らかにするとともに，世界的な労働組合組織率の低迷を背景に台頭してきた個別的労使関係や非組合型従業員代表制度を重視する見解を批判的に検討しつつ，近年の米国における労働組合の活発な取り組みを踏まえ，労働組合復権の可能性を論じている。

第6章「**雇用の流動化と多様な就業形態**」では，雇用の流動化と多様な就業形態について概説し，その日本的特徴を明らかにしている。国際社会において雇用の流動化は途上国の増加する人口を先進国が労働力として受け入れるといった意味で用いられ，日本においては衰退産業から成長産業へ労働力を移動させるという意味で使われる。就業形態の多様化は日本では戦前から存在していたが，日経連が「自社型雇用ポートフォリオ」を打ち出したことに加えて技術革新の中で就業形態の多様化が拡大したが雇用の流動化は政府の期待通りに進んでいない。

第7章「**人材育成とキャリア開発**」では，企業内人材育成の意義・方法，日本型雇用慣行に基づく人材育成の特徴，そして1990年代以降の環境変化を背景とした日本企業の人材育成の停滞について解説している。その上で日本企業の人材育成の課題として，経験学習論や研修転移論に基づくOJT・Off-JTの再構築，企業の主導性と従業員のキャリア自律の両立，そして非正規雇用労働者・女性従業員の育成などについて論じている。

第8章「**管理職の役割と次世代リーダーの育成**」では，まず，管理職やリーダーの多様な職務や役割を概観してから，リーダーシップについて解説する。次に，将来を予測することが難しく，多様化している働き方が浸透している現在における管理職やリーダーを育成する施策や課題を確認し，管理職のやりがいや悩みについても検討する。

第9章「**働きすぎと労働時間・安全衛生**」では，労働時間管理の基本的な概念について論じている。労働時間の実態把

握から時間外労働に対する法的規制，有給休暇などほぼすべ
ての労働者に該当する諸制度を踏まえて，常態化する時間外
労働によってもたらされる過労死や精神疾患が深刻な問題で
あることを指摘している。また，柔軟な労働時間管理制度の
しくみと懸念される問題点を抽出し，働きすぎに歯止めをか
けるための課題を提起する。

　第10章「"休み方改革"とモチベーション」では，ワー
ク・ライフ・バランスの観点から，休み方に着目し，年次有
給休暇を中心とする日本の休み方の現状やその背景を明らか
にするとともに，国際比較から日本の特徴を析出していく。
さらには，休暇がもたらすモチベーションや生産性，創造性
などにもたらす意義についても考察していく。

　第11章「労働力不足と外国人労働者」では，2023年で
204.8万人を超える（厚生労働省）とされる日本で働く外国人
労働者の働き方について考察する。具体的には，日本の外国
人労働者における外国人技能実習生の位置を確認した上で，
移民労働者や一時的移民労働者をめぐる議論を整理する。そ
して，外国人技能実習制度が有効に機能しうる最低限の条件
として，職場移動をできる権利に注目する。

　第12章「ダイバーシティ・マネジメントとワーク・ライ
フ・インテグレーション」では，この2領域をジェンダー面
から考察する。より具体的には，ダイバーシティ・マネジメ
ントをアメリカの法制度，教育研究環境，科学技術産業およ
び多様な人材の包摂から理解し，人的資源管理におけるジェ
ンダー・ダイバーシティを概観する。さらに，生き残りをか
けた実質的戦略として，ワーク・ライフ・インテグレーショ
ンに着目する。

　第13章「タレント・マネジメントとワーク・エンゲイジメ
ント」では，近年，注目を集めているタレント・マネジメン
トとワーク・エンゲイジメントについて，以下のことが明ら
かにされる。従業員一人ひとりに目を向けるタレント・マネ
ジメントは，適材適所に資する適者開発を可能とし，イノ
ベーションや成長事業の創出につながる。一方，従業員から
みると，従業員のタレントが発見され育成される過程で，組
織への信頼が高まり，仕事への愛着も高まる。その結果，熱
意をもって主体的に仕事をしている状態であるワーク・エン
ゲイジメントを高めることができる。

　第14章「グローバル人材の確保と活用」では，グローバル

企業で活躍するグローバル人材に対しては国内の HRM 以上の配慮が必要となることを中心に，リテンション・マネジメントにつながる HRM について述べている。これと関わり，日本のグローバル企業が国内労働市場での制度環境や慣習に基づく HRM をベースとしている場合に，従業員の現地適応のため留意すべき施策を含め，競争優位の源泉である従業員を惹きつける HRM が企業に求められていることが明らかにされる。

　以上の諸章を通じて，読者は日本型 HRM の実態・特徴・諸課題を多面的・多角的に捉えることができるものと期待している。本書が，HRM はもとより，自身のキャリア，働き手としての権利，持続可能な企業経営とそれを可能とする経営環境，ひいては広く社会・経済に対する関心を高める契機となれば執筆者一同，これに勝る喜びはない。

引用参考文献

黒田兼一，2018，『戦後日本の人事労務管理』ミネルヴァ書房。

経済産業省，2020，『持続的な企業価値の向上と人的資本に関する研究会報告書：人材版伊藤レポート』。

経済産業省，2022，『人的資本経営の実現に向けた検討会報告書：人材版伊藤レポート2.0』。

橋場俊展，2020，「人的資源管理論の基本問題」百田義治編著『現代経営学の基本問題』中央経済社。

平野光俊・江夏幾多郎，2018，『人事管理：人と企業，ともに活きるために』有斐閣。

（橋場俊展）

I

日本企業における人的資源管理の基盤と変容

第1章
日本における人的資源管理の構造と展開

　本章では，日本の人的資源管理の特徴を管理職能の「自立」と伝統的な「管理」の方法をもとに明らかにし，それに基づいて雇用管理や賃金管理，さらに労使関係管理の日本的なあり方を考えることにする。さらに日本的な人的資源管理の把握をもとに人的資源管理の変貌について検討することにしよう。なお本章では，「管理制度」の歴史的展開を扱うために「働く者」に対する管理を人的資源管理としている。

① 日本における人的資源管理の特徴

1 人的資源管理の枠組み

　人的資源管理は，人的資源，従業員に対する施策を意味する。最近では組織や戦略という視点からこの人的資源の管理を考えることが多いが，一般に研究の対象となるのは資本主義の企業である。資本主義社会の企業は，営利を目的としており，そのために生産や販売などの経営職能を行うことが必要である。企業間の競争を前提に企業規模が拡大していくと，経営職能は，複数の人間によって担当される。企業規模を急速に増大させたのが，大量生産方式の導入である。

　大量生産は，受注生産とは異なり，単一，あるいは同種の製品の市場での見込み生産を意味している。代表的な形態が，自動車産業のベルトコンベア方式である。大量生産は，機械の導入を伴って進められるが，機械の導入は，伝統的な熟練作業を会社から放逐し，機械の稼働に必要な多くの**職務**を生みだす。さらに複数の人間からなる組織には，彼らを指揮・監督する管理者が必要となる。膨大な職務の形成は，多くの管理者を必要とし，管理者の増大は，管理者を管理する階層を生みだすのである。

　大量生産方式の導入は，複数の管理階層からなる経営組織を生みだす。だがもともと，配置や賃金などの決定については現場の監督者が大きな力をもっていた。彼らの恣意的な管理に対する従業員の反発が生じたために，人事機能は現場監

＊職務
大量生産の導入とともに創出された労働，職務分析等により管理の対象として労働の支出や権限，責任などが予め決められている。

督者から取り上げられ，人事部へと集権化された。人事部による管理のもとで，大量生産を基盤に階層的に編成された職務に，適切な人材を配置し，景気変動などに伴う**労働需要**の変化に対応して配置転換や昇進などにより雇用は調整される。その際採用や配置に伴う賃金や労働条件を企業収益の観点から決定することが重要な課題となる。

配置や賃金決定がどのように行われるのかは，労働組合のあり方によって異なる。労働組合の伝統が強いヨーロッパでは職務の格付けは職種別・熟練度別に行われるのに対し，大量生産体制の確立が進み，それに労働組合の形成が続いたアメリカでは，職務の格付けは職務別・等級別になっている。しかもアメリカでは，労働組合の規制力が強かったために，経営の「**合理化**」は，もっぱら機械の導入で行われ，いまや人的資源管理の基軸は動機づけにおかれている。その意味で，労働組合に対する対策が人的資源管理のもう1つの重要な内容となる。

大量生産方式の導入に伴う旧型**熟練の解体**により人事機能が人事部へと集権化され，人的資源管理が成立する。だが，人的資源管理がいかに行われるかは，労働組合の組織とその政策によって規定される。欧米では，産業別組合の形成とともに職務を基軸に人的資源管理が行われたてきた。これに対し，日本では大量生産を基盤としながらも年功制をもとに人的資源に対する管理が行われてきた。

［2］　敗戦と職場労使関係の展開

第二次世界大戦後，日本でも，アメリカ軍の「支援」を背景に労働組合が急速に結成された。だが労働組合の急速な発展は，敗戦直後の労働者の状態を離れては理解できない。日本の敗戦とともに，いたるところで工場の閉鎖や生産の停止が行われ，戦争中から食料や生活物資の不足に直面していた労働者たちは，大量失業，生活物資のさらなる欠乏などに見舞われた。

さらに注目されるのは，戦争中に徴兵にとられた男性職員の代わりに仕事を担ってきた女性職員が大量に解雇されたことである。さらに生存の危機の中で，日本の企業は男性中心の職場へと再編された。このような危機的な状況において労働者たちは，自らの生存と生活を守るために労働組合を結成し，2～3倍の賃上げや解雇反対などを求めた。なかでも重

＊労働需要

企業が生産を行うため必要な労働力を雇い入れること。特定の生産物への需要が生じることではじめて喚起されるため，派生需要とされている。

＊「合理化」

不合理な問題の改善を意味するのではなく，営利目的に役立つ体系的な活動をカッコつきの「合理化」という。

＊熟練の解体

組織的意義の是正において作業の標準化を進めることで，個々の労働者が保有する固有の能力である熟練が陳腐化し不要となること。標準化されたことで一律に管理することが可能となり，生産量が安定するので経営の安定にもつながる。

要なのが，電気産業労働組合協議会（電産協）の提起した電
産型賃金体系という要求である。

　電産協は，賃金の増額だけでなく，職員と工員との差別の
撤廃，年齢を基準に最低限の生活費の保障を求めた。この賃
金体系は，これまで恣意的に行われてきた賃金決定を，団体
交渉を前提に客観的な基準に基づいて決めるもので，「年功
制」の基盤となった。そのため労働組合の賃金要求の理想と
された。これに対し経営側は，賃上げがインフレを招くとい
う点を強調し，賃金総額を統制しようとした。さらに経営権
の確立，職階制の制定，**職務分析**[*]・人事考課の整備など現場
体制の改革を行おうとした。だが，伝統的な熟練を基盤とす
る職場秩序を急激に変えることは難しかった。

　職場秩序転換の契機となったのは，労働運動に対する連合
軍の介入であった。とりわけ**2.1ゼネスト**[*]の中止は，労働運
動を後退に導いただけでなく，労使協調的な労働運動を台頭
させた。労働運動における労使協調的な潮流は，**ベース賃
金**[*]，つまり賃金総額という交渉の枠組みを受け入れ，経営の
「合理化」を積極的に支援した。だが，熟練を基盤とする現
場管理の権限を経営側が掌握するのは難しかった。管理職能
の掌握に寄与したのが，アメリカの新技術の導入であった。

　大量生産方式の導入は，1950年の朝鮮戦争による特需とそ
れによる外貨獲得をもとに1950年代後半から進められた。実
際，トヨタでは1959年ごろから大量生産方式の整備が進めら
れ，その結果プレス工程に流れ作業が導入された。もっとも
生産技術の多くは，アメリカから導入されたのであり，それ
は日本企業に対するアメリカの支配と結びついていた。新技
術の導入は，伝統的な熟練を放逐し，多くの職務を生みだし
た。だが，技術革新が断続的に行われたため，熟練職場も温
存され，職務分析も十分に進まなかった。

　大量生産方式の導入は，関連する部品企業を大企業の生産
体制に組み込み，**下請企業**[*]や流通部門などの**系列企業**[*]の「近
代化」を促した。生産技術の革新は，多くの職務を生みだ
し，これまで現場を掌握していた熟練工の管理機能は人事部
に集権化された。さらに大企業を基軸とする生産・流通シス
テムのもとで，熟練を必要とするような仕事は下請・系列企
業などに担われた。大量生産を基盤とする職務の担い手とし
て，大企業の労働力需要は新規学卒者に向けられた。だが，
熟練を基盤とする職場秩序が残存したことから，大量生産を

＊**職務分析**
経営組織における職務を，
その内容と資格要件などの
面から明らかにする人的資
源管理の基本的な技法。

＊**2.1ゼネスト**
1947年2月1日に決行が計
画されていたゼネラルスト
ライキのこと。「中心と
なったのは，約153万の全
官公庁共闘（全官公庁共同
闘争委員会）と約400万人
の全闘（全国労働組合共同
闘争委員会）で，賃上げ要
求をかかげてゼネスト突入
を宣言した」（法政大学大
原社会問題研究所編著，
2011，679頁）が，アメリ
カ占領軍の命令により中止
された。

＊**ベース賃金**
支払う賃金総額を全労働者
で割った平均賃金のこと。

＊**下請企業**
社会的分業を基礎に，親企
業の設計や仕様に基づいて
賃加工を行う企業や，人材
の供給を行う企業を意味す
る。取引において不利な立
場にある。

＊**系列企業**
日本独特な階層的な企業間
取引関係のこと。三井・三
菱・住友などの財閥系，ト
ヨタ・ホンダなど自動車産
業での大企業群が代表的な
事例である。系列内での資
本関係や人材交流を通じて
競争力を培っている。

基盤にしながらも伝統的な年功制が維持された。こうした背景のもとで人的資源管理が成立する（木元，1986，113頁）。

［3］ 日本における人的資源管理の特質

人的資源管理は，大量生産を基盤とする階層的な組織のもとで行われるが，その外部には労働移動が活発で，労働条件の低い労働市場が形成される。日本では中小零細企業の多くが，このような労働市場をもとに存立し，大企業の生産構造に組み込まれながら，大企業の高収益体制に貢献してきた。わが国の人的資源管理は，こうした大企業で行われている。

大企業における人的資源管理は，正規従業員を対象とする経営実践であるとはいえ，第二次世界大戦直後，戦時中経営活動に貢献してきた女性労働者を排除したことを無視できない。日本経済の再建とともに，女性従業員も増加したものの，若年定年制の導入などにより女性は年功的な労使関係の枠組みから排除されてきた。日本企業の人的資源管理は，大企業男性正規従業員に典型的にみられる管理である。

大量生産方式の導入は，膨大な数の職務を生みだし，職務を基軸とする人的資源管理が行われてきた。そのための技法として職務分析や職務評価などが導入された。わが国でも大量生産方式の導入とともに，多くの管理技法が導入された。なかでも注目されるのが，職務給の導入である。職務給の導入は，年功的な賃金決定の転換を意図しただけなく，技術革新とともに発生した職務の階層的な編成を目的としていた。だが，年功的な職場秩序が残存してきたわが国では，近代的な職務を基盤としながらも，伝統的な人的資源管理を維持することが必要であった。そのため年功的な職場秩序と技術革新を背景とする効率との矛盾の調整が求められた。そこで導入されたのが職能資格を基軸とする人的資源管理であった。

② 配置の柔構造と雇用管理

［1］ 経営計画と採用

例年3月～4月にかけて，新聞などでは大手企業各社の採用計画が取り上げられている。採用の対象は，中途採用が増えているものの，学歴ごとに新規学卒者に向けられる。採用計画は，**要員計画**[*]とともに経営計画の一環として策定される。経営計画は，大企業の維持・存続のために必要な利益の確保を保証する計画であり，計画利益＝予定売上高−許容費

＊要員計画
企業・組織の運営に必要な人員についての計画。職務分析等により職場を起点に総要員を決定する方法と，企業の利益計画をもとに採算人員を定める方法がある。

用で表される。日本では採用計画は，多くの中小企業が大企業の生産にかかわっているため，外注や外部委託を前提に行われている。

　経団連*が2018年に行った「新卒採用に関するアンケート調査」によれば，選考で最も重視された項目は，16年連続で1位となった「コミュニケーション能力」，これに「主体性」，「チャレンジ精神」などが続いている。専門性が強調されるにもかかわらず，採用に当たっては「人間性」や「人間力」が重視される。日本の採用は，職務を限定せずに行われるため，「人間性」などが重視される。

［2］　配置の柔構造：配置転換と昇進

　職務を特定せずに採用された新規学卒者は，新入社員研修などを受け，特定の職場に配置される。配属先の決定では，新入社員の希望なども考慮されるものの，会社の方針や適性などが重視される。配属が決まると OJT などを通じて育成され，配置され，やがて上位の職務へと昇進していく。

　労働組合の伝統が強い欧米では，基本的に雇用は職務と結びついており，昇進も類似の職務群，つまり職種の枠組みで行われてきた。そして経営側だけでなく，労働組合側も参加する職業資格をもとに，異動や昇進が行われる。これに対し日本では，異動は特定の職種に限定されておらず，現場の従業員でも管理職への登用が可能になっている。

　日本では労働力需要は，新規学卒者に向けられ，勤続を基本とする同期昇進が一般的であった。高度成長の時期には，活発な労働力需要に支えられ大量の労働者が採用されたが，景気の変動は，ポスト不足を生じた。この問題を解決するために，主任→係長→課長→部長といった役職序列とは別に，社員→書記補→書記→主事補→主事といった資格序列がつくられ，資格に基づいて役職昇進が決まる仕組みがつくられた。職能資格制度である。

　職能資格制度は，作業職や事務職などに企業内の仕事を分類し，その仕事の遂行能力に応じて職能等級を設定したものである。そしてこの資格序列と役職序列とが結びつけられる。資格昇格については，例えば「社員5級から出発し，社員1級に到達するのに，最短で15年，標準で22年，最長で29年」（木元，1998，190頁）というように，勤続とともに職務遂行能力が高まるという認識のもとに，勤続が基本となる。さ

＊経団連
一般社団法人日本経済団体連合会のこと。「日本の代表的な企業1,512社，製造業やサービス業等の主要な業種別全国団体107団体，地方別経済団体47団体などから構成」（経団連 HP https://www.keidanren.or.jp/profile/pro001.html，2023年9月21日アクセス）されており，いわゆる財界の中心的存在でもある。

らに勤続をもとに上司の人事考課と昇格試験の結果も考慮される。労働組合の規制が前提とされる欧米とは異なり，日本では経営者の人事権のもとで配置は自在に行われるのである。

［3］　労働力需給の調整：定年と雇用調整

職務を特定されずに入社した従業員は，様々な職務を経験しながら上位の資格・職務に就き，やがて定年を迎えて退職する。近年，少子高齢化の進展から定年年齢の引き上げが注目されるものの，定年年齢は固定的に理解されてきた。だが高度成長が開始されるころ，企業の労働力需給に応じて60歳から55歳に定年年齢が引き下げられ，女性には30歳定年さえ定められていた。定年制は，労働者の循環を促す強制的退職制度だと考えられる。

定年制は，一定の年齢で高齢者を一斉に退職させる仕組みだとしても，企業活動が市場で行われる限り，景気変動に伴う労働力の需給の調整を避けられない。この労働力の需給調整を担うのが，雇用調整である。欧米では，伝統的に景気変動に対し採用と解雇で対応してきたが，企業の権威のもとで労働力の柔軟な活用が行われる日本では，残業規制や新卒採用の停止など，多様な雇用調整が行われている。さらに日本では，大企業の生産力構造に下請・外注企業が組み込まれているために，下請の削減，発注停止だけでなく，関連企業への**出向**や**転籍**など企業を超えて雇用調整が行われる。

③　年功制と賃金の管理

［1］　日本の賃金交渉

経済学の歴史を著したシュムペーターは，経済学は経済行為を交換という視点から把握してきたと指摘した。経済学では賃金は，基本的な**生産要素**である労働，あるいは労働力の対価と把握される。経済学の理論体系により違いはあるものの，賃金は供給側，つまり働くものの生存費と，**労働生産性**などの需要側から説明されてきた。賃金が労働，あるいは労働力の対価であることから，時間当たりの賃金率を中心に労使間の交渉が行われてきた。

実際，職業別・産業別組合を背景にローカル・ユニオンと個別企業とが交渉を行い基本的な賃金を決定するアメリカでは，職務評価に基づいて職務ごとの賃金が決められる。また

＊出向
人事異動の１つで，雇用先に地位を確保しながら他企業で業務遂行に当たるのが一般的である。例えば，東京五輪組織委員会に出向となった場合，元の文部科学省などの省庁に籍を残しつつ組織委員会で働き，五輪終了で業務が完遂された後に籍のある省庁に戻ることとなる。

＊転籍
人事異動の１つで，これまでの企業での雇用関係を終了し取引先や資本関係のある関連会社や子会社に移籍すること。技術指導，人員削減，組織のスリム化などの目的で行われることが多い。

＊生産要素
生産物の生産のために使われる資源のことであり，一般的には土地・労働・資本を指す。

＊労働生産性
投入した労働量に対する産出量の割合。労働量については，労働時間を勘案した延べ雇用者数や就業者数，産出量については付加価値額を用いることが一般的である。

職業別・産業別の労働組合が，地域ごとに経営者団体などと交渉をして，賃金等級ごとに賃金率を決めるドイツでは，労働協約に基づく賃金等級を基本に個別企業の職務が格付けされ，賃金が決められる。欧米では基本的に仕事を基軸に労使交渉を通じて賃金は決定される。

　日本では第二次世界大戦後，賃金は労使の団体交渉によって決められることになったものの，欧米のように職務を基本に賃金を決めるのではなく，ベース賃金をめぐって賃金交渉が行われてきた。ベース賃金は，人件費総額を従業員数で割った平均賃金を意味しており，ベース賃金を交渉することは賃金原資をいくらにするかを交渉することになる。賃金交渉が，ベース賃金をめぐって行われるようになった理由は，物価の安定や賃金の抑制のため政府が賃金の交渉に介入したこと，さらに日本では賃金が仕事と直接関連せず，比較の基準が曖昧だという日本的な特徴から説明される。

　例年年が明けると労働組合の賃金交渉がテレビなどで取り上げられる。春闘である。この春闘で交渉の基準となるのが，ベース賃金である。春闘については，第5章で立ち入って検討されるので，賃金交渉では，企業別組合を中心に多様な交渉の方法が模索されてきたことを指摘するにとどめよう。

2　賃金総額の管理

　賃金交渉の主たる対象が，ベース賃金である。ベース賃金をめぐる交渉は，賃金原資をめぐる交渉となるが，経営側では技術革新の進展とともに設備投資などの経済計算が厳密に行われるようになり，1960年ごろから大企業を中心に長期経営計画が行われ，目標利益確保という観点から賃金総額の管理が進められた。職務を基本に賃金を決定する欧米では，職務ごとの賃金率と職務別定員の設定を通じて賃金総額の統制が行われる。これに対し日本では，職務給が導入されていても，定期昇給制度を基本に賃金の決定が行われることから，賃金水準の決定の基準は賃金総額の管理に求められる。

　この長期経営計画を保証するために導入されたのが，安定賃金である。安定賃金は，職務給とともに導入された。安定賃金は複数年に及ぶ賃金協定を結ぶことで，長期経営計画のみならず，労使協力を課題としていた。だが春闘の定着，とりわけ1970年代前半の大幅な賃上げにより，目標利益の実現

は動揺していく。ここで登場するのが，生産性基準原理であった。

　生産性基準原理は，生産性の上昇を基準に賃金総額を定める賃金決定の原則を意味している。その特徴は，出資者，経営者，労働者が共同で生みだした付加価値を配分の基礎とし，労働者への配分，つまり労働分配率は一定という前提のもとに生産性の向上を図る点に求められる。生産性基準原理は，労使協調的な労働組合の協力のもとで進められ，これをもとに個別企業では企業の支払い能力が重視され，賃金総額が決められる。

３　年功制と賃金形態

　日本の賃金交渉では，賃金原資が決定される。それは企業，あるいは事業所ごとの集団としての請負額を意味している。賃金総額は，さらに個々の従業員に配分される。その基準となるのが，賃金形態と定期昇給制度である。

　第二次世界大戦後まで賃金は，経営者や現場監督者が年齢や勤続をもとに恣意的に決めていた。賃金が明確なルールに基づいて決定されるようになったのは，1946年の電産協の提起した電産型賃金体系からであった。電産型賃金の意義は，大幅な賃上げを実現したことと，従業員とその家族の生活の保証という観点から賃金を決定したことにある。

　なかでも重要なのが生活保障給と能力給であり，基準賃金の約70％を占めている。生活保障給は本人給と家族給からなり，本人給は17歳を起点に年齢とともに加算するというものであり，それに対し家族給は，家族が増えるたびに加算するものであった。電産型賃金では，年齢や家族を基準に賃金額が明確に規定されていた。

　大幅な賃上げと賃金決定基準の明確化に対し，1954年に経営者団体の打ち出した政策が定期昇給制度である。定期昇給制度は，昇給の「基準線の変更を行わず個々の労働者の賃金の査定替えを定期的に行う」制度であり，労働力構成に変化がない場合，人件費総額は変化しない点に特徴があった。定期昇給制度の課題は，賃金コストの安定にあったが，同時に「個々の労働者への適用は当然経営権の枠内で行われるべき」であり，「定期昇給即人事考課昇給」とされた。賃金決定を企業の権威のもとで行うことが意図された。

　こうした中で職務給の導入が行われた。大量生産方式の導

入は，多くの職務を生みだしたが，その運営には職務内容や
職務担当者の資格要件を明らかしなければならない。さらに
職務を企業に対する貢献度をもとに評価して，賃金と結びつ
けることが必要になる。職務給の導入は，作業の単純化と熟
練職種の解体をもとに賃金決定にかかわる管理体制の確立を
意図していた。だが，初任給と定期昇給制度を基盤とする日
本の賃金構造では，加齢による生計費の増加を年功的な賃金
により補塡するために，職務を基軸とする賃金決定は，労働
者の生活保障とは矛盾せざるを得ない。定期昇給の論理と，
生産面からの要請を結びつけたのが職能資格給であった。

　職能資格給は，企業内の職務を作業職，事務職，管理職な
どに分類し，職務の遂行能力の向上を資格制度と結びつけ，
職務群ごとに設定された職能等級と賃金を結びつける賃金の
決定方式である。職能資格給は昇給問題に代表される職務給
の問題を解決するだけでなく，**多能工化**[*]と**労働力の流動化**[*]に
対応して構想された。この制度のもとでは人事考課や昇格試
験などが昇格基準として重視されるものの，多くの場合，資
格ごとに最長滞留年数が設定され，この年数を満たした場
合，自動的に昇格することになる。

　こうした定期昇給制度は，基準線をもとに従業員の賃金の
査定替えを定期的に行う制度であり，労働力構成などに変化
がなければ，賃金総額を増大させないという特徴がある。け
れども高齢化の進展などにより賃金総額は増大し，収益構造
の変化に賃金総額を弾力的に対応させることができないため
に，定期昇給を基軸とする職能資格制度は批判の対象とさ
れ，成果主義的な賃金のあり方が模索された。

　このように日本の賃金管理は，ベース賃金をめぐる労使交
渉を媒介に，大企業の経営計画とかかわりながら賃金総額を
決定し，この賃金原資を，定期昇給制度と職務の遂行をもと
に配分するという内容となっている。それはまた，労働組合
の労使交渉を前提に，職種範疇の欠如を特徴とする賃金管理
のあり方であり，その意味で労働組合のあり方が決定的な意
味をもっている。

④　企業別組合と経営者

1　労使関係管理の考え方

　一般に労使関係管理として，団体交渉や労使協議制，苦情
処理などが指摘される。もちろん労使間で行われる団体交渉

＊多能工化
複数の作業・工程・職務を
遂行する労働者のこと。ト
ヨタ生産方式の発案者であ
る大野耐一氏は生産量が不
確かな現代で「量がふえな
くとも，生産性を上げるに
はどうしたらよいのか」
（大野，1978，28頁）とい
う企業の課題のもと，機械
工場での流れづくりにおい
て「作業者の機械の多数台
持ち，正確には『多工程持
ち』を実現することによっ
て，生産効率を二倍にも三
倍にも上げうる意義あるも
のであった」（同書，27頁）
と述べている。

＊労働力の流動化
経済の新陳代謝を促すため
に，新たな産業の活性化，
人手・人材が不足している
分野に労働者が移動しやす
くすることで，競争力の強
化につなげることをねらっ
たもの。転職のしやすさが
キーとなるので，国の規制
緩和や企業の人員削減策
と大いに関連する。

そのものを企業は「管理」できない。団体交渉に対する経営側の対応や方針を定める点にこの管理の意義がある。だが労働組合運動が労働者，とりわけ熟練労働者を基盤に，仕事にかかわる規制やルールの策定を重要な課題としてきたとすれば，昇進や賃金に対する経営側の政策が，労働組合に対する対策にもなっている。さらに企業側が労働組合の活動に不当な介入をしてきたことも事実である。労使関係管理を考えるには，「管理」活動に限定せずに，労使関係から生じる問題に対する経営側の対応をとらえていく必要がある。

［2］　企業と労働組合運動

　アメリカやヨーロッパでは，労働組合は産業別，あるいは職業別につくられており，労働組合は企業の外にある。日本にもこうした労働組合もあるとはいえ，その大半は事業所や会社ごとに組織される企業別組合であり，それが産業別組合などをつくっている。一般に企業別組合の特徴として，組合員の資格を会社の従業員に限定し，生産を担う労働者だけでなく，職員も加盟する工職混合の組合であることが指摘されている。だが敗戦直後の時期には日本の労働組合は，企業の枠を超えた連帯を課題としていた。企業別組合となったのは，敗戦直後の労使の対抗関係，とりわけ経営側の施策の結果であった。

　敗戦後，日本の国民は，戦時中の空爆による生産設備の崩壊，経営者による工場閉鎖などの影響から，大量の解雇，生活物資の欠乏など生存の危機に直面した。労働者たちは，自らの生存や生活を守るために，職場を基礎に労働組合を結成し，自分たちの手で生産を再開し，さらに職員と現場の労働者との身分差別の撤廃などを求めた。こうした交渉の場になったのが**経営協議会**[*]であり，多くの経営事項が交渉の対象とされた。しかも労働組合の代表がこうした交渉で拒否権をもっていたため，経営側の経営権は弱体化した。

　労働組合は，企業の枠を超えて地域や業種別に結集し，**日本労働組合総同盟**[*]や**日本産業別労働組合会議**[*]などの全国組織を結成した。だが経営側には，労働側による経営権への介入は好ましいものではなく，政府や占領軍の支援を背景に経営協議会権限を縮小するとともに，経営協議会の機能を，団体交渉，苦情処理，生産委員会に分割した。さらに政府や連合軍の介入により労働組合の全国的な組織は解体され，労働組

＊経営協議会
労働組合が生産管理闘争——「要求実現のために，労働組合が職場や企業を占拠し，経営者に代わって自主的・自発的に生産と管理を行うという闘争戦術」（黒田，2011，34頁）を通じて獲得した経営の民主化の1つ。組合は経営協議会を足掛かりに賃金・労働時間などの労働条件にとどまらず，職制や経営計画，役員人事などの企業経営の中枢にまで介入するようになった。その後，労働組合の権利は，経営側の失地回復とともに弱体し，経営協議会は，労使協議の場に変容していった。

＊日本労働組合総同盟
1946年8月1日に結成された「右派」系労働組合のナショナルセンター。1951年3月28日解散。

＊日本産業別労働組合会議
1946年8月19日に結成された「左派」系労働組合のナショナルセンター。1958年2月4日解散。

合の活動は企業に制限されていく。

　その際軽視できないのが，労使協調的な労働組合の存在である。政府などにより労働組合の権限が制限される中で，労使協調的な勢力が労働組合の指導権を掌握し，やがて「正常な労使関係」の担い手として労働組合は経営側に積極的に承認されていく。労使協調的な勢力の進展には，経営側，とりわけ人事部から多大な支援があった。企業の活動にとって「安定的な労使関係」の育成に，労使関係管理の重要な課題があるといえる。

　もちろん労働運動に対する経営側や政府などの介入は，日本に特徴的なものではない。1920〜30年代のアメリカや，第二次世界大戦直後のドイツなど多くの事例がある。労使協調的な潮流の台頭さえ日本に特徴的とはいえない。日本の特徴は，職種別組合の伝統を欠如し，さらに企業などの組合対策の結果，労働組合運動が企業ごとに分断され，そうした運動の主導権を労使協調的な潮流が掌握したことにある。

［ 3 ］　労働組合と経営参加

　労働組合の指導権を労使協調的な潮流が掌握したとしても，そのことが職場における決定権を経営側が掌握したことを意味するものではない。経営側の人事権掌握に寄与したのが，大量生産を背景とする人的資源管理の展開と労使協議制に代表される経営参加であった。

　敗戦直後日本の労働者は，生活を守るため，職場を起点に労働組合を結成し，経営者と交渉を行った。交渉の場となったのが経営協議会であった。だが経営協議会は，政府の介入などにより解体され，労使協議制がそれに代わった。一般に団体交渉では賃金などの労働条件が交渉の対象なるのに対し，労使協議制では経営事項が扱われる。また団体交渉は，ストライキを背景に行われるのに対し，労使協議では労使間の問題の平和的な解決が求められる。

　欧米では労働組合は産業別，職業別に組織されており，事業所や個別企業での問題を扱うには，労働組合と別の組織，参加制度がつくられる。労働組合が事業所，企業レベルで組織されている日本の場合，団体交渉と労使協議制とを区別するのは難しい。賃金や退職金については，主に団体交渉で扱われているものの，それ以外の項目については両者を区分できない。しかも労使協議制は，団体交渉の前段に位置づけら

れ，スト権を背景とする団体交渉の機能を吸収している。労使協議制は，労働組合や団体交渉に対する経営側の対策だといえる（この点については第5章で検討）。

　現代の社会では，労働組合の結成が社会的に認められており，賃金や労働時間などの労働条件は労働組合とともに決定される。労使関係管理は，企業活動にとって「安定的」な労使関係を創出するとともに，労働条件に影響を及ぼす労働組合の交渉の「統制」を課題としているといえる。

5　ジョブ型雇用に変わるのか

1　収益構造の変化と人的資源管理

　日本の経済構造を規定してきたのは，大量生産・大量消費であった。このような経済構造は，1973年の**石油ショック**[*]を契機に転換を迫られ，多品種少量生産など様々な試みが行われながらも基本的な経済構造は維持されてきた。だが，大量生産が企業の生産力に規定されるのに対し，消費は賃金に代表される購買力に依存するために，利益追求の試みは生産と消費との矛盾を増大させる。企業，特に現代の大企業は，自らの存立のために大きな利益の確保を必要としており，そのため株式投資など金融面からの利益が重視されている。

　ここ数年の企業収益の低迷は，賃金総額の抑制を重要な課題としてきた。そのため年俸制や洗い替えの職能給などの制度が導入された。けれども2010年ごろから収益構造の変化，とりわけ金融収益の増加が進んだ。収益構造の変化は，ICTと結びついて進められているのであり，このような変化に伴って専門的な知識をもつ人的資源が必要になった。日本企業の雇用管理は，新規学卒者の採用をもとに，企業内で育成しながら，様々な職務を経験することを基本にしてきた。だが，収益構造の返還に伴う専門的な人材，さらにグローバル化を背景とするグローバル・タレントの活用には，伝統的な雇用管理は有効性を失いつつある。

2　少子高齢化と人的資源管理

　日本では収益構造の転換，グローバル化とともに，専門的な知識をもつ人的資源の獲得が重要な課題となっている。大量生産の確立は，豊富な労働力の存在を前提に進められ，それを背景に人的資源管理も行われてきた。今日，人的資源管理に深刻な影響を与えているのが労働力不足である。もちろ

＊石油ショック
1973年10月の急激な原油価格の高騰によって供給不足が生じたこと。原油のほとんどを輸入に頼っている日本経済に大打撃を与え高度経済成長は終焉した。1978年末から1979年にかけても2度目の原油価格の高騰があった（第2次石油ショック）。

ん高度成長後期にも「労働力不足」が生じ，パートタイマーなどの採用が進められた。今日の労働力不足の特徴は，少子高齢化を背景にしている点に求められる。

　日本で少子化が意識されはじめたのは，1989年の**1.57ショック**[*]であった。この年，合計特殊出生率が戦後最低を記録した。この世代が，労働市場に参入する2010年ごろから労働力不足が問題になりはじめた。労働力不足を背景に，これまで「年功制」の枠組みから排除されてきた，女性や高齢者，外国人材などの活躍が期待されている。こうした人的資源の活用は，すでにみたグローバル化や専門的な能力の利用を背景に，職務を基盤として進められているようにみえる。ジョブ型雇用にかかわる問題である。

　だが，これまで日本企業に貢献してきた年功的な労使関係との関連に注目すれば，ジョブ，職務ではなく「職種」で採用・育成・活用を行う職種別採用が現実的だろう。いずれにせよ日本の人的資源管理は，グローバル化と収益構造の転換を背景に，年功制の再編を図る戦略をとらざるを得ないだろう。

＊1.57ショック
1989年の合計特殊出生率が過去最低の1.57に低下したこと。

引用参考文献

泉卓二，1986，「日本の雇用管理と『合理化』」飯田鼎・大陽寺順一・牧野富夫編著『社会政策の現代的課題』御茶ノ水書房。

大野耐一，1978，『トヨタ生産方式——脱規模の経営をめざして』ダイヤモンド社。

木元進一郎，1986，『労務管理と労使関係』森山書店。

木元進一郎，1998，『能力主義と人事考課』新日本出版社。

黒田兼一，2011，「敗戦と戦後復興期の人事労務管理」労務理論学会編『経営労務事典』晃洋書房。

高橋洸・小松隆二・二神恭一編著，1988，『日本労務管理史　3　労使関係』中央経済社。

戸木田喜久・高木督夫，1982，『日本資本主義と労働者階級（講座　今日の資本主義7）』大月書店。

法政大学大原社会問題研究所編著，2011，『社会労働大辞典』旬報社。

（平澤克彦）

第2章

雇用調整と退職管理

　2010年代半ば以降，日本の雇用問題は「黒字リストラ」と「人手不足問題」，あるいはリテンション・マネジメントへの注目と依然続く若年の早期離職問題となって進行してきた。こうした一見矛盾するような諸問題は，いずれも雇用調整のあり方が根本にある。本章では，人的資源管理論の観点をもとに，解雇と退職をめぐる事象を整理し，雇用調整のあり方について解説したい。

＊アルゴリズム
ここでは，ICT 技術をベースに AI を活用して，仕事を割り当て，労働者の働きぶりを監視したり，その評価を行う自動監視システムあるいは自動意思決定システムを意味する。

＊アウトソーシング
業務の一部を外部の専門業者などに委託すること。請負，外注，業務委託などともいう。外部の専門業者は，規模の経済性や独自のノウハウを活用して，発注元の企業よりも効率的または低価格での業務遂行を実現したり，専門的なサービスを提供したりする。発注元の企業は，自社の人材をコア業務に集中させることの他，コスト削減，専門的なサービスを利用できることなどがメリットとしてあげられる。

＊オフショアリング
企業が自社の業務の一部または全部を海外に移すことをいう。海外の労働市場の方が自国で人材を雇用するより低賃金である場合，現

① 人材戦略のタイプと人材のフロー

　人的資源管理論の人材戦略にはいくつかのヴァリエーションがある。例えば E. E. ローラーⅢ（2008, pp. 15-35）は，経営戦略との関係で人材戦略のアプローチを3つあげている。

　1つ目が「ロー・コスト・オペレーター（Low-Cost Operators）」のアプローチである。'McJods' というフレーズに言い表されるような，低賃金で福利厚生も最低限，将来への見込みが薄く，つまらない（unstimulating）仕事で多数の労働者を処遇することを人材戦略のコアとする。この人材戦略は，小売店，飲食業，サービス業などをチェーン展開する企業で採用されることが多い。このアプローチを採用する企業では，ビジネスモデルや**アルゴリズム**[＊]の開発，その問題解決などに当たる高度人材を除いて，現場の労働者にとって雇用は短期的で安定性は低く，意思決定への関与も低いレベルに限られる。労働者の離職率が高くても，経営者にとって，低賃金の労働者を活用することは，その企業が提供する商品やサービスの低価格化に寄与する（＝顧客のためだ）と考えられている。低賃金を実現するために，作業の自動化だけでなく，**アウトソーシング**[＊]や**オフショアリング**[＊]も，有力な選択肢となる。

　2つ目が「高参画型組織（High-Involvement Organizations）」のアプローチである。このアプローチの起源は1950年代初頭にさかのぼることができるが，1980年代から1990年代初頭にかけて高い人気を得て，今日でも実践されている人材戦略モ

デルである。「高参画型組織」は，組織業績に応じた報酬を用意し，従業員教育や人材育成を重視する。組織メンバーに情報や知識の共有を促し，より高いレベルでの意思決定への関与を認める。このアプローチを採用する企業では，従業員との長期的な関係を重視するとともに，内部昇進を原則とし，自律的な人材の働きを組織の成功に結びつけてとらえている。従業員との長期的な関係が，人材育成と自律的な働き方を可能にし，組織へのコミットメントとチームワークを醸成すると考えられているからである。この関連性が，組織の高いパフォーマンスにつながり，高い報酬と働く場所としての組織の魅力を増大させ，従業員の定着と育成，ロイヤルティとモチベーションの向上，そして組織のより高いパフォーマンスと成功という好循環を生むモデルともなる。ローラーⅢは，この従業員と組織との関係が，適切なビジネス戦略と組織によって支えられるなら，それは持続可能性をもつとしている。

　3つ目が「グローバル競争型組織（Global-Competitor Organizations）」のアプローチである。経済のグローバル化と技術革新を背景に開発された比較的新しいモデルである。「グローバル競争型組織」は，グローバルな競争戦略を実行するために，世界中から優秀な人材を惹きつけることに注力する。このアプローチを採用する企業では，顧客に最新の技術とサービスを提供することで高い収益性を確保しようとするため，人材の持つ知識や才能が競争優位性につながるととらえている。

　「グローバル競争型組織」では，個人業績に応じた報酬とやりがいのある仕事を提供するが，技術や知識の高度化，変化の早さを重視して人材の組み替えをいとわない。人材のアップグレードがこの種の組織の重要な関心事であり，従業員の長期的なコミットメントよりも迅速な即応性（agility）と費用対効果や投資収益性が重視されるからである。このアプローチを採用する企業では，人材を育てるよりも外部労働市場から調達してくる方が有利だと考える。ビジネスモデルの開発や運用に携わるグループこそ組織の長期的メンバーとして処遇するが，競争優位の源泉となる人材にとって「やりがい」のある仕事はあっても，雇用の安定性は期待できない。それでも，最新の技術に関与し，組織の提供する「チャンス」や人脈が魅力的なため，世界中から優秀な人材を惹き

地企業への委託または現地法人への移管のかたちで，業務を海外に移すことが多い。日本企業にとっても，オフショアリングの対象は製造業の生産現場だけに限らず，21世紀に入ってからはホワイトカラー職場も対象になってきた。2007年9月に放送されたNHKのドキュメンタリー「人事も経理も中国へ」は，大手通販会社のコールセンターや総務部門の海外移管をルポしている。

＊リーマンショック
一時期，活況を呈したアメリカの住宅市場は，サブプライム住宅ローン問題の発覚によって一気に縮小し，金融市場の混乱を招いた。アメリカの投資銀行であったリーマンブラザーズは，このサブプライム住宅ローン問題をきっかけに2008年9月，経営破綻した。その後，世界的な信用不安，金融市場の危機に発展した。この影響は日本を含めて世界的に連鎖して，1929年の大恐慌以来の世界同時不況ともいわれる。
＊団塊世代
戦後のベビーブームに生まれた世代をいう。その中心は1947〜49年に生まれた人たちで，出生数は約806万人。内閣府『平成20（2008）年 高齢社会白書』によると，「団塊の世代」は2006年10月時点で約677万人，総人口の5.3％。この世代が2007年以降60歳定年を迎えることから，「団塊世代の大量退職」が問題となった。ちなみに「2020年度 国勢調査」によると，1946〜50年に生まれ2020年10月1日時点で74〜70歳に達している人は総数で約901万人，総人口の7.3％を占める。対して同時期，24〜20歳に達している人は約593万人，総人口の4.8％となっている。

つけるとともに，会社を渡り歩くことにも寛容である。雇用の継続は，専門人材としての本人のスキルと業績，働きぶりによって決められる。オフショアリングやアウトソーシングもいとわないが，「ロー・コスト・オペレーター」との違いは，キャリアを自己管理できるスキルの高い人材を対象に，職務やパフォーマンスに応じた高い報酬，転職する際に活かせる経歴を用意するという点に表れている。

ローラーⅢは，これら3つの人材戦略を伝統的なアメリカの大企業にみられた「階層型官僚制組織（hierarchical Bureaucracy）」と対比させている。なかでも「高参画型組織」と「グローバル競争型組織」を人的資本中心（HC-centric）のアプローチとしている。いずれにしても，企業はいくつかの選択肢の中から，自社の事業戦略に基づいて，それにふさわしい人材戦略モデルを選ばなくてはならない。

どのような事業でも「人材は重要ではない」という経営者はまずいないだろうが，人材戦略によって企業と従業員との関係性には濃淡があって，その定着（リテンション）―入れ替え（フロー）の努力は別の動き方をするのである。日本企業の雇用問題も，まずこのことを念頭に考える必要がある。

② 日本企業の雇用問題

1 「黒字リストラ」と人手不足問題

企業の人材戦略には複数の選択肢があることを理解しないと，雇用問題は一見矛盾した現象があらわれているようにみえる。

2008年秋の「リーマンショック*」は，日本の労働市場にも深刻な影響をもたらし，輸出型の製造業を皮切りに派遣労働者の「派遣切り」，パートや契約社員の「雇止め」が続発した。そればかりでなく，2009年春採用予定であった新卒者の内定取消問題にも発展した。2006〜07年にかけて団塊世代*の大量退職に伴う新卒者の「売り手市場」も，わずか2〜3年で暗転することとなった。さらに，2011年3月に発生した東日本大震災は，国内経済にも一層暗い影を落とした。

政府の見解で景気の拡大局面に入ったのは，2012年12月からである。この時期の好景気は2019年1月の時点で74か月に及び「戦後最長」といわれたが，GDPの実質成長率は高度成長期にあった「いざなぎ景気」の11.5％に対して1.2％にとどまり，家計部門の生活実感を伴わない「好景気」だった。

　だが，個人消費の伸び悩みや生活実感にかかわらず，企業部門では「過去最高益」が相次いだ。例えば『週刊東洋経済』(2015年3月28日号，78-113頁)は，「上場企業の2014年度業績は最高益ラッシュ」，「3期連続で改善」，「リーマンショック前の水準に迫る」とし，2015年3月期決算の上場企業2079社のうち533社が純利益で過去最高を更新する見通しであることを伝えている。

　それにもかかわらず，「リストラ」という名の人員削減合理化が各社で発表されたのも注目すべきである。『日本経済新聞』(2020年1月13日付)は，「黒字リストラ拡大」という見出しで，「2019年に**早期・希望退職**を実施した上場企業35社のうち，最終損益が黒字だった企業が約6割(20社，57%)を占めた」ことを明らかにしている。2019年の早期・希望退職者の募集規模は，35社の合計として1万1000人に及び，その数は2018年(12社，4126人)の約3倍にもなる。好業績企業20社の削減規模は約9100人で，同紙が調査対象とした企業の削減数全体の約8割を占めるという。

　さらに2020年の新型コロナウイルス感染拡大の影響は，雇用にも深刻な影響をもたらした。急激な需要の減退による業績低迷から人員削減に踏み切った企業だけでなく，ここでも「黒字リストラ」は進行している。『週刊ダイヤモンド』(2021年9月11日号，35-37頁)は，2021年中に早期・希望退職を実施もしくは実施予定の企業56社のリストを示し，そのうちの約7割(38社)が最終黒字であったことを明らかにしている。特に製造業では16社中13社が最終黒字であった。

　同誌(32-34頁)では，ホンダが2021年4月に実施した早期退職制度「**ライフシフト・プログラム(LSP)**」を詳しく紹介している。この制度に2000人超(2021年3月期時点，日本地域の社員4万3472人の4.6%相当)が応募したという。同誌は，パナソニックの早期退職制度と比較して，ホンダのLSPを「大名リストラ」と評している。

　これらの「リストラ」のターゲットになっている世代は50歳代が中心で，大卒なら「バブル経済」の時期か，その後の就職難の時期に就職した世代に当たる。つまり，入社時の好不況や大量採用，厳選採用の動向にかかわりなく，「リストラ」は中高年齢層がまずターゲットとされている。

　一方，「戦後最長の好景気」の中で，2010年代の半ばから人手不足が深刻化した。そのことは，この時期の厚生労働省

＊早期・希望退職
企業が人員削減を図るため，退職者を募集する手法。定年年齢を迎える前の従業員を対象に，退職金の積み増しや優遇措置を適用することで，一定年齢層以上の従業員から退職者を募ることが多い。その際，「高齢化対策」や「従業員の年齢構成の若返り」，定年の延長に伴う総額人件費の削減，「ポスト不足対策」といったねらいが表明される。

＊ライフシフト・プログラム(LSP)
定年より早期に退職すれば退職金の割増が受けられ，希望者には再就職支援など転職のための各種サービスが用意されている。退職金の割増は，55歳以上の社員を対象にしている。なかでも55歳の社員がもっとも手厚く，前年度(2021年3月期)の年収の3年分相当が加算され，56歳以上は段階的に加算額が少なくなる。

資料 2-1　雇用人員判断 D. I. と転職者数の推移（2020〜2022年）

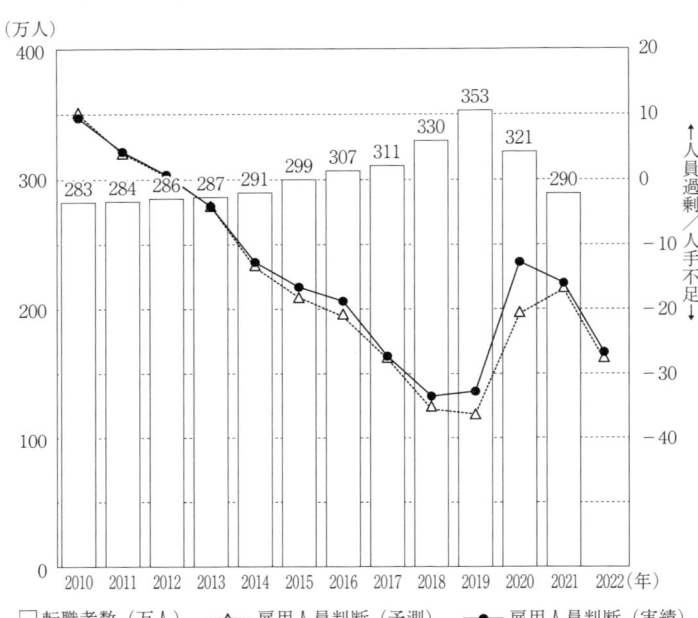

（出所）　日本銀行「日銀短観 雇用人員判断 D.I.」（全規模／全産業, 実績および予測値）。
日本銀行時系列統計データ検索サイトより（2023年 2 月18日アクセス）。転職者数
の推移は, 厚生労働省, 2022,『令和 4 年版 労働経済白書』49頁, 1-(2)-26図より
筆者作成。

『労働経済の分析（労働経済白書）』をみてもわかる。同白書
は, 主に日銀短観「**雇用人員判断 D. I.**」と厚生労働省「労
働経済動向調査」をもとに企業の人手不足感を分析してい
る。「雇用人員判断 D. I」は,**資料 2-1**のように推移した。
　同白書の平成24（2012）年版では, 2011年 3 月に発生した
東日本大震災の影響もあり, 雇用情勢の厳しさ, 特に非正規
雇用者を中心とする雇用情勢の悪化を指摘していた。それが
平成26（2014）年版では, 産業や職種, すなわち建設, 介
護, 保育, 看護といった分野での人手不足を指摘するように
なった。以降, 人手不足への注目が続くが, 特に令和元
（2019）年版では, 人手不足感を「1990年代初頭のバブル期
に次ぐ水準の高さ」と評価している。そして「人手不足の下
での『働き方』をめぐる課題」に大きなページを割いている。
　そこでは労働政策研究・研修機構 HP（2019）の調査を参

照し，3 年先（2022年）も「引き続き，正社員の人手不足感が高い見込み（後略）」。人手不足に対応するとともに，従業員の定着対策としても「働きがい」や「働きやすさ」を高めることが重要であるとしている。

2019年の半ば以降，雇用情勢や企業の収益は悪化に転じる。2019年10月に消費税が引き上げられ，日本経済はマイナス成長となった。さらに2020年以降は，新型コロナウイルスの感染拡大の影響が重くのしかかった。それでも産業や業種による人手不足は中長期的なトレンドで指摘されている。

このように2010年代の半ばから，人手不足が日本経済の課題として注目されるようになった。人手不足対策として，女性や高齢者の労働力率向上や外国人材の活用が取り沙汰されるようにもなった。社会経済的にみれば，「黒字リストラ」と人手不足対策は同時期に並行して起こった現象である。

2　リテンション・マネジメントと若年層の早期離職問題

人手不足の企業にとって，**リテンション・マネジメント***が重要なテーマになった。そこでは，求職者増・退職者減をめざす「働きがい」や「働きやすさ」に焦点が当てられている。

たしかに，人手不足感の高まりと歩調を合わせるかのように，転職者数は増加し，その数は2019年には353万人にまでなった（資料 2 - 1 ）。厚生労働省「令和 2 （2020）年転職者実態調査」によると，転職者の離職理由は「自己都合退職」が最も多い（2020年，76.6%）。「自己都合退職」にいたった理由は，「労働条件（賃金以外）がよくなかったから（28.2%）」，「満足のいく仕事内容でなかったから（26.0%）」，「賃金が低かったから（23.8%）」，「会社の将来に不安を感じたから（23.3%）」，「人間関係がうまくいかなかったから（23.0%）」と続く。つまり，転職者は「働きやすさ」の観点から労働条件や人間関係に不満をもち，「働きがい」に関連する仕事内容や会社の将来性に希望を見出せないと離職につながりやすいといえる。

後述するように，使用者は労働者の退職（離職）を阻むことはできない。労働者本人の自発的意思によるものならなおさらである。山本（2018，36-40頁）は，**リテンション・マネジメントの対象とすべき退職***を明らかにしている（**資料 2 - 2** ）。この図で「コントロール不可能な退職」は変化するこ

働経済動向調査」の労働者の過不足判断 D. I. だと，プラスの値で人手不足，マイナスの値で人員過剰を意味する。

***リテンション・マネジメント**
企業が戦力になると考える有能な社員の定着対策。社員の社外流出を防止するため，個人の働き方のニーズに合った諸施策を講じる。それは社員の WLB を重視した労働時間の短縮や柔軟な働き方の仕組みづくりから，「働きがい」を実感できるような人事制度まで，企業が考えるべきメニューは多岐に及ぶ。離職予定者への退職理由の聞き取りが，まず第一歩である。
***リテンション・マネジメントの対象とすべき退職**
山本（2018）によると，解雇などは「非自発的退職」，早期・希望退職募集に応じる場合は「機能的退職」に分類される。会社にとって望ましくないのが「逆機能的退職」で，労働者の「やむを得ざる理由」によるものが「コントロール不可能な退職」，会社の引き留めがある程度可能なのが「コントロール可能な退職」に分類される。

資料2-2　リテンションの対象範囲

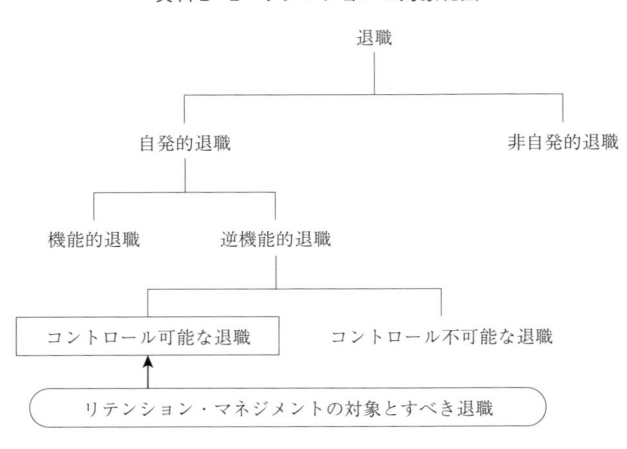

（出所）　山本, 2018, 37頁, 図表②より引用。

＊「**日本でいちばん大切に
したい会社**」大賞
人を大切にする経営学会が
主催する「人を幸せにす
る」経営を実践する企業を
選考し，顕彰する取組み。
過去の受賞企業を含め，応
募資格などは同HPで閲覧
できる。直近では，第12回
受賞企業（2022年3月）が
公表されている（2023年2
月18日アクセス）。
＊**新・ダイバーシティ企業
100選**
経済産業省が「ダイバーシ
ティ推進を経営成果に結び
つけている企業の先進的な
取組を広く紹介し，取り組
む企業の裾野拡大を目指
し」，2012年度～2020年度
まで表彰制度として実施・
推進していた事業。「新ダ
イバーシティ企業100選／
100選プライム」HPでこ
れまでの受賞企業等が確認
できる（2023年2月18日ア
クセス）。他に，「はばたく中
小企業300選」も興味深い。

とを指摘していることは重要である。例えば，親の介護や配
偶者の転勤，ガンなどの疾病による退職は，かつては「やむ
を得ざる理由」，「コントロール不可能な退職」と考えられて
いた。だが，ワーク・ライフ・バランス（WLB）の確保や柔
軟な働き方を認める制度と実効性のある運用によって，事情
を抱えた社員にも引き留めが可能になってきており，リテン
ションの範囲は広がっている。

　WLBの充実，さらに進んでWLI（第12章）の実践によっ
て，多様な社員にとっての「働きやすさ」に取り組む企業の
事例は，人を大切にする経営学会「**日本でいちばん大切にし
たい会社**」大賞に代表されるような民間のものから，経済産
業省「**新・ダイバーシティ企業100選**」などの政府の実施す
るものまで，いくつかの表彰制度で報告されている。

　事例では，必ずしも創業以来，働きやすい職場であったと
いうことではなく，「募集しても人が集まらない」とか家族
形成期に入った女性社員や若手社員が「次々に退職してい
く」，退職者が多く「社員のモチベーションが上がらない」
といった採用や定着の問題に気づいたトップ経営者が社員と
ともに試行錯誤を重ねて独自の「働き方改革」を進め，「働
きやすい」職場を実現していった様子をみることができる。

　なかでも，第8回「日本でいちばん大切にしたい会社」大
賞を受賞した**伊那食品工業**の塚越寛会長（2014年当時）の
「年輪経営」の考え方と「人づくり」を大切にする一貫した

資料2-3 学歴別就職後3年以内離職率の推移

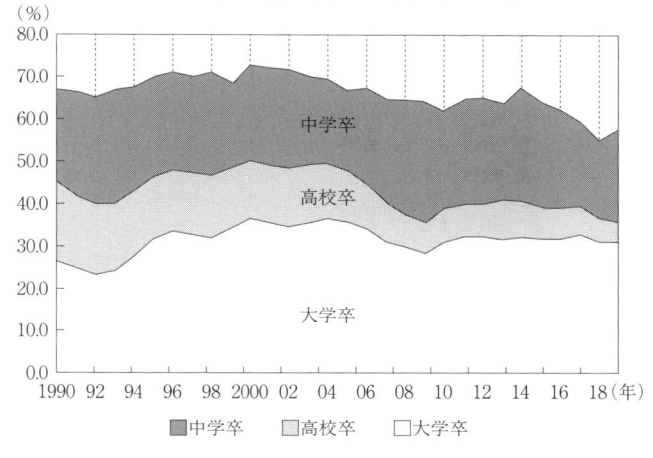

（出所）　厚生労働省 HP「新規学卒就職者の離職状況（平成31年3月卒業者）」
2022年10月28日公表，別紙1より筆者作成。

同社の施策は，良い意味での「日本的経営」の代表例の1つである。ちなみに，坂本（2015, 48-49頁）によると，同社は1958年の創立以来，赤字になったことも人員整理を行ったことも一度もなく，社員数は年々増加しているのに離職した社員は1名しかいない。

　こうした先進事例がある一方，法令遵守で問題のある企業はまだ多い。例えば，全国の労働基準監督署が2021年4月〜2022年3月までに実施した「長時間労働が疑われる事業場に対する監督指導結果」によると，74.0%の事業場で労働基準関係法令の違反が見つかっている。『令和2年　労働基準監督年報（第73回）』の「定期監督等実施状況・法違反状況（令和2年）」（統計表4）でみても，69.1%の事業場で違反が確認されている。その違反の実態は，離職理由の多くとも符合する。

　リテンション・マネジメントの対象は，高業績社員だけではなく，若手社員にも大きな関心が払われている。厚生労働省は，「新規学卒就職者の離職状況」の中で「学歴別就職後3年以内離職率の推移」を示している。若手社員の早期離職問題は，特に2000〜04年の「就職氷河期」といわれた時期，「七五三」現象*として注目された（資料2-3）。

　労働政策研究・研修機構 HP（2019, 104-105頁）は，継続的な調査によって「初めての正社員勤務先」を離職した理由

＊伊那食品工業
同社は寒天の研究と寒天製品の開発・製造・販売を手掛ける社員数523名（2023年1月現在〔同社 HP による〕）の会社である。入念な採用管理から，きめ細かな教育訓練，職場環境の改善，チームワーク重視，充実した福利厚生，定年後の活躍の場の提供まで，「社員の幸せ」を最重視する一貫した考え方のもと，「遠きをはかり」会社を取り巻くすべての人を幸福にする「いい会社」をめざした経営が実践されている。「年輪経営」は，塚越寛会長の著作を参照されたい。ちなみに，1名は実家の事業承継のため円満退職したという（2017年8月8日，著者聞き取りによる）。

＊就職氷河期
いわゆる「バブル経済」崩壊後，1993年ごろから雇用情勢は一気に暗転した。完

資料2-4　「初めての正社員勤務先」を離職した理由（MA, 性別, 離職者全体）

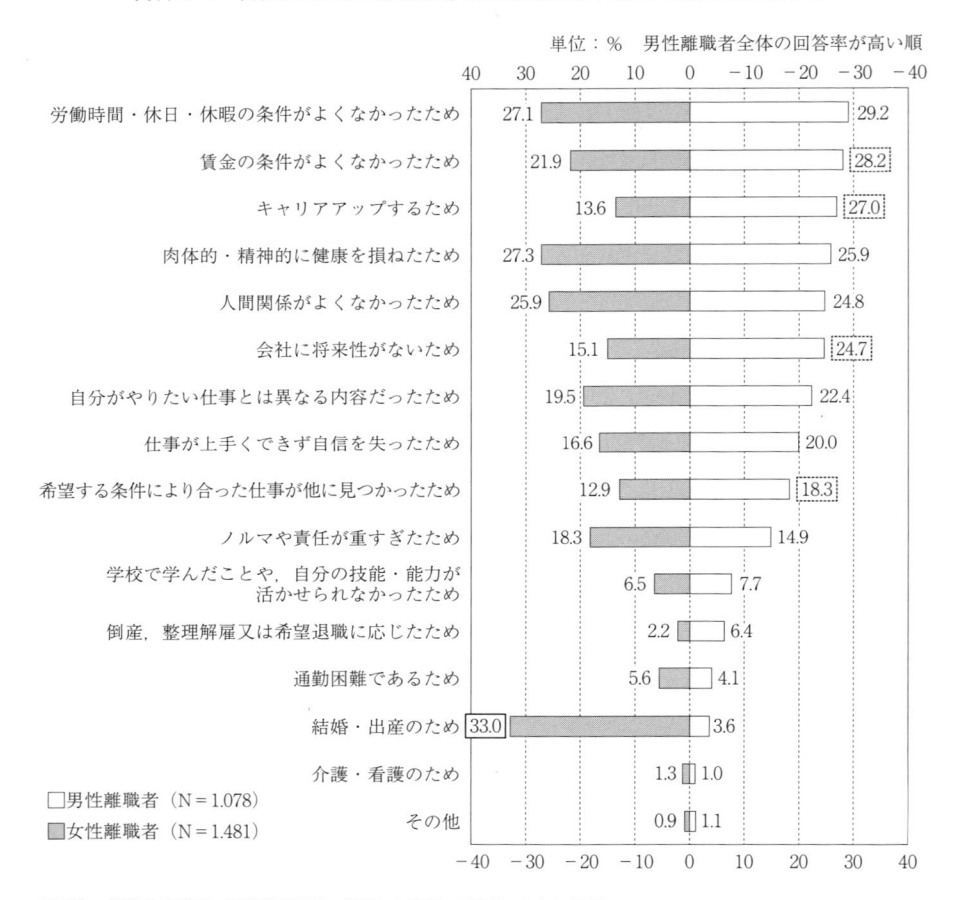

単位：%　男性離職者全体の回答率が高い順

（出所）　労働政策研究・研修機構 HP, 2019, 105頁, 図表5-1より引用。

全失業率は1995年には3%を突破して，2002年には過去最高の5.4%にまで及んだ。新卒者の就職状況も例外ではなく，1993年から2004年ごろに高校・大学を卒業した人達は，希望する職種・雇用形態・企業で仕事に就くことが大変難しくなった。不本意な就職をした人，正社員として採用されず生活のために非正規雇

を明らかにしている（**資料2-4**）。この調査で明らかにされた性別による離職理由の違い（図中の囲み）も注目すべきであるが，男女とも2割以上の回答者が労働時間，賃金，健康を損ねたこと，人間関係といった労働条件や待遇，職場環境をあげている。

　ここからも若年層の定着対策としては，「働きがい」や「やりたい仕事」と実際の仕事内容とのミスマッチを減らすような慎重な採用管理も重要であるが，なによりも労働時間の適正化や働きに見合う賃金といった処遇面，および職場の人間関係を改善するためにゆとりある人員配置とコミュニ

ケーションの促進を図り，過剰なストレスが発生しないような職場環境の構築といった企業独自の「働き方改革」が求められることがわかる。

③ 終身雇用の制度的要件

1 終身雇用の変容と若手社員の期待

日本型雇用の特徴とされる「終身雇用」は，大方の見解として「長期雇用慣行」というように「慣行」ととらえられている。「日本的雇用慣行」を詳細に論じた野村（2007，100-101頁）が明らかにしているように，終身雇用のイメージどおり学校卒業後会社に就職して，定年まで同一企業に継続勤務できる者は，大企業の男性正社員の一部にすぎない。男女計でも3割を超える非正規労働者はもちろん，女性正社員も終身雇用の対象とはみなされてこなかった。

なおも鹿嶋（1998）によると，第1次石油ショック後の低成長期に大企業の男性正社員にも，出向・転籍，早期退職者優遇制度，**選択定年制度**，**役職定年制度**が導入されるとともに，非正規労働者の拡大によって正社員部門の縮小が進み，雇用不安は増大している。それにもかかわらず，使用者団体や有名企業の経営者達が「雇用を大切にする」という理念的メッセージを出し続けることで，労働者のモラールを高める／維持する管理的効果があったという。鹿嶋が鋭く見極めているように，「バブル経済」崩壊後の1990年代の半ば以降，労働者にとって「生活安定の基盤」であった長期雇用慣行が「獲得目標としての長期雇用」へと変容したのである。

実際，雇用の安定を望む声は，若手社員の中でもまだ根強いものがある。産業能率大学「新入社員の会社生活調査」は，毎年，新入社員を対象に「**終身雇用を望むか**」を聞いているが，「Z世代」といわれる2022年度の新入社員（男女計）の62.7％が「望む」と回答している。また同調査では，「働く上で自分にとってどのようなことが重要か」も質問している（複数回答）。その回答は「長期間，安心して働けること（57.4％）」が最も多く，「仕事内容に見合う報酬が得られること（47.1％）」，「仕事を通じて自分自身が成長すること（38.1％）」と続く。

曖昧で対象者が実質的に限られた慣行であったとしても，あるいは雇用の不安定化が進んでその本質が変容したものであったとしても，人々が終身雇用に一定の期待をもち続けて

用を選ばざるを得なかった人たちも多く，その後のキャリアや社会保障の面でも影響を受けている。この時期に高校・大学を卒業して就職時期を迎えた人は，「就職氷河期世代」ともいわれ，およそ1700万人が該当する。

＊「七五三」現象

就職したものの中学卒の7割，高校卒の5割，大学卒の3割が3年以内に離職してしまう実態を表すフレーズ。近年，その離職率は緩やかに低下しているが，少なくない若手社員が厳しい選抜を乗り越えて就職したにもかかわらず，3年以内で離職している。

＊選択定年制度

従業員の年齢構成の若返り，ポスト不足対策，総額人件費の削減などを目的として，就業規則上の定年年齢に達する前の中高年者を対象に時期を示して退職を促す制度。この制度に応募して退職しようとする従業員には，退職金の積み増しや優遇策を提供する。

＊役職定年制度

一定年齢に達した管理職を対象に，職能資格区分を専門職などに変更し，それまでの課長・部長職を離任する制度。定年年齢の引き上げに対応して，管理職の新陳代謝による組織活性化，人材育成，社員の意識改革を目的に導入されてきた。パーソル総合研究所「管理職の異動配置に関する実態調査」（2022年12月22日公開）によると，導入企業割合は57％（うち13％が廃止予定），課長・部長職の役

資料 2 - 5　雇用関係の終了（3つのパターン）

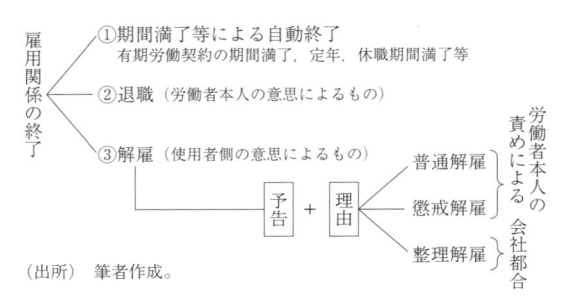

（出所）　筆者作成。

職定年年齢は「55〜57歳」
が69%であるが，後任者が
不在の場合などで在任延長
される「例外運用」もある
という。

＊終身雇用を望むか
産業能率大学が実施してい
る新入社員研修を受講した
人へのアンケートのうち，
これは毎年の調査項目に
なっている。年度によって
増減はあるが，21世紀の世
紀転換期ごろよりも「終身
雇用を望む」とする新入社
員の割合は高くなってい
る。その割合は，同じ産能
大調査の「就職活動の満足
度」と関係があるようで，就
職活動への満足度が高い年
度は「終身雇用を望む」回答
者割合が高く，逆の場合は
低くなる傾向がみられる。

＊無期転換権
労働契約法第18条により，
同一の使用者と締結した有
期労働契約を更新して通算
契約期間が原則 5 年を超え
た場合，労働者の申込みに
よって次期の労働契約から
「期間の定めのない」契約
に変更できるというもの。
使用者は，この労働者の申
込みを断ることはできな
い。この法律による労働契

こられたのは，3 つの制度的要件があったからともいえる。
すなわち，雇用の入口に当たる新卒定期一括採用と出口に当
たる定年制，その間をつなぐ退職と解雇に関するワーク・
ルールである。このルールがあるから，「リストラ」も「簡
単にはできない」と受けとめられている。

2　退職と解雇に関するワーク・ルール

　ルールは多岐に及ぶので，ここでは議論に必要な範囲で，
ポイントをみておこう。雇用関係の終了は，3 つのパターン
に分けられる。①期間満了等による自動終了，②労働者本人
の意思によって雇用関係を終了させる退職，③使用者の意思
によって雇用関係を終了させる解雇である（資料 2 - 5）。

　期間満了等による自動終了は，期間の定めのある労働契約
がイメージしやすい。パートなどの有期労働者は，更新しな
ければ，原則として期間満了で雇用関係も終了する。企業は
人員の量的調整のため，有期労働者を柔軟なグループとして
組み合わせる。ここから不況時の「雇止め」問題は生じる
し，非正規労働者の不安定な雇用にもつながる。ただし，民
法上の「暗黙の更新」がなされた場合や有期労働契約が反復
更新された場合は，自動終了とならない。後者の例として
は，労働契約法の「**無期転換権**」があげられる。正社員のよ
うな期間の定めのない労働契約では，**定年**，私傷病等による
休職期間の満了等が該当する。いずれも就業規則の定めが必
要である。

　退職に関して，パート・アルバイトなど有期労働者は，原
則として契約期間中は退職することはできない。「やむを得
ない理由」を説明して，使用者に期間途中の解約を合意して
もらう必要がある。ただし，雇い入れから 1 年を経過した日

以降は，退職を申し出ることができる。正社員など期間の定めのない労働契約では，理由を問わず，退職を申し出ることができる。日本では職業選択＝転職の自由が保障されているためである。労働基準法（以下，労基法）で期間の定めに上限（原則 3 年，例外 5 年）が設けられているのは，転職の自由を担保するためである。

他にも，期間の定めの有無にかかわらず，労働契約を締結する際に示された労働条件が実際と異なっている場合，労働者はただちに労働契約を解約できる（労基法第15条）。

このように退職を阻むルールはないが，解雇には一定のルールがあって，**予告**[*]と理由が必要である。本来，使用者側は雇い入れの際に，広範な裁量をもっているからである。

使用者は解雇予告を行ったら，その理由を書面にして当該労働者に交付しなければならない（解雇理由証明書）。その際理由にしてはならない理由がある。①労働者の国籍など社会的身分（労基法第 3 条），②性別（均等法第 6 条四），③**不当労働行為**[*]，④労働災害による休業期間とその後30日（労基法第19条），⑤産前産後休業の期間中とその後30日（同上），⑥結婚・妊娠・出産および出産後 1 年（均等法第 9 条ほか），⑦育児・介護休業（育介休法第10条，第16条），⑧労基法違反などの申告（労基法第104条ほか），これらを理由とする解雇はできない。これらが狭義の解雇制限である。

解雇は，その理由によって 3 つのタイプに分類される。そのうち**普通解雇**と**懲戒解雇**[*]は，労働者本人に責めがある場合に適用する。いずれも解雇事由や解雇基準として就業規則に明記していなければならない。

整理解雇は，会社の経営状態の悪化や事業規模の縮小を理由とする解雇である。整理解雇は，会社都合による解雇で，労働者個人の責任を問うことはできない。その分，解雇の合理性を客観的に証明するのが難しく，解雇の有効性をめぐって争いになりやすい。そのため，解雇の合理性・有効性を社会的に判断するために，1970年代に判例で「整理解雇の 4 要件」が確立された。つまり，①人員削減の必要性があり，②解雇を回避する努力が行われ，③被解雇者の選定が合理的になされ，④労働組合や当該労働者と誠実に交渉または協議が行われたかどうかで，整理解雇の有効性は判断される。

解雇ルールは，「紛争の防止や解決を図るため」として，現在，**労働契約法第16条**で明文化されている。すなわち，解

約の変更は「期間の定め」のみに効力をもつので，雇用区分を正社員にしなければならないというものではない。

＊定年

「高齢者雇用安定法」で，60歳未満の定年を定めることが禁止されている。65歳未満の定年を定めている事業主は，①定年制の廃止，②65歳以上に定年を引き上げ，③雇用継続制度の導入（希望者全員が対象）のいずれかの措置を講じなければならない。2021年度施行の同改正法で，65歳〜70歳までの就業機会確保のため，①定年制の廃止の他，70歳まで②定年の引き上げ，③継続雇用，④業務委託，⑤事業に従事できる制度の導入のいずれかの措置を講じることが，事業主の努力義務となった。定年制度の導入企業割合等は，厚生労働省「就労条件総合調査」などで確認できる。

＊予告（解雇30日前の予告とその例外）

「解雇予告」という。解雇予告には例外がある。天災事変などやむを得ない理由によって事業継続が困難になった場合の他，①日雇いの人，②2 か月以内の労働契約で雇用している人，③季節限定の業務に使用される人で労働契約の期間が 4 か月を超えない人，④試用期間中（14日以内）の人などは，ただし書きに該当する場合を除き，解雇予告をしなくても構わないことになっている（労基法第20条および第21条）。なお，解雇予告は，当該日数分の

資料 2-6　個別労働紛争の内容の推移：主なもの

（出所）　厚生労働省 HP「個別労働紛争解決制度の運用状況」各年版　別添 1 総括表より筆者作成。

「解雇予告手当」の支払い
に代えても良い。
＊不当労働行為
労働組合法第 7 条で禁止さ
れている使用者による労働
者の労働三権（労働基本
権）を侵害する行為。
＊普通解雇
労働者本人の勤務成績不良
等を理由とする解雇。例え
ば，①長期間欠勤が続いて
いる場合，②勤務態度が悪
く助言・指導を行っても改
まらない場合，③心身虚弱
で勤務に耐えられない場
合，④休職期間を過ぎても
職場に復帰できない場合な
ど，労働者本人の責めによ
り労働契約で取り決めた労
働が提供されないことを理
由に解雇する場合，普通解
雇を適用する。
＊懲戒解雇
労働者本人の職場での規律
違反や服務規程違反を理由
とする解雇。例えば，①横

雇には客観的で社会的に容認される理由が求められる。

[3]　解雇と退職をめぐるトラブル

　しかし，解雇と退職に関するトラブルはなくなっていな
い。**資料 2-6** は，全国の**総合労働相談コーナー**に寄せられ
た相談（2021 年度，約 124 万 3000 件）のうち，民事上の個別労働
紛争に関する相談件数（約 28 万 4000 件）の推移を示している。
2012 年までは解雇に関する相談が最も多かった。その後，職
場での「いじめ・嫌がらせ」（約 8 万 6000 件，30.3％）に関する
相談と逆転している。しかし，解雇だけに限らず，雇止め，
退職勧奨，自己都合退職，採用内定取消まで雇用問題の相談
を累計すると，約 11 万 5000 件（40.3％）に及ぶ。

　労働政策研究・研修機構（2012）は，雇用終了の実態を明
らかにしている。その中には使用者側の主観にもとづく労働
者の「能力（不足）」「態度」「発言」「権利の行使」を問題に
されて雇用関係を終了されたトラブルも多く，必ずしも法令
や判例ではうかがい知れないリアルな現実がわかる。島本
（2003）は，不当解雇事案にみる使用者側のアンモラルな言
動や裁判において虚偽が重ねられる実態を明らかにしてい
る。いずれも「極端なケース」と片づけるわけにはいかな
い。深刻な解雇事案は，労働者を使い潰す「ブラック企業」

同様，労働者の職業能力や人格まで破壊するおそれがある社会的問題なのである。

4　解雇ルールの規制緩和

1　金銭解決制度で解雇トラブルは防げるのか

　それにもかかわらず，解雇ルールの規制緩和は進められようとしている。厚生労働省の「今後の労働契約法制のあり方に関する研究会」は，最終報告書（2005年9月発表）で，解雇紛争の早期解決のために「解雇の金銭解決制度」を検討すべきであるとしている。解雇の金銭解決制度とは，解雇理由や復職の可能性によって様々なパターンが考えられるが，概ね次のような組み立てである。①会社が労働者を解雇したが，当該労働者が解雇を不服として裁判に訴えた。②裁判所は「解雇は無効」との判決を下した。③しかし，会社側は復職を認めない，あるいは労働者側が復職に困難を感じている。④そこで「解雇無効」の判決にかかわらず，金銭でもって雇用関係を終了させるという制度（案）である。

　「小泉改革*の継承」を訴えた第1次安倍内閣から続く自民党中心の歴代内閣も，法制化にはいたらなかった。当初は法制化に慎重な姿勢であった日経連（日本経営者団体連盟，2002年に経団連と統合）も，やがて理解を示すようになる。

　第2次安倍内閣のもとにおかれた規制改革会議の答申（2013年6月）に続き，2014年以降「アベノミクス第三の矢」，「成長戦略」の1つの柱として，「日本の解雇規制は厳しい」，「諸外国にも同様の制度はある」という論調とともに，法制化が再び現実味を帯びはじめた。

　日弁連や日本労働弁護団，連合（日本労働組合総連合会）など主要な労働組合は，明確に反対を表明している。しかし，その後も議論は重ねられ，厚生労働省の「透明かつ公正な労働紛争解決システム等の在り方に関する検討会」の「報告書」（2017年5月）に続き，「解雇無効時の金銭救済制度に係わる法技術的論点に関する検討会」の「報告書」（2022年4月）が発表されている。

　この制度は使用者側の濫用への懸念が払拭できないことから，2022年の検討会「報告書」では，制度の骨子として「無効な解雇がなされた場合に，労働者の請求によって使用者が一定の金銭（中略）を支払い，当該支払いによって労働契約が終了する仕組み」を検討している。つまり，労働者側だけ

領や備品・商品の着服，②職務上の守秘義務違反，③長期の無断欠勤，④重度な業務命令違反，⑤退社後の無断アルバイト（競業禁止義務規定違反），⑥経歴詐称，⑦暴力事件や「セクハラ」など職場の規律を著しく乱した場合など，使用者は労働者本人の違反事項に対して懲戒処分を下すことができる。懲戒処分には，譴責または戒告，停職，減給，降格，諭旨解雇などいくつかの段階があるが，懲戒解雇は最も重い処分となる。懲戒解雇の場合，その懲戒事案の内容や程度によって，使用者は労働基準監督署に届け出ることで解雇予告を除外したり，退職金を不支給とすることもできる。

＊労働契約法第16条
「解雇は，客観的に合理的な理由を欠き，社会通念上相当であると認められない場合は，その権利を濫用したものとして，無効とする」。この条文は，2004年施行の「改正労働基準法」で，「解雇トラブルを減らすため」として法制化がなされた。その後，条文自体は変わらず，2008年施行の「改正労働契約法」第16条に移行して，現在にいたる。

＊総合労働相談コーナー
2001年に施行された「個別労働紛争解決促進法」に基づいて，職場のトラブルや様々な労働問題の相談，情報提供に応じてくれる。各都道府県の労働局や労働基準監督署内など，全国379か所におかれている（2022年4月現在）。労働者個々

人や事業主，その他関係者でも無料で利用できる。2021年度の総合労働相談件数は約124万3000件，民事上の個別労働紛争の相談件数は約28万4000件で，その相談者内訳は労働者83％，事業主9.9％，その他7.1％となっている。「個別労働紛争解決促進法」に基づく他の制度とともに，利用状況等は厚生労働省「個別労働紛争解決制度の施行状況」で確認できる。

＊小泉改革

小泉純一郎総理大臣（2001年4月〜2006年9月在任）は，「聖域なき構造改革」をスローガンに経済・雇用の分野でも規制緩和政策を推進した。就任直後，小泉総理は厚生労働省との協議において，「終身雇用を前提としている制度を見直してほしい」と提起し，さらに「2，3年の期限付雇用ができたり，社員の解雇をしやすくすれば，企業はもっと人を雇うことができる」との考えを示した（『朝日新聞』2001年5月11日付）。実際，2004年施行の「改正労働基準法」により，それまで原則1年であった有期労働契約の上限が3年になった。小泉内閣のもとにおかれた総合規制改革会議で，解雇の金銭解決制度の検討もはじまった。

＊40歳定年制

柳川（2013）は，少子高齢化の進展による労働人口減少，日本の経済力低下を懸念して「40歳定年制」を提唱している。柳川の趣旨は「40歳で全員解雇する制度」や「単なる解雇規制の緩

が復職に代えて金銭を請求できる制度が想定されている。

　経団連は『2023年版　経営労働政策特別委員会報告』で，「労働者保護の観点から，解雇無効時の金銭救済制度の創設を検討することも一案である」（80頁）としている。だが，こうした経緯から，労働者のみが利用できる制度で完結するとは思えない。

▢2　日本の解雇規制はそれほど厳しいのか

　規制緩和を求める意見には，「日本は解雇規制が厳しく，経営改革を進めにくい」という考えがある。その考えの根底には，解雇の実態はともかく，整理解雇の4要件は4つをすべて満たさないとならない点や普通解雇でも予見可能性が低いところが論点になっている。他にも，ひところ話題になった「40歳定年制*」を提唱する柳川（2013）も，解雇規制の厳しさが企業や社会の環境変化への対応を難しくし，労働者にも硬直的な働き方を強いてきたと考えている。

　しかし，労働政策研究・研修機構はOECDの2013年の雇用保護指標（EPI：Employment Protection Indicators）を分析し，「日本の一般労働者の雇用保護は，34か国中低い方から10番目」，「有期労働者の雇用保護は，低い方から9番目」であったことを紹介している（資料2-7）。一般労働者についてみると，ドイツをはじめとする大陸ヨーロッパの国々は雇用保護指標は高く，一方ニュージーランドやアメリカは低くなっている。日本のEPIは2.09でOECD平均2.29を下回るだけでなく，韓国よりも雇用保護は弱い。有期雇用労働者についても同様の傾向である。

　政府も，すでにこの事実を認識している。衆議院の長妻昭議員の質問に対して，安倍首相（当時）は「日本は，OECDにおいて，加盟34か国の中で雇用保護規制が比較的弱い国として位置付けられていると考えている」と答弁している（2016年1月12日：内閣衆質190第8号）。『日本経済新聞』は，OECDの2019年度版のEPI結果を伝え，「正社員の個別解雇」は37か国中「規制の緩いほうから12番目」であることを明らかにしている（2022年5月23日付　電子版）。「日本の解雇規制は厳しい」という通説も覆ろうとしている。

⑤　フローマネジメントとしての人的資源管理

　退職と解雇をめぐっては，一見矛盾した現象がみられる。

資料2-7　OECD「一般労働者雇用保護指標」の国際比較

凡例：
□ 集団解雇
■ 個別解雇

OECD平均＝2.29

（縦軸：3.0, 2.5, 2.0, 1.5, 1.0, 0.5, 0.0）

ニュージーランド　アメリカ　カナダ　イギリス　チリ　オーストラリア　エストニア　アイルランド　ハンガリー　日本　スイス　フィンランド　韓国　イスラエル　スロバキア　スペイン　ノルウェー　デンマーク　ポーランド　ギリシャ　オーストリア　アイスランド　トルコ　スウェーデン　メキシコ　チェコ　スロベニア　ポルトガル　ルクセンブルグ　イタリア　フランス　オランダ　ベルギー　ドイツ

（出所）　労働政策研究・研修機構 HP，2013，図表2より引用。

「人手不足」がいわれていながら「黒字リストラ」を進める企業がある。リテンション・マネジメントが取り沙汰されている一方，若年層の早期離職傾向には歯止めがかからない。それぞれ，マクロの労働市場の状況と個別企業の動向とも受けとめることができる。しかし，人的資源管理論の考え方に沿えば，人材のフローは1つの人材戦略モデルだけというものではない。企業が長期定着を促し，社員の人材育成を企業の競争力の源泉にしようとすれば，「高参画型組織」モデルを選択することになる。先端産業で技術の革新や陳腐化が激しい分野で競争する企業にとっては，「グローバル競争型組織」モデルが選好される。低価格競争で「生き残り」をかける企業にとっては，「ロー・コスト・オペレーター」のアプローチが合理的な選択になるかもしれない。

　いずれにしても，採用から働き方と処遇，退職管理まで一貫した仕組みを構築することが企業に求められる。

　働く者にとっては，企業からのメッセージを正しく理解し

和」ではなく，スキルアップや「スキルの再構築」を通じてライフステージに合った多様な働き方を提案したいということである。そのさい，「人生三毛作」として，その1つの区切りが「40歳」だという考えである。「グローバル競争型組織」で高業績社員として働く人のための「生き方指南」，「キャリアガイド」ととらえると一定の支持もあるだろう。しかし，「法制度まで含めて社会全体のルールを変革せよ」ということになると，ミスリードを誘う記述もあって，議論が分かれるところである。

た上で，自身の WLB や働き方の希望とのマッチングによって，自分の労働力を活かせる場を選択する必要がある。その際，解雇と退職に関するルールを理解し，働く者同士が情報を共有することも求められる。解雇規制の緩和については，そもそも「日本の解雇は厳しいのか」，金銭解決制度が「本当に労働者保護になるのか」が問われなければならない。

　フローマネジメントの視点は，企業の競争力向上のための改革プログラムや短期的経済合理性だけでなく，働く者にとっても長いキャリアを考える上で重要なテーマなのである。

引用参考文献

鹿嶋秀晃，1998,「低成長下の日本型長期雇用：管理手段としての長期雇用」九州大学大学院経済学会『経済論究』第101号，43-58頁。

坂本光司，2015,『「日本でいちばん大切にしたい会社」がわかる100の指標』朝日新書。

島本慈子，2003,『ルポ解雇——この国でいま起きていること』岩波新書。

塚越寛，2014,『リストラなしの「年輪経営」——いい会社は「遠きをはかり」ゆっくり成長』光文社文庫。

日本経済団体連合会，2023,『2023年版経営労働政策特別委員会報告——「人への投資」促進を通じたイノベーション創出と生産性向上の実現』経団連出版。

野村正實，2007,『日本的雇用慣行——全体像構築の試み』ミネルヴァ書房。

柳川範之，2013,『日本成長戦略　40歳定年制——経済と雇用の心配がなくなる日』さくら舎。

山本寛，2018,『なぜ，御社は若手が辞めるのか』日本経済新聞出版社。

労働政策研究・研修機構，2012,『日本の雇用終了——労働局あっせん事例から（JILPT 第 2 期プロジェクト研究シリーズ No. 4)』JILPT。

労働政策研究・研修機構，2013,「経済協力開発機構の雇用保護指標2013について：OECD」

労働政策研究・研修機構，2019,「若年者の離職状況と離職後のキャリア形成Ⅱ（第 2 回若年者の能力開発と職場への定着に関する調査)」調査シリーズ No. 191。

Lawler Ⅲ, E. E., 2008, *Talent : making people your competitive advantage,* Jossey-Bass.

（山本大造）

第3章

評価制度

企業が労働者の「能力」や「態度」や「業績」を把握して人材の評価（人事考課）をすることは決して簡単なことではない。それでも評価・考課制度には大きな効用があると考えられている。労働者への動機づけをし、能力開発を促すことができる。評価結果を給与に反映させたり、昇格・昇進や能力開発の機会を誰に配分するかをコントロールしたりすることができる。そして、評価されることは労働者にとっても望ましいことであると考える立場もある。

① 人材評価制度とはなにか

1 雇用制度のなかの人材評価制度

(1) 長期雇用慣行における処遇

ある雇用関係が、つまり労働力の売買関係が比較的長期間継続的に行われると想定されている場合、その関係は時間の経過とともに、一般的な商品の継続的な取引とは異なった特別の性質をもつことになる。人的資源管理を行う買い手（使用者）と、生活者でもある売り手（労働者）は、その雇用関係が開始された時点での取引条件をまったく変えずに取引をし続けることに、双方とも不都合を感じることがありうるからである。

特に使用者が複数の、しばしば多数の労働者を従業員として雇用している場合、全員を等しく処遇するより、なんらかの基準を用いて処遇に**差**を設けることが可能な仕組みを望む可能性がある。十分に証明された命題であるとはまだいえないけれども、結果における均等処遇よりも「適正な」評価に基づく処遇の格差があった方が労働者全体のパフォーマンスは向上するだろうと広く考えられているからである。労働者の中から昇進させる者を選抜する必要に迫られることもある。

労働者もまた、自身の働きを然るべく評価されて処遇に反映されることを期待するかもしれない。なんらかの尺度で測った場合に自身の組織への貢献が向上していると自覚すれ

＊雇用制度
労働給付と「賃金」と呼ばれる反対給付の交換関係という狭義の仕組みにとどまらない、各主体の相互関係によって歴史的に構成された、複雑な制度の体系を指す用語である。このテキストが扱っている人的資源管理の諸制度が雇用システムの中でどのような可能性と制約をもっているかをさらに理解するためにも、意欲があれば（マースデン、2007；佐口、2018）などの文献で雇用システムの有機的な成り立ちをしっかりと把握しておいてほしい。

＊差
評価結果における「差」はそれ自体が目的なのではなく、評価を通じて経営者が社員に「期待」を表明することが重要なのだという考え方がある（今野・佐藤、2022）。それは非常にもっともであるが、ここでは本

人の時間軸上の「差」も重視している。また，相対評価のもとではやはり他の労働者と自分の評価結果の「差」がもつ効果に注目したい。

ば，それが処遇に反映されることを期待しもするだろう。ライフステージの変化に伴って上昇する生計費に見合った処遇を望むからこそ，勤続に応じて組織により深くコミットし，頑張ろうとする。そういうビヘイビアも十分考えられるだろう。

(2)　処遇と労使関係

その事情は古今東西のありとあらゆる雇用関係においてそうだとは決していえない。とはいえ，日本の正社員の長期雇用慣行の中では，学卒初任給は相対的に低位に抑制されていて，勤続とともに一定の年齢までは皆多かれ少なかれ昇給するという労使双方の理解は存在しているといってよい。だから，日本の正社員についてはホワイトカラーかブルーカラーかを問わず，長期の間には昇進と昇給がほぼ行われている。それは多くの場合完全に自動的なものではなく，組織内部での評価制度を通じて行われる。

狭義の昇格昇進と昇給のみならず，賞与の決定や配属，能力開発の機会を配分するためにも，使用者（管理者）は労働者を評価し査定する。

労働条件は本来的には労使関係によって決まるものである。最低賃金法や労働基準法といった法規制や労働市場環境は，間接的な影響力をもったとしても，法的な最低基準を超えた労働条件は労使の自治によって定められるのが原則である。特に労働力商品の売り手が自主的な組織をつくって買い手との間で交渉を行うことで労働条件を取り決める関係を「集団的労使関係」という。

このとき，交渉力をもった労働組合や労働者組織が労働力の取引条件を細かく交渉して集団的に取り決めること（労働協約を締結すること）ができないか，それができたとしても個々の労働者の処遇の決定方法と水準までを規制することができなければ，労働条件の決定の仔細はいわば「**個別的労使関係***」によって処理される問題となる。使用者は，集団的労使関係の手続きから比較的自由に，評価制度を通じて個々の労働者の処遇を決定することができるということである。

＊個別的労使関係
個別的労使関係によって処遇が決まるということは，そのまま使用者の思うままに処遇が決まることを意味するわけではないが，集団的労使関係のもとでの労働条件決定よりも労働者の交渉力は弱くなることはたしかである。日本においては人事考課は基本的に「経営権」に属する事柄であるとみなされている。

2　人材評価制度の目的

(1)　「差」を見出す

とはいえ，労働者の働きぶりを評価してそれを処遇に反映させるという営みには，それなりのコストとリスクが伴う。

人事考課という仕事は簡単にできることではない。適正な評価制度を実質化しようとすれば，様々な用語を整え，**望ましい労働者像**[*]を定義し，評価システムを構築しなければならない。実際の評価においては多段階の管理職が労力と注意を払ってそれを行うことになる。それ自体がコストのかかる業務である。けれども，その結果を労働者がどのように受けとめるかは不確実なものである。労働者が不満をもち，意欲の減退や離職を引き起こすリスクがある。

　それでも企業がコストをかけてリスクを負いながらも労働者を評価・考課するのは，まずは労働者の短期的な処遇と長期的な処遇とを評価結果を通じてコントロールすることに，企業にとってもやはりとても大きな効用が認められるからである。

　評価は必然的に「差」を発見し，多かれ少なかれその「差」は労働者の広義の処遇に反映される。その「差」とは，①ある労働者 A の過去と現時点のポストや処遇水準と将来のポストや処遇水準との「差」であったり，②A のポストや処遇水準と同じ時期に雇用されている他の労働者 B のポストや処遇水準との間の「差」であったりする。人事（人的資源管理）の世界では，その①と②の両方が互いに排他的ではないかたちでめざされているだろう。

　⑵　「向上」を促す

　評価制度を通じてこれらの「差」を明示的にすることによって，労働者に向上を促すことは，評価制度がもつ重要な役割そのものである。それは時として過重な負担にもつながる惰力をもちうる。過去の自分より良く評価されたいと考えさせる動機づけ，他の労働者と比較した場合により優れていたいと考えさせる労働者間競争への駆り立て，劣った評価をされたくないと考えさせる「自尊心」への働きかけ，さらには，劣った評価が避けられなければそれに異議申立てをするよりも自ら退職すると考えさせる「排出」。

　言い換えれば，1 人の労働者の時間軸における比較（自分は「向上しているのか」という考え方）と，同時点での他の労働者との比較（他の人と比べて自分の処遇水準はどうかという考え方），さらに他の労働者との時間軸における比較（他の人と比べて自分は「向上しているのか」という考え方）を事実上強いること。これが表面的にはコンフリクトを起こすことなく達成することができて，その結果として，より良い評価のために

＊望ましい労働者像
人的資源管理における「能力主義管理」という概念は，この「望ましい労働者（従業員）象」がそこにおいてどのように説明されるかをめぐって検討されてきた。後に触れる「コンピテンシー」，「行動評価」という考え方も，ある種の「望ましい従業員像」を定義する方法といえる。

努力を覚悟する労働者が確保されていれば，人的資源管理上は望ましい状態であるといえるという立場があるだろう。

「育成型人事管理制度」を標榜する企業においては，人材評価制度と強く結びついた「コンピテンシー」（後述）の言語化を通じて，その労働者の現状と向上目標を明確にすることがめざされている。複数の管理職が「人事考課会議」（後述）に集って人材評価の方針や結果を共有することも，そのことを通じてより組織的に人材評価制度を運用して労働者の能力開発に結びつけることを目的としている。つまり，評価制度が育成型人事管理の重要な要素として位置づけられているわけである。

3　戦後日本における制度の枠組み

（1）　職能資格制度

日本の大企業から中堅企業にまで幅広く採用されているものに**職能資格制度**＊がある。これは労働者を相対的に格付ける９段階前後の等級の階梯である。より細かい職務ごとにその経験と習熟によって格付ける職務等級制度とは異なっていて，いわば個別企業における社員としての等級である。社会的に共通認識のある具体的な「職能」の習熟度というよりは，企業ごとに「総合的に」設定された「職務遂行能力」に加えて年齢と勤続年数によってもほぼ順番に昇格していく階梯である。だから原理的には部署や職種とは切り離された，労働者に共通の格付け尺度として設計されている。

高度経済成長期の企業は人的資源管理の近代化を謳い，年齢と勤続年数に応じて毎年の固定費としての人件費が上昇する可能性としての「**年功給**＊」がもつ負担感を脱却する方法を模索していた。その梃子として1950年代には「職務給」の導入を検討したが，結果的にはそれは日本の賃金項目の中心としては定着しなかった。たとえ名称としての「職務給」が部分的に導入されたとしても，担当職務に応じた賃金を処遇の根本原理とするような雇用と配置の人事思想がそもそも存在していなかったからである。

そこでそれにかえて，理念としての長期勤続のもとでの柔軟な配置と「能力主義」管理とに適合的なものとして「職能給」が考えられた。これを「職能資格（等級）」という階梯に対応させて昇格昇進と昇給に結びつける仕組みが職能資格制度であった。概ね1970年代の中頃にはこの仕組みができあ

＊職能資格制度（の等級）
職能資格制度の等級は企業ごとに呼称はやや異なるが，下から上に向かってJ-1〜3，M-4〜6，S-7〜9といったそれ自体では具体的な仕事の内容を表さない等級が用意されている。等級に対して副主事，主事，副主査，主査，副参事，参事などの資格呼称が対応し，その資格呼称に対して主任，係長，課長，自重，部長という役職が対応する。

＊年功給
「年功（序列）賃金」と呼ばれることもある。誤解されることがあるが，戦後日本の主な組織において，完全に年齢や勤続年数のみに応じて賃金が決まる（上がる）制度が成立したことはほぼないといってよい。

がった。

(2) 「年」と「功」による運用

　その運用実態は，「年」つまり年齢と勤続年数とも緩やかに結びつきながら，「功」つまり働きぶりや成果を査定して同期の社員の間にも適度な差をもたせるものとなった。職能資格制度は1990年代以降によりドライな評価賃金制度としての「**成果主義**[*]」による批判を受けることになったが，成果主義が人事評価の主流として定着することはなかった。職能資格制度の基本的な仕組みは維持され，「年」と「功」を根拠とした緩やかな昇格と昇給の制度が持続してきたのである（遠藤，1999；岩崎・田口編，2012；神林，2017）。

　それでもたしかに賃金とその他の処遇が年齢と勤続によって自動的に決まることがない以上，評価制度は重要な役割を担うものである。この評価・人事考課が処遇にどの程度シビアに反映されるかは，企業の人的資源管理思想によって様々であろう。労働組合がある企業の場合はその集団的労使関係上の規制の強弱によって違いがある。

② 人材評価制度が重視するもの

1 多面的評価

(1) 能力評価・情意評価・業績評価

　日本における評価制度は，一般的に次のような3つの視点から行われることが多い。すなわち「能力評価」，「情意評価」，「業績評価」である。これらは労働者一人ひとりについて作成される「人事評価（能力評価）シート」という書式に記入されることになる。

　「能力評価」でいう「能力」とは，「職務遂行能力」とも通称される。担当業務として区切られている課業のまとまりについて，前述の職能資格に応じて定められた要求水準（「職能要件」と呼ばれる）と本人の遂行の程度を比較して評価するものである。

　「情意評価」とは，労働者の意欲や態度を評価するものである。勤怠状況や，積極性，規律性，協調性，責任感などを評価するものとされている。実際のところ，かなり恣意的にも運用しうる考課項目である。

　「業績評価」は「成績評価」とも呼ばれ，労働者が一定の期間内に達成した業績を評価する。特に「成果主義」を採用している賃金制度のもとでなくとも，業績の達成度に注目し

＊成果主義
成果主義は一部の先鋭的な事例を除いてはそれほど強引に定着させようとは試みられなかった。しかし，この用語には強いアナウンス効果があったことはたしかである。「日本的雇用慣行」への批判が強まる時勢にあって，日本の雇用システムはより厳しいものに変わらなければならないという含意をもっていたからである。

た評価項目が含まれていることはそれほど珍しくない。

(2) 多面的評価の目的と困難

人材評価がこのように「多面的評価」として行われるのは，評価される労働者にとっての「納得可能性」を担保するためである。日本の主として正社員労働者が発揮する働きぶりを評価する場合，評価の側面は多様であるべきであるという考え方がある。

とはいえ，この3面の評価領域は，それぞれを欣然と他と切り分けて評価できるものであるかどうかには難しさもあるだろう。それぞれは互いに互いを前提とする関係にもある。

そして，数値化することができればもっとも客観的に取り出して評価しやすい「成果」も，その労働者の組織内での配置や経済情勢，市場環境によっても影響を受けるものである。完全に1人の働きだけで成果が得られるような業務は実はそれほど多くない。

このような困難があるときに，労働者個人の評価をドライに行うと，ある側面において非常に高く，別の側面においてしばしば本人に責任のない事情によって低いという結果も起こりうる。そこで，業績・成績の点で低い評価になる労働者でも，情意の点で高く評価することで補うというような運用もなされることになる。

☐2 目標管理制度・自己申告制度

企業の人事評価は，評価される労働者自身がまったくあずかり知らないところで上司によって行われれば良いものかというと，一般的にはそうではないと考えられている。

「**目標管理制度***」と呼ばれる仕組みを通じてそれは行われる。1年や半年という単位で，上司と労働者が面談を行って，その期の「目標」が設定される。その目標は，部署ごとに配分された目標をメンバーで共有したり分担したりしたものでもありうる。また，上司が一方的に課す「ノルマ」である場合もある。しかし，より一般的には労働者自身が「自発的に」自らに課す達成目標であるというかたちをとる。特に「自己申告制度」と呼ばれる方法である。

こうしたかたちでの「目標管理制度」は，前述したような多面的評価の困難をある程度は緩和する仕組みでもある。労働者自身が「今期は4000万円の売り上げを達成します」や「(申請する)残業時間を月20時間に抑えます」，「この資格試

＊目標管理制度
より精緻化されたものとして，MBO（Management by Objectives：目標による管理）と表現されることもある。その場合，従業員各人の目標は，企業や部署，より小さなチームといった単位の組織の目標と密接に結びついたもの，いわば組織の目標を個人に切り分けたものであると理解されている。

験にパスします」,「納品後のクレームを5分の1に削減します」といった目標を定めて事前に言語化して上司と約束しておくのである。こうして,設定された目標は客観的で多くの場合に数値的なものとなる可能性があり,同時に労働者自らの責任と「主体性」に基づく重みをもったものになる。

自己申告される目標については,現状はそれでも非常に多様で興味深い。本人に任せると「低めの目標しか書かない人もいる。その場合は,本人と相談し,目標設定を上に書き換える」という管理職もいれば,「本人に任せると高めの目標を出してくるので,投入する労働時間,業務量を勘案し目標が高くなりすぎないように抑えることの方が多い。自分で立てた目標より実績値が上回っている方が,本人のモチベーションが上がるし,部下を褒める口実ができる」と語る管理職もいる(労働政策研究・研修機構,2022)。

「自己申告」とはいいながら,そこで立てられる目標は労働者自身の完全な自由裁量によるものではなく,上司によるそれなりに周到な助言や誘導が影響していることが推察される。

3 複数の評価視点

(1) 自己評価と多段階評価

多面的評価は評価の対象領域を複数用意しておくという考え方である。それだけではなく,評価する視点,つまり目の持ち主を複数にするという考え方もある。

企業によっては,労働者自身による「自己評価(報告)」を提出させることがある。自分の能力や業績の達成度について客観視して省察する機会をつくり,向上の手掛かりとするという考え方である。しかしもちろんその自己評価がそのまま評価結果となることはまずない。

他者による評価はまず直接の上司によって行われ,その後その上司の上司,さらにその上司によってチェックされるというプロセスを経る。これが「多段階評価」と呼ばれる仕組みである。評価対象者と日常的に接する上司がまずは人事考課を行うことは自然なことである。しかし,さらにその上司が同様の密度で評価対象者を評価することができるケースは限られる。それゆえ「多段階評価」が評価の公正さや精密さを保障すると考えるのは難しいが,直接の上司によるあまりに恣意的な評価は制約されるというメリットはあろう。

（2）　コンピテンシー

　この多段階評価を採用する企業の中には，評価者である管理職によって人事評価会議が行われているケースもある。人事評価会議においては，例えば複数の課長が部長とともに集まって，直接の部下ではない各課の課員の評価内容を共有することで，評価がより客観化されることになるとされている。さらに，各部署の「**コンピテンシー**[*]」が相互に理解されるものとなる。

　「コンピテンシー」とは，上述の「職能要件」を労働者が発揮すべき能力としてより明確に定義したものと理解されている。企業によっては今日では人事評価制度における最も重要なキー概念とみなされていることもある。全社で共通の抽象的な社員の努力目標というよりは，部署ごとに個別具体的に定義されているもののことをいう。

（3）　360度評価

　近年利用されている評価方法にはまた，「360度評価」という手法がある。語感としては「多面的評価」と紛らわしいが，「360度評価」とは上司以外による従業員への評価を（も）利用する評価方法である。上司以外とはつまり同僚や取引先の担当者，消費者などを意味する。上司の評価は，ともに働くしばしば複数の同僚による評価を通じて相対化されることにより，その恣意性が制約されるかもしれない。顧客や取引先による評価も，上司のみによる評価よりもよりバランスのとれた評価結果につながることもあるだろう。しかしそれは360度評価の比重次第ではあるし，そもそも，まったく逆もありうる。上司である管理職に期待されている種類の責任や評価結果へのアカウンタビリティからは，同僚や取引先は相対的に自由であるからである。管理職は考課者訓練を受けた経験があるのが一般的であるが，同僚はその限りではない。

　そして一般消費者であることも多い顧客は，ほとんどなんの責任も負うことなく，労働者の働きぶりや態度を「評価」し，自分の「満足度」を数値化して担当の労働者の責任に帰する手段をもちうる。

（4）　特に顧客による評価

　顧客による評価は以前から行われている店頭にある紙によるアンケートなどがわかりやすい例であるが，現在ではインターネットを利用した顧客による従業員の「採点」が無視し

＊コンピテンシー
この概念を，「部署における望ましい成績を示す特定の従業員が発揮する能力／行動特性」とする理解もある。特に，人事評価の項目として「行動評価」をあげるケースでは，その有能な従業員の行動を参照して評価の注目点と基準を定める評価方法を意味している。

えない力をもつことがある。

　海外の状況を描いたものではあるが，参照しよう。フランスの La Générale de Production が制作したドキュメンタリー『星はいくつ？　"オンライン評価"社会の危うさ』（原題：A Five-star World, 2022）は，顧客からのしばしば冷酷なフィードバックが使用者によって利用され，労働者への不利益処遇や解雇にもつながっている状況を伝えている。それは決して遠い国だけでの話ではない。

　各種の顧客対応，例えばコールセンターのオペレーターと通話した客からの「フィードバック」は，コールセンターを運営する企業はいうまでもなく，そのコールセンターに業務委託をしている顧客企業にも利用されうる「評価」情報となる。雇用関係ではない場合も多いが，様々な配達業務に従事する労働者も，顧客による評価に日々直面しており，そこで悪評が募れば不利益を被ることがある。スマホ１台で，私たちもその評価に参加できる。

　なおこの優れたドキュメンタリーは，顧客や消費者による行きすぎた評価と使用者によるその過度の利用を規制するフランス労働総同盟（CGT）とその傘下組合による取組みも記録している。労働者の働きやすさはある種の「消費者主権」によっても脅かされる可能性があることへの労働組合の対応である。技術的に容易にも強力にもなった消費者や顧客の「声」による従業員評価の妥当性や正当性に疑問が呈されている状況がある。

③　評価結果の影響

１　賃金とのかかわり

　原理の上では，評価・考課の結果は，短期的には個々の労働者の給与や賞与を変動させて**賃金**水準を設定することに利用されることがありうる。もっとも，それには労働法や労使関係上の制約がない範囲で，という条件がある。そして，評価結果は中長期的には昇進や昇格の，場合によっては降格の根拠ともなる。キャリアとの関わりについては次項で触れよう。

　組織運営としてそれが最善で最適な状況であるかどうかとは別に，評価結果と処遇が結びつけられる可能性があることは，日本の企業に広く観察される状況である。労働者の持続的な意欲と労働給付を調達するためには，企業によって選択

*賃金
すでに概説したとおり，日本の正社員の賃金は「総合決定給」という性格をもっており，仕事の内容や業績や「能力」，さらには労働者の属性といった多様な要素が加味されて決まる。公正で効率的な賃金のあり方というものを１つに定めることは難しいが，筆者なりの整理の試みは熊沢（2021）において示した。参照されると幸いである。

される手法ともいえる。

とはいえ実態として，多くの企業は評価制度を労働者に対する「期待の表明」の仕組みとして位置づけており，評価結果を短期的な賃金決定に反映させるという運用は避けているといえよう。特に基本給は多くの場合職能資格の段階と結びついていて，短期的に上下させることには制度上の無理がある。低評価を受けた労働者を職能資格上で急に降格することの問題性も意識されているだろう。

しかし，**賞与**[*]はその性質上，月々の給与よりも評価・考課結果が反映されやすいように思われる。様々な調査からも，評価結果が短期的に金銭面での影響を生む場合があるとすればそれは賞与に反映させるという運用によることがわかる。

そして，評価結果が給与に反映する度合いが小さくて賞与に反映する度合いが大きいということについて，管理職層による賛否が多様であることはとても興味深い（パーソル総合研究所HP，2021；労働政策研究・研修機構HP，2022）。

⎡2⎤　キャリアとのかかわり

（1）　昇格と昇進

評価結果が短期的に給与に反映されにくいとしても，一定期間の評価結果の蓄積に応じて，昇格や昇進に差が生まれることはありうる。職能資格制度の運用において，「最長滞留年数」が概ね定められているという事例はある。あまりに長い間1つの職能資格にとどめておくことはその労働者の意欲に悪影響を及ぼすからである。それに対して，「最短滞留年数」を暗黙にでも定めているケースもわずかだがある。早すぎる昇格を抑制して周囲の労働者の不満を抑制するためとされる。

いずれにせよ，職能資格制度が実情として広く「年功的に」運用されていたとしても，「功」の査定結果が実質化される余地は十分にある。半年や1年の期間ごとに繰り返される人材評価において優れているとみなされることは，勤続年数や年齢が等しい労働者集団の中から早めに上方に抜け出る労働者を生む。なお，職能資格制度上の階梯を上がっていくことを「ランク」上の昇格だとすれば，「係長」や「課長」といった役職を得て上がっていくことは「ポスト」上の昇進である。ランク上の昇格よりも，ポスト上の昇進の方が対象者がより少ない分，より競争的で選抜的である。

＊賞与
賞与は労働基準法上の「賃金」ではないので，法的な制約から比較的自由である。ただし，支給の条件が労働協約，就業規則，労働契約に事前に定められている場合は「賃金」とされる。

(2)　能力開発

　社内外の能力開発機会である研修や特定のプロジェクトに参加することによって，さらに評価される可能性を得ること。その機会が選抜的に配分される際には，人材評価制度による評価結果は無視できない意味をもつ。その能力開発機会を経験することは昇進昇格にあたってはその経験をしていない人よりも有利に働く。

　相対的に長期に及ぶ勤続年数が想定される雇用においては，「能力」と呼ばれるものは可塑的で向上可能なものであるとみなされている。「人材」とはその「能力」を自らも向上させる意欲をもち，努力する人のことであると考えられている。人材評価制度は労働者に対する企業の期待を表明して，その期待に応える意欲や過程や結果を評価することで向上を促す仕組みである。このことに注目すると，評価制度は能力開発の理念と強く結びついたものであると改めて理解できるだろう。前述のように，「人材育成型人事評価制度」という用語が使われる場合もある。この用語を明示的に採用していなくとも，「人材を育てるための評価」を理念化して言葉にする管理職は少なくない。

③　労働者による受けとめ

(1)　モチベーションへの影響

　他方で，労働者はそれをどのように受けとめるだろうか。自分の努力や貢献が適正に評価されてそれが処遇の向上に結びついていると実感できるのであれば，労働者はその企業にとどまって働き続け，その努力や貢献の水準を維持しようと考えるか，さらに一層の努力や貢献を示そうと考えもするかもしれない。

　企業がその労働者に対して一定の期待をもっていたり，その能力開発にコストをかけていると自認していたりするのであれば，企業もその労働者も長期のコミットメントを維持する理由となるだろう。適正と考えうる評価制度がリテンションの施策としても重要な意味をもつのはこのような事情である。

　評価制度は労働者を仕事に駆り立てる梃子になるものではあるが，その結果によっては同時に労働者の意欲を削ぐものにもなる。そこで，例えば数値的な結果からみた業績評価が芳しくない場合，情意考課において評価できる側面を重視す

ることで救済して，その労働者のモチベーションを下げないように配慮するといったすでに述べたような「工夫」を説くような実務書もある。

　評価と評価結果の使い方がどれほどシビアなのかはその企業の人的資源管理スタイルにもよるが，一般的にはあまり懲罰的な結果になることは避けられている。それでも，先にあげたパーソル総合研究所による調査は約5000人の労働者の約6割から「目標を定量化するのが難しい」，「個々人や部署により目標の難易度が違う」といった点への不満を掬い上げている。つまり少なくない割合の労働者は設定されている「目標」自体への不満から，その達成度によって評価されることを危惧している。これは目標管理制度のかなり本質的な部分への疑問の表明であろう。

　それに対して回答企業約430社の52.1％が，「評価結果に差がつかず，（結果の分布が）中心に偏る」という点を課題として指摘している。評価結果に「差」がついて，評価結果の分布が中心に偏らない状態とは，評価制度のよりシビアな運用によってもたらされる。企業としてはじつは不本意ながらマイルドな制度運用に結果していることについて，評価制度の本質的な点で労働者は不満を抱いているということである（パーソル総合研究所，2021）。

(2)　評価を通じたコミュニケーション

　人事評価のプロセスを通じて，評価者と評価される労働者の間の意思疎通は重要なものであるとみなされている。例えば，期の途中での「中間面談」の機会を意識的に設けている企業がある。そして，評価結果が定まる時期にはもちろん期の途中でも，面談において労働者には評価のされ具合が伝えられ，労働者の側もそれに対して応答することが求められている。これは一般に「フィードバック」という言葉で表現されている方法である。

　評価者と被評価者のコミュニケーションのあり方は，被評価者つまり労働者による評価結果の受けとめ方に影響する1つの要因ではあるだろう。

④　「働かせ方／働き方改革」と人材評価制度

1　公正であり透明であること

(1)　「働き方」と「働かせ方」

　日本の労働現場に問題があるとすれば，それは労働者の

「働き方」の問題なのか，雇用する組織や上司の「働かせ方」
の問題なのか。評価制度は，このことを考える上でのとても
重要なポイントになる。人は家族責任も果たせず余暇も必要
とせずに死にいたるほどの働き方をしたいとは普通は望ま
ない。その意味では日本の労働問題は主として「働かせ方」の
問題である。とはいえ，日本の労働者は文字どおりの奴隷的
強制労働をさせられているわけでもないので，そこにはある
種の「自発性」を含んだ「働き方」の問題もある。働きぶり
を評価されること，その評価が職場での居心地や処遇や雇用
保障にも影響を与える可能性があることを考えれば，好むと
好まざるとにかかわらず，選ばざるを得ない「働き方」が生
まれよう。

　人材評価制度は，本質的に労働者間に差をもたらすもので
ある。そして積極的にであれ消極的にであれ，現状の雇用の
領域において，その仕組みは受容されている。しかし，個別
の労働者の評価と処遇に集団的労使関係による規制やチェッ
クがほとんど及ばないとすれば，そのことが可能性として
もっている負の側面がある。激しい労働者間競争が行われる
可能性があって，それがサービス残業を含む長時間労働や企
業の要請を過度に受容する働き方をもたらしかねないことで
ある（熊沢，1997）。

　そのような働き方を是とする考え方もあるかもしれない。
そうであっても，評価制度が公正で透明なものであることが
必要であるのと同様に，労働者間競争が行われるときの労働
者の働き方も，公正で透明なものである必要があるともいえ
る。したがって，それぞれの労働者が受けた評価結果は，
「個人情報」として秘匿されるべきというより，お互いに可
視的な働きぶりに対する直属の上司による評価結果として見
せ合うことができるようなものであるべきだといえるだろ
う。これは「賃金袋を見せ合う仲間」という考え方に近いと
いえる。

　前述の不服申立制度が機能するために，不服申立を行った
労働者を周囲の労働者が競争相手としてではなく仲間として
守ることができる環境は，評価結果がお互いに知り合えるよ
うな関係からつくられるのではないか。

　もっとも，一人ひとりに評価結果の開示を強制したりすべ
きではない。そしてどのような目的であれ企業が一人ひとり
の評価結果をさらすような仕組みをつくることも，また別の

問題性をもつ。

(2) 不服申立と不服処理

評価制度が前項の公正さと透明性をもって健全に機能するためには，労働者本人による不服申立（苦情申立）の権利が保障されていなければならない。そして，その申立てによって不服処理の手続きが確実に始動する必要がある。人事評価が広い意味での労働者の処遇に小さくない影響を及ぼすものである以上，労働者自身が評価結果について強い関心をもつことは当然のことである。不服があれば，それは単なる愚痴としてではなく，手続きに則って処理される必要がある。

これは，たとえその企業においては評価制度が比較的マイルドに運用されていたとしても，明確に制度化されていて公正に運用されなければならないものである。実際のところ，労働者が上司による評価に対して不服を申し立てることには精神的なハードルも高く，それによってなんらかの報復的な不利益があることを心配に思うことは自然なことであるといえる。

そこで，不服を申し立てた労働者への不利益がないことを保障した上で，必要があれば評価結果を修正する権限をもった機関がその案件を公正に処理するということである。労働組合と労使関係手続きがその役割を担うこともももちろんありうることである。

2 多様な暮らし方と働き方に整合すること

(1) コミットメントの多様性

「働き方の多様化」を積極的に尊重するという立場をとるのであれば，企業という組織へのコミットメントのあり方の多様性も尊重しなければならない。少なくとも，すでに存在している雇用形態の区分やその内部での労働者の区分を与件とするのであれば，雇用されるものはすべて評価制度の適用を免れないと決めつけることには無理があるだろう。

すでに述べたように，評価・考課は1人の労働者の過去や現在と将来の間に「差」を生み，労働者の間に「差」を生むことで，1人の労働者の時間軸における比較，同時点での他の労働者との比較，さらに他の労働者との時間軸における比較を強いる。これはそれ自体ストレスフルなことである。競争的な職場環境のもとでは，自分自身が不断に向上することを求められ，ともに働く仲間でもある同僚の働きぶりに批判

的になるように仕向けられることもあるだろう。比較的タフ
な仕事の要請に応えられる条件をもった人が，その条件に恵
まれない人に対して冷淡になり，あるいはその人を職場から
排除するような力に手を貸すことになるかもしれない。

　評価制度は定期的な面談や書類の作成といった決められた
手続きを通じて行われる際に，それが実施されているという
制度の外形が可視的になる。しかし，管理者や同僚はそのと
きにだけある労働者を評価するわけではない。労働者は日常
的に他者に見られながら働いている。労働者自身とその働き
ぶりと成果が評価対象になるということは，事実上はいつで
も意識されるほかないことである。

　そのような「評価されることの負担」をあらゆる雇用形態
やあらゆる区分の労働者に求めることはできない。ただしこ
のことは，正社員であるならば評価制度が適用されるべきで
あり，非正社員であるならば評価制度を適用するべきではな
いという単純な区分で済む問題ではない（禿，2022）。

(2)　「多様な正社員像」

　特に，「多様な正社員像」の模索がはじまっている今日に
おいては，多様な暮らし方・働き方を選ぶ正社員について
も，その居場所を確保する考え方が必要になっているだろ
う。じつは総合職と一般職という二種類の正社員を設けると
いう意味での「複線型人事制度」は特に新しいものではな
い。「限定正社員」や「ジョブ型雇用」という用語も使われ
るようになってきた。しかし多様な正社員像の構想は，これ
まで以上に多様な「**ライフ・ワーク・バランス**[*]」のあり方，
無理のない働き方，雇用保障という多面的な要請に真摯に応
えなければならない段階にきている（久本，2018）。

　上司と労働者の面談における自己申告に基づいて設定され
た目標という形式をとっていたとしても，仕事ノルマの過重
さはすでに十分に問題として指摘されてきた。重すぎるノル
マの達成を強いるような評価基準や，家庭責任を放棄するこ
とでしか果たせないほどの企業へのコミットメントを求める
ような評価項目は今日では正当なものとはみなされないはず
である。それはもはや持続可能な暮らし方／働き方ではない
ことが明らかになっており，政府も謳っている「働き方改
革」や「少子化対策」とも整合しないからである。よって，
評価制度とのかかわり方において労働者にある程度の裁量が
許されていること，そしてその裁量の結果が間接的な差別を

**＊ライフ・ワーク・バラン
ス**

「ワーク・ライフ・バラン
ス」といわれることが多
い。「ライフ」と「ワーク」
のどちらを先にするかはこ
の言葉に込める思想の問題
である。

生まないような評価制度のあり方が求められるだろう。これを突き詰めると，企業と労働者の関係をかたちづくる雇用システムの現状そのものを考え直すことにもつながるだろう。

引用参考文献

今野浩一郎・佐藤博樹，2022，『新装版　人事管理入門』日本経済新聞社出版。

岩崎馨・田口和雄編，2012，『賃金・人事制度改革の軌跡』ミネルヴァ書房。

遠藤公嗣，1999，『日本の人事査定』ミネルヴァ書房。

禿あや美，2022，『雇用形態間格差の制度分析──ジェンダー視角からの分業と秩序の形成史』ミネルヴァ書房。

神林龍，2017，『正規の世界・非正規の世界──現代日本労働経済学の基本問題』慶應義塾大学出版会。

熊沢透，2021，「賃金──暮らすに足りて公正な」櫻井純理編『どうする日本の労働政策』ミネルヴァ書房。

熊沢誠，1997，『能力主義と企業社会』岩波新書。

佐口和郎，2018，『雇用システム論』有斐閣。

パーソル総合研究所 HP，2021，「人事評価制度と目標管理の実態調査」（2024年 4 月19日アクセス）。

久本憲夫，2018，『新・正社員論──共稼ぎ正社員モデルの提言』中央経済社。

マースデン，D.／宮本光晴・久保克行訳，2007，『雇用システムの理論──社会的多様性の比較制度分析』NTT 出版。

労働政策研究・研修機構 HP，2022，「管理職ヒアリング調査結果──管理職の働き方と職場マネジメント」資料シリーズ No. 254（2024年 4 月19日アクセス）。

（熊沢　透）

第 4 章

複雑化する賃金制度・報酬, 福利厚生

　本章では，日本における賃金管理の基礎を学ぶことにしよう。経済のグローバル化や景気が低迷する中で，日本の賃金管理は変わりつつある。本章では，賃金を労働力の価値，価格ととらえ，賃金が**資本蓄積**や労使の対抗関係とともに展開するという理論を基礎に，日本の賃金管理の構造とその変化について考えよう。

1 賃金管理の考え方

1 経済学と賃金

　皆さんの中には，アルバイト経験のある人がいるだろう。このアルバイトでもらうお金が賃金である。アルバイトは，ドイツ語で労働を意味しており，賃金は労働賃金，労賃とも呼ばれている。この賃金がどのようなもので，どの水準に決まるのかを考えてきたのが経済学である。経済学はわれわれの経済生活の仕組みとその運動について解明し，その中で賃金も分析してきた。例えばアダム・スミスは，どうすれば国民や国家を豊かにできるかという問題意識から，富の源泉として「労働」に注目し，その対価が賃金だととらえた。スミスと同じ古典派経済学に属するリカードは，「分配の法則」の解明という課題から，賃金を労働者の生存に必要なものの価格ととらえた。

　古典派経済学が，賃金を「労働」の対価と把握し，その水準を労働者の生存から，つまり労働の供給サイドから把握したのに対し，近代経済学の黎明を告げたメンガーは，希少な資源の分配を問題とし，**限界生産力**をもとに賃金を位置づけた。メンガーは，労働量が増えると労働の生産力は低下し，仕事の増加とともに労働の効用も低下していくと考え，両者が一致するところで賃金の水準が決まるとした。メンガーでは，需要サイドが特に重視される。経済学では，問題意識により違いはあるものの，賃金を労働の価格として把握し，価格分析，需要と供給の視点から賃金を分析してきた。

＊資本蓄積
「資本家が取得した剰余価値をふたたび資本として充用すること」（経済学事典編集委員会編，1979，422頁）。

＊限界生産力
他の生産要素が不変である場合に，特定の生産要素の投入量を1単位増加させることで得られる生産量の増加分を意味する。

2　剰余価値と賃金

　これに対し労働と労働力を区別し，資本主義経済の構造と賃金の役割について明らかにしたのがマルクスである。マルクスによれば，資本主義経済では人間の働く能力，つまり労働力さえ商品になっており，企業は経営活動のためにこの労働力を購入する。労働者は自分の働く力・労働力を商品として時間決めで販売し，企業はこの労働力を商品として購入し，その対価としてある一定の貨幣を支払う。これが賃金である。この関係をもう少し具体的にみてみよう。

　ある労働者の労働時間が8時間，彼はこの8時間で1万6000円の商品を生産すると仮定しよう。その際機械や原材料などの費用は度外視しておく。労働者は商品を生産するが，それは出資をした企業のものになる。労働者は，この8時間の労働を行うのに8000円という賃金を受け取る。1万6000円の価値をもつ商品は，労働者の労働によって生みだされるものの，労働者が受け取るのは8000円という金額である。この両者の差額が，マルクスの経済学では「剰余価値」と呼ばれ，製造業の利潤や金融の利子などの源泉となる。企業が求めるのは，新たな価値を生む労働力なのである。

3　賃金とは何か

　マルクスの場合，古典派や近代経済学とは異なり，賃金は労働力の価格と把握される。労働力とは，「生きている人格のうちに存在していて，彼が何らかの種類の**使用価値**を生産するときに，そのつど運動させる肉体的・精神的諸能力の総体」（モスト，2009，27頁）を意味する。人間の労働力が，他の商品と同じように価値，その貨幣での表現である価格をもつのは労働力の生産と維持に人間の労働が必要とされるからである。労働力は生きている人格にだけ存在するから，労働力の生産は生きた人間の存在を前提しなければならない。

　労働者の維持・再生産は彼の「個人的消費」により行われるために，ある量の生活手段が必要となる。賃金は，労働力の生産に社会的に必要な労働量＝労働時間によって規定される。その際労働力が自らの価値，つまり賃金以上の価値を生みだし，それが企業のものになるとしても，それは等価交換の結果であることに注意しなければならない。賃金は，新たな価値を生む労働力という商品の価値・価格なのである。

　だが，賃金は，ある一定の形態をとって支払われなければ

＊使用価値
なんらかの物を使用する際の具体的な有用性のこと。

ならない。賃金形態の問題である。賃金の主要な形態は，時間賃金と出来高賃金である。労働の価格を正確に評価するには，労働を時間で評価する必要がある。時間賃金がその形態であり，出来高賃金は商品一個につき支払われる賃金であり，それは時間賃金の転化した形態である。いずれの形態をとるにせよ，賃金は労働力の価値と剰余価値との区別を消して，すべての労働に賃金が支払われているようにあらわれる。

4　経営学と賃金

　経済学では賃金は需要と供給との関連において把握されてきた。この需要側から賃金をとらえるのが，経営学のアプローチといえる。実際経営学は，その生成期には生産との関連から賃金形態の問題を扱ってきた。けれども企業活動や生産の変化とともに，賃金問題の内容も変わってきた。

　初期経営学の代表的な学説が**科学的管理**である。科学的管理は，F. W. テイラーによって提唱された管理制度である。テイラーの問題意識に影響を及ぼしたのは，**組織的怠業**という問題であった。熟練労働者が生産を統制している場合，生産量の基準は明確ではなく，そのため組織的な怠業がみられたという。怠業問題を解決するために考案されたのが，時間・動作研究を基軸とする科学的管理であった。

　科学的管理は，時間・動作研究をもとに作業にかかわる管理職能を企業が掌握し，1日の公正な仕事量，すなわち課業を設定することで新しい現場管理体制を構築することを課題としていた。その際課業は，単なる「公正な1日の作業量」ではなく，「高賃金・低労務費の原則」を前提に決められた。だが，伝統的な熟練が支配的な職場では，課業の達成は労働者の意欲に依存していた。そこで考案されたのが，2つの賃率をもつ**差別的出来高給**であった。この原則からもわかるように科学的管理では，賃金形態による労働意欲の刺激のみならず，コストの低減も重要な課題であった。

5　大量生産と賃金管理

　企業での生産が熟練労働者に依存し，経営側が生産に関する管理職能を掌握できない状況では，賃金形態を工夫することで熟練労働者の勤労意欲を刺激することが「管理」の方法であった。大量生産の導入は，単純化され，標準化された職

＊科学的管理
テイラー（F. W. Taylor）によって提唱された工場管理の制度・手法。時間・動作研究にもとに管理職能と作業職能を分離し，「高賃金・低労務費の原則」を媒介とする課業を基軸に現場管理体制の構築をめざした。

＊組織的怠業
作業者たちが意図的に能率を抑制すること。科学的管理法以前では，作業能率や賃率は職長によって恣意的に決められていた。当時の賃金は出来高給が一般的であったが，労働者が頑張って能率を上げて賃金支払いが増えると，職長が一方的に賃率を下げたり能率の引き上げを行ったので，労働者は組織的怠業で対抗した。

＊差別的出来高給
異率出来高給ともいう。科学的管理法における金銭的インセンティブによる賃金制度。標準の課業を超えることができた労働者には高い賃率が適用され，達成できなかった労働者には標準を下回る懲罰的な賃率が適用される。

務を生みだし，これまで生産が依存してきた熟練を不要にするとともに，生産や労務に関する管理職能は経営側に集権化された。その際次の点が重要だろう。

　生産が熟練労働に依存していたときには，賃金は熟練職種ごとに決められていた。だが機械の導入は，熟練職種を解体し，多くの職務を生みだした。このような職務では，作業のスピードは機械により決定されるために，刺激賃金の役割は後退した。膨大な職務の登場は，管理職能とそれにかかわる管理事務を生みだし，経営は，作業組織と管理組織からなる階層組織として編成され，こうした組織への従業員の統合が重大な課題となる。さらに階層組織のもとでは職務ごとの賃金決定とその格差の設定という問題が生じてくる。

　その際職務ごとの賃金率の決定に規制を加えようとする労働組合の行動が注目される。労働組合の政策に対抗して賃金に関する管理職能が企業に集権化され，職務分析や職務評価といった管理技法が重視される。さらに労働組合の要求に対抗して様々な福利厚生の利用が図られる。階層組織に象徴される職務の存在と，福利厚生の展開は利潤に対する賃金総額の問題を生みだすことになる。

　現代の大企業は大量生産に必要な機械設備に膨大な投資を行い，階層的組織のもとで経営を行うのに多くの人的資源を必要とする。大企業は，大規模な投資を基礎に存立しており，こうした投資は，企業間競争を媒介とする利潤追求を課題に行われる。大企業は市場支配力を背景に競争の制限を行うものの，膨大な投資は，企業の存立をも脅かす。企業は自らの維持・発展のために独占的な利潤の確保を必要とする。目標利潤の達成は，目標売上高の達成とともに計画の枠内に費用を抑えることに左右される。この関係は，次の範式に表される。目標利益＝予定収益－許容費用である。利益計画の一環として，人事や賃金の統制が行われる。賃金管理の課題は，独占的な利潤の確保を前提とする総額賃金の計画と，その枠組みを前提に企業内で生じる賃金問題に対処する点にある。

　特に日本では，春闘に代表される労使交渉を前提に，目標利潤の達成を目的に賃金総額を変動させ，定期昇給と職務を基軸とする能力の評価を通じて個別賃金が決定される。それを通じて従業員の組織への統合と，勤労意欲の向上を図っていくところに賃金管理の重要な課題があるといえる。

② 成果配分と総額賃金管理

1 総額賃金管理の展開

　日本の賃金決定の基準になるのがベース賃金である。ベース賃金とは, 企業の支払う人件費を従業員数で除したものであり, 春闘において交渉の基準とされる。ベース賃金は, 1946年の「電産型賃金」をめぐる交渉の中で提起された。労働組合側の電産型賃金とそれに基づく最低賃金の要求に対して, 経営側は平均賃金, つまりベース賃金という考えを提起した。労働側の賃上げ要求に対し, 経営側は, 賃金の引き上げは物価の上昇を招くという点を強調し, 賃金総額を一定の範囲に抑えようとしたのである。

　ベース賃金とともに賃金決定で重要になるのが定期昇給である。定期昇給は, 毎年一定の時期に基本給を増加させる制度である。賃金が上がるといっても賃金体系の枠内での賃上げなので, 労働力構成などに変化がなければ賃金総額は変わらないところに特徴がある。定期昇給制の導入は, 賃金決定での経営側の主導権を確立するとともに, ベース賃金の上昇, ベース・アップ[*]の排除を課題としていた。

　けれどもほぼ同じ時期にはじめられた春闘の進展とともに大幅な賃上げが実現された。それに対して提起されたのが, 安定賃金と職務給であった。安定賃金は, 企業の長期経営計画を実行するために賃金の総額を規制し, 賃金コストを安定的な要因として確保しつつ, 同時に労使関係の「安定」を課題とするものであった。職務給は, 職務評価をもとに賃金の決定を行うところに特徴があり, 個別賃金の決定を課題としているものの, 職務ごとの定員と賃金率の設定を通じて賃金総額の抑制に貢献するものであった。だが, 春闘の展開は大幅な賃上げをもたらすことになった。

2 生産性基準原理と成果配分

　日本の経営者団体である日経連（2002年に経団連と統合し, 現在, 日本経済団体連合会となっている）は, 1948年の発足以来, 一貫して賃金総額の抑制を課題としてきた。その際総額賃金管理の理論的な背景になったのが, ラッカー・プラン[*]に代表される成果配分制度である。成果配分制度とは, 「一定期間の企業の経済的成果を経営者, 株主, 労働者などにいかに適正に配分するかを課題とする制度」（泉編著, 1974, 133

＊ベース・アップ
賃金テーブルを書き換えて全体の賃金水準を上げること。毎年の春闘で労使間の議論を経て決められるのが一般的で, 定期昇給とセットで行われる。最近では, 若年層へのベース・アップに重点をおく企業もある。

＊ラッカー・プラン
アメリカのラッカー（Rucker, A. W.）が開発した成果配分方式。「生産価値（生産の販売価値から原材料・消耗品・動力その他の外部給付に対する支払いを減じたもの）と名づけられた付加価値を基準とし, これにラッカー標準（作業者生産分配率）を乗じたものが支払い可能な賃金総額となる。支払い可能な賃金総額から基本賃金支給額を減じたものが, 生産性向上の増分の成果配分である。」（中條毅責任編集, 2007, 265頁）。

＊**所有と経営の分離**

主に株式会社制度において会社の所有者と経営者は分離していること。所有者は株主であり，株主によって選出された経営者が会社の経営を行う。会社は株式発行によって資金調達を行うが，会社の大規模化に伴い持株比率が低い株主が大量に生まれ株主の分散化が進む。その結果，株主の権限が機能しなくなり経営者による会社支配が進むことをバーリとミーンズが指摘した。

＊**日本生産性本部**（Japan Productivity Center：JPC）

1955年に経団連，日経連，日商という経営者団体の呼びかけで設立された，生産性向上運動推進の中核機関。労働運動の再編でも重要な役割を果たしてきた。

＊**生産性基準原理**

「『昇給は生産性上昇の範囲内に抑えるべき』という賃金決定の考え方」（WEB労政時報 HP https://www.rosei.jp/readers/article/49733, 2023 年 9 月 27 日アクセス）。1970年の春季賃金交渉で日経連が提唱した。

＊**コスト・プッシュ・インフレ論**

生産コストの上昇がもたらすインフレ。原材料費や資源価格の高騰，人件費の上昇による物価高が企業の利益につながらずコスト負担の増加を招くので「悪いインフレ」と指摘されることが多い。

頁）である。成果配分制度の課題は，賃金総額の抑制とともに，労働者に対するインセンティブにある。

　現代企業の代表的な形態は株式会社である。株式会社は，大量生産に代表される膨大な資金需要から多くの株式を発行する。その結果，株式を所有する株主が増加し，古典的な所有者が経営を行うことは少なくなり，資本を所有しない経営者が会社の経営を担当するようになる。「**所有と経営の分離**」，さらにいえば経営者支配にかかわる問題である。現代の企業では，伝統的な利潤概念は妥当しないとされ，投資家と経営者，さらに労働者の生みだす付加価値が重視される。

　成果配分の成果をこのような付加価値に求めたのが，ラッカー・プランである。ラッカーは，アメリカの製造工業統計を1899年から1929年まで調べ，付加価値に占める賃金の割合が一定であったと主張した。それに基づきラッカーは，付加価値に占める労働分配率が一定であることを法則ととらえ，付加価値の増大が賃金上昇となることから，成果配分における労使の協力を提起した。

　ラッカー・プランに代表される付加価値配分方式の影響のもとに提起されたのが，**日本生産性本部**の**生産性基準原理**である。生産性基準原理は，「実質国民経済生産性の伸びを実質賃金全体の上昇が上回らないことが物価安定の条件」だと考える。この主張は，ラッカー・プランや**コスト・プッシュ・インフレ論**を前提とし，賃上げを生産性上昇の枠内に抑えようという政策でもある。

　個別企業における賃金総額は，個々の企業での支払い能力によって決まるとされ，現実的には，個別企業での経営計画が重視される。経営計画は，競争の「制限」を前提とする寡占体制と管理価格の成立により作成されるようになる。そこでは，伝統的な利益概念とは異なり，利益は，計画利益＝予定収益－許容費用という範式で表される。この許容費用を前提に賃金総額が管理される。そしてこの経営計画は，生産性本部の主張するように，経済成長を前提に策定される。だが，賃金計画をいかに厳密に策定しようとも，労使の対抗関係を排除できない限り，賃金総額は労働組合の交渉に左右されることになる。その意味で労働組合のあり方が重要になる。

3　賃金形態と個別賃金

　日本では賃金原資は，ベース賃金をめぐる労使間の交渉で決定される。この賃金原資は，賃金形態をもとに個々の労働者に配分されていく。日本では，個別賃金の配分に当たってもう1つの重要な基準となるのが定期昇給制度である。

1　定期昇給制度

　第二次世界大戦直後，労働組合の要求は，国民の生活状態を反映して，大幅な賃上げにあった。こうした賃金要求の理論的な根拠になったのが，**日本電気産業労働組合協議会（電産協）**の行った賃金要求，**電産型賃金体系**である。電産協の賃金要求は，「最低賃金」の保証を基本にしており，それを具体化したのが生活保証給である。生活保証給は，本人給と家族給に分かれ，本人給については，17歳まで500円とし，18歳から30歳まで，年齢の増加とともに30円ずつ加算し，31歳から40歳までは20円ずつ加算するとしている。家族給については，1人目が200円，あと1人増えるごとに150円の加給となっている。

　生活保証給とともに基本給を構成するのが勤続給と能力給である。勤続給は17歳を起点に勤続が1年増加するとともに10円加算された。能力給は，技術や能力，経験などを総合的に勘案して決定された。電産型賃金では，能力給部分があるものの，年齢や勤続年数，さらに家族といった客観的な基準をもとに賃金が決められ，定期的な昇給が行われた。賃金が明確な基準で決められていたために，経営側が賃金を通じて勤労意欲を刺激するという余地は限られていた。

　1952年の日本の主権回復とともに経済の自立が課題となった。その際労働組合の最低賃金保証の克服と，賃金決定における主導権を掌握するために経営側が企図したのが，定期昇給制度であった。定期昇給制度は，昇給の「基準線の変更を行わず個々の労働者の賃金の査定替えを定期的に行う」制度である。その意味で勤続給と異なるものではないが，電産型賃金とは異なり，労働の質が重視され，さらに人事考課の導入が企図され，定期昇給即人事考課昇給であるとされた。

2　大量生産と職務給

　電産型賃金では，能力給の規定はあるものの，成果や業績

＊日本電気産業労働組合協議会（電産協）
1946年4月7日に結成された日本発送電・九配電会社労組による協議体組織。
＊電産型賃金体系
1946年10月に電産協が要求し47年から実施された生活と年齢を重視した生活保障型の賃金体系。「①権利としての賃金思想を確立し，これを土台として，労資の賃金協定で賃金体系を決める，②年齢・勤続等客観的で明確な基準で各人の賃金を決定する，③労働時間と賃金の関係を明確化して基準労働賃金と基準外労働賃金を区分する，④最低生活保障の原則を確立して年齢別最低保証給を設定する等」が特徴である（法政大学大原社会問題研究所編著，2011，623頁）。

など賃金と労働との関連は明確ではなかった。そのために進められたのが，職務給の導入であった。日本では1950年代後半から，技術革新が進み，多くの職務が生みだされた。そのため従来の賃金政策が新たな職務，労働から乖離した。そこで階層化された職務を職務評価によって評価し，その価値序列に応じて賃金率を決定することが必要になった。賃金配分の基準を年功から職務に転換しようとした。

　職務給は，職務評価に基づいて職務等級ごとに賃金率を定める賃金の決定方式である。職務給を導入するには，職務が単純化・標準化されることが必要である。この職務は，努力や責任などの視点から評価され，その結果をもとに職務等級に格付けられ，各等級は賃金率と結びつけられ賃金が決定される。その理念からすれば，職務等級ごとの賃金率は勤続や年齢にかかわりなく一定，つまり単一レートとなる。

　定期昇給のもとでは，賃金の基本的部分が，年齢・勤続年数・学歴・能力などの属人的要素によって決定され，定期昇給を媒介とする個別賃金も，学歴を基準に年齢・勤続年数の要素と強い相関性をもつ。職務給の導入は，年功的な賃金と著しく対立することになる。だが，その一方で，技術革新の進展は新しい技術に対応できない中高年を生みだすにもかかわらず，年功制のもとで相対的に高い賃金を得ているために，相対的に賃金の低い若年層の不満が増大する。

　このような問題から日本では，職務給は混合型や併存型という形態をとる。混合型は，賃金体系の基本給部分の全体を職務給化するものの，個別賃金の決定に際しては職務，能力，学歴，年齢，勤続年数などの要素の総合的な評定が行われる。つまり基本給部分に職務要素と属人的要素を混在させて，その弾力的な管理・運用によって定期昇給との調整を図る。これに対し併存型では，賃金体系の中に職務給と定期昇給とを併存させる。いずれの形態をとるにせよ，職務給導入の基本的な目的は，上位の職級への昇進と同一職級内の昇給を人事考課によって厳格に規制し，「年功」による昇格・昇進を排し，個別賃金の決定において企業の主導性を確立することで賃金体系の管理的機能を強化する点にあった。

　日本の職務給では，年功的性格が温存されるものの，職務定員制を前提とする昇進管理が行われるとすれば，労働者は能力と意欲があっても，上位の職務に空席がない限り昇進できない。賃金も増加しない。その結果勤労意欲の低下を招

き，労使関係の「安定」を脅かすことになる。1960年代後半以降，職務給の問題点に対応し，職務と定期昇給の矛盾を克服するために導入されたのが，職能給制度である。

［3］　職能資格給

2019年の日本経済団体連合会の調査によれば，基本給を構成する賃金として，最も導入されているのが職能給で65.5％，これに次いで年齢・勤続給45.9％，役割給39.3％，業績・成果給36.3％，そして資格給33.8％などとなっている（日本経済団体連合会 HP，2020）。成果主義賃金の導入が注目されてきたものの，今日でも職能給が重要な地位を占めている。

職能給は，定期昇給制度と職務給との矛盾の解決を課題に導入された賃金形態であり，従業員の職務遂行能力をもとに賃金を決定する形態で，しばしば資格制度と結びつけられ，職能資格給とも呼ばれている。それは次のように設定される。

①職務は性質の類似した職務群，つまり職掌に分類される。②次に職掌ごとの職務を遂行するのに必要とされる資格や能力が明らかにされ，③職掌ごとの能力，職務遂行能力に応じた等級，職能等級が設置される。このように職能等級が設定され，これと賃金を結びつけたのが職能給である。現在では職能等級は，資格制度と結びつけられ，賃金や処遇の決定のみならず，人的資源管理の基軸に位置づけられている。

一般に資格制度とは，能力や勤続年数などを基準に企業における従業員の秩序を定めた制度である。欧米などでは職務を基軸に人的資源管理が行われるのに対し，日本では資格をもとに人的資源管理が展開されてきた。この資格と職能等級を結びつけ，賃金の決定を行うのが職能資格給である。職能資格，とりわけ昇格を決める際に行われる方法として，①筆記試験，②面接，③人事考課などが行われている。なかでも重要な役割を果たすのが，人事考課である。

人事考課は，従業員の潜在能力や業績を評価することで人的資源管理の目的に寄与する制度である。格付けや昇格の決定において，人事考課や試験などが重視されるなら，その年功的な運営を回避できるかもしれない。けれども現実には，職能等級には，最低・最長の滞留年数が決められており，基本的には年功的な運営がなされてきた。しかも少子高齢化を背景とする中高年層の増加は，定期昇給を媒介に人件費の増

大と結びついていく。そのため成果主義賃金の導入が意図されてきた。

［4］　成果主義賃金

　1990年代初頭の**バブル経済**[*]の崩壊を契機に，日本経済は長期的な停滞に陥った。さらに経済活動のグローバル化の進展とともに，国際競争は激化し，日本経済は低迷を続けた。こうした中で収益構造の再建を課題に進められたのが，賃金体系の再編，「合理化」であった。1990年代以降，業績や成果の評価をもとに賃金の決定を行おうという動きがみられた。**「成果主義」**[*]の登場である。

　例えば富士通は，仕事の成果を重視して賃金の決定を行うことを課題に，1994年に「SPIRIT」制度を導入した。この制度は，一定レベル以上のホワイトカラーに対して，直接な時間管理をせずに，成果に応じて賃金を払おうとしたのである。その課題は，成果に基づいて賃金の決定を行うことで，賃金の抑制と勤労意欲の向上を行うことにあった。基本的な理念からいえば，成果主義賃金制度の課題は，「年功」に基づく賃金決定を解体し，成果測定や人事考課をもとに賃金決定を行うことにあった。その具体的な制度として年俸制と役割給について検討してみよう。

　①年俸制

　バブル経済の崩壊に伴う景気低迷を背景に1990年代中ごろから導入されたのが年俸制である。年俸制は，もともと管理職を対象にしていたが，一般のサラリーマンにも拡大された。年俸制では，個人の業績や企業の利益をもとに年間の賃金が決定される。年俸制では，定期昇給は行われず，賃金額が「毎年**洗い替え**[*]」される。そのため年功的・属人的要素と関係なく，業績をもとに能力要素を考慮して決定するとされている。具体的な事例をみてみよう。

　1990年に年俸制を導入したのが東京ガスである。東京ガスでは本部の部長など役員クラスや，専門的な職務の担当者を対象に年俸制が導入された。年俸は，職能資格に対応する「月俸」部分と，業績に連動した「賞与」部分からなっている。後者については，業績に基づいて5段階で評価され，最も高い評価の場合と最低の評価の場合とでは240万円の格差が生まれる。業績の評価には，目標管理が利用される。評価対象者は，自分で目標を設定し，それをもとに上司と面接を

行い，最終的な目標を決定する。年度末に目標の達成度を評価対象者が自己評価し，上司と面接を行い，最終的な評価が決まり，それが賃金と結びつけられる。

　年俸制の理念からみれば，年俸全体を業績で決定することが求められる。だが多くの場合，年功制・定期昇給の妥協を図りながら，賃金決定に業績を反映することになる。東京ガスの場合，賞与部分を企業業績と連動させ，成果配分機能を強化するところに重大な意味があったといえる。

　②役割給

　世紀転換期ごろから導入が進んだのが，役割給，日本型職務給と呼ばれる賃金形態である。**資料4-1**は，賃金形態の導入状況をみたものである。2000年ごろから管理職，非管理職を問わず，役割・職務給の導入が進んでいる。もっとも2007年以降非管理職では，役割・職務給の導入は進んでおらず，現在でも職能給が基本的な賃金形態となっている。職能給は，定期昇給を基本に人事考課により昇給額が決定されるのに対し，役割成果給では具体的な賃金は，役割と成果によって決定される。

　この賃金形態の大きな特徴として，賃金配分の基準が属人的要素から「仕事（職務・職責）基準」に転換し，年功的・属人的要素の排除が指摘される。賃金体系の再編で指導的な役割を果たした銀行の例をみてみよう。A銀行では資格体系の見直しとともに定例給の再編が行われた。A銀行では，賃金は職務遂行能力に基づいて支払われていたが，新しい人事制度ではこの本給と資格手当などが資格手当と役割手当に再編された。役割手当は，職務の難易度や職責などにより決定される。賃金決定において仕事という要素が大きくなっているものの，年功的な要素も考慮されていることがわかる。

　次にB社の事例をみてみよう。B社では1998年に人事制度の改訂を行った。同社では「賃金体系は基本給と業績給，各種手当からなり，基本給は本給と職能給から構成されていた」（笹島監修，2002，118頁）。本給は，毎年行われる**積み上げ方式**であった。人事制度の改訂とともに，職能給部分は役割給に置き換えられ，本給についても「等級が上がるほど昇給幅は小さく」（同上）なるよう再編された。完全に成果によって賃金が決定されることもあるが，定期昇給・年功制との調整が行われている点にも成果主義賃金の特徴がある。

　役割給で著名なF社では，人事制度の改訂が労働組合の

＊積み上げ方式
人事考課・査定によってこれまでの支給額に上積みしていくこと。

資料4−1①　賃金体系導入状況の推移：管理職層

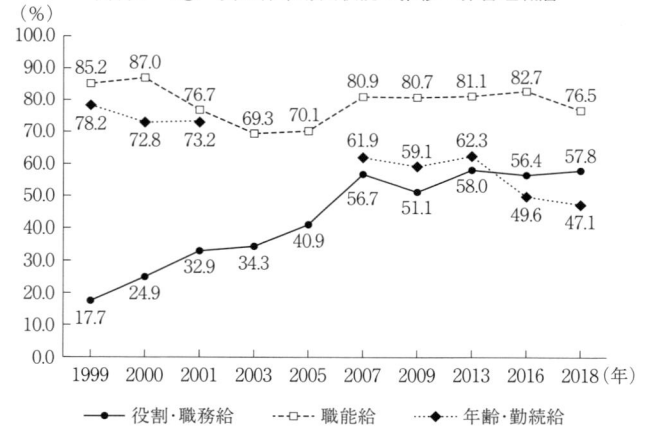

資料4−1②　賃金体系導入状況の推移：非管理職層

―●― 役割・職務給　--□-- 職能給　…◆… 年齢・勤続給

（注）　数値は産業計・従業員規模計。単位はパーセント。横軸は調査年。
（出所）　労働政策研究・研修機構，2022，32頁より筆者作成。

　　　委員長から発案されたが，多くの企業で組合の協力のもと新しい賃金制度が導入されていることも大きな特徴である。
　　　このように労使の協力のもとで，年功制との調整を図りながら，職務を基軸とする成果主義的な賃金に転換が進められているのが今日の賃金管理の特徴であるといえる。

4 　総額賃金管理と福利厚生

1 　人的資源管理と福利厚生

　　　賃金が生活の基本だとしても，今日では，賃金だけでな

資料4-2　平均労働費用の構成

項目			実額（円）	構成割合（％）
労働費用総額			408,140	100.0
現金給与額			334,844	82.0
現金給与以外の労働費用	法定福利費	厚生年金保険料	27,905	6.8
		健康保険料・介護保険料	17,496	4.3
		労働保険料	3,695	0.9
		その他	1,187	0.3
	退職給付等の費用		15,955	4.0
	法定外福利費	住居に関する費用	2,509	0.6
		医療・保険に関する費用	729	0.2
		食事に関する費用	493	0.1
		その他	1,151	0.3
	その他		2,176	0.5

（出所）　厚生労働省，2021，12-14頁より筆者作成。

く，福利厚生を抜きにして労働生活を考えることはできない。では福利厚生とはどんなものだろうか。住宅や食事の援助，現在では企業内の託児所などを思い浮かべるかもしれない。一般に企業における福利厚生とは，「個別企業が主体となって，その任意的費用負担のもとに，自らの従業員のみを対象とし，労働給付とは一応無関係に従業員の生活を直接配慮ないし統制しようとして行うところの，現金または現物給付の総称」（高橋，1965，58頁）といわれている。その内容は，厚生年金や子ども・子育て拠出金などの法律によって企業の負担しなければならない法定福利厚生から，社宅や医療施設，さらに社員食堂や会社の保養施設など**法定外福利厚生**に及んでいる。

　資料4-2は，企業の支払う**労働費用**についてみたものである。賃金が全体の82％を占めているものの，法定福利や法定外の福利なども無視できない。福利厚生にかかる費用は賃金総額の一環として管理することが必要となる。

　法定福利厚生のように企業で行われる福利厚生は，政府の行う**社会政策**と密接に結びついているものの，その性格は社会政策や**社会保障**と明確に異なっている。企業で実施されている福利厚生は，経営目的から離れて行われない。福利厚生を通じて経営目的に役立つことが期待されている。その意味

＊法定外福利厚生

法律に義務づけられていないが，企業が従業員のつなぎ止めや労使関係の安定化などを考慮して行うサービス給付のこと。「①住宅，②医療・保健，③生活援護，④慶弔・共済・保険，⑤文化・体育・レクリエーションなどで構成されており，①と②は社会保障や社会資本の未整備を背景に，従業員の帰属意識の培養や組合対策として，③と④は低賃金構造を維持するものとして，⑤は家族をも含めた余暇管理として，それぞれ実施されてきた」（中條毅責任編集，2007，229頁）。

＊労働費用

使用者が労働者を雇用することによって生ずるすべての費用（企業負担分）を指し，現金給与額の他，退職給付等の費用，法定福利

費，法定外福利費等が含まれる。

＊社会政策

資本主義社会における失業や貧困をはじめとする社会問題・労働問題などに対して，改善を図るために国家が行う諸施策のこと。

＊社会保障

「疾病・労働災害・職業病・障害・遺族・老齢・失業・家族扶養など人人の生活や健康をおびやかす生活事情が生じた場合，生活困窮や諸種のハンディキャップが存在するなどの場合に，国家が行なう金銭や医療サービス，社会福祉サービス（ホームヘルパーサービスや施設サービスなど）などの給付制度の総称」（経済学事典編集委員会編，1979，462頁）。

で福利厚生は，人的資源管理の重要な施策だといえる。

　労働政策研修研究機構が2017年に行った調査によれば，福利厚生を行う理由として，「従業員の仕事に対する意欲の向上」，「従業員の定着」，「人材の確保」などが指摘されている（労働政策研究・研修機構HP，2020）。少子高齢化に伴う労働力不足が深刻化する中で，人材の確保や定着が重視されていることは注目される。福利厚生が，人的資源管理の重要な政策になっているといえる。だがこれまで福利厚生は，経営者の温情によって行われていたのであり，人的資源管理の政策として位置づけられていたわけではない。

［2］　福利厚生の展開と人的資源管理

　第二次世界大戦後，労働組合運動の高揚と労働・社会立法の制定などを背景に，戦前から行われてきた福利厚生の性格は大きく変化した。戦前の日本では，退職手当，家族手当，住宅手当などは「経済施設」として扱われ，福利厚生の一部とされていた。敗戦後，労働組合側は，企業内の福祉施設を生活や労働条件を補完するものと位置づけ，団体交渉の対象としようとした。これに対し経営側は，福利厚生を経営による任意の取組みと位置づけ団体交渉の対象とすることを否定してきた。だが労働組合運動の発展とともに，これまで福利厚生として扱われてきた諸手当は賃金の一部として団体交渉の対象となった。

　このように第二次世界大戦まで経営者の温情として行われてきた福利厚生は，部分的であるにしても，団体交渉の対象として位置づけられた。これに対し経営側は，福利厚生を「総額賃金」の視点から把握し，その管理・統制を行おうとした。例えば1959年の日経連白書では，福利厚生費や退職金に対し，総額賃金という視点からの考察が必要と指摘し，経営計画に基づいて管理しようとしたのである。

［3］　福利厚生の変化

　このように福利厚生は，労働組合，さらに団体交渉の展開を背景に，総額賃金という視点から統制を図りつつ，可能な限り人的資源管理に貢献するよう編成されてきた。例えば低成長への経済の基調転換の中で，多くの企業で人材の確保などに貢献してきた社宅が廃止され，また様々な手当が縮小されるなど賃金総額の削減が進められた。その点で注目される

のが，カフェテリアプランである。

　福利厚生は，人材の維持・確保や**モチベーション**[*]の高揚などに貢献する施策であった。これまで日本では働く者たちの低賃金を背景に，様々な福利厚生が用意されてきた。カフェテリアプランは，一定の基準を満たす従業員に対しポイントを与え，多くの福利厚生の中から自分のニーズに合ったものを選択し，獲得したポイントを使うことで利用できる制度である。従業員のニーズに適した福利厚生を選べ，ポイントの獲得というモチベーション効果を得られることが大きなメリットとなっている。

　たしかに日本経済団体連合会の調査では，調査対象の17%でカフェテリアプランが導入されていたものの，労働政策研究研修機構の調査では，調査対象のわずか1.5%でしか導入されていなかった。その理由として，「運用が面倒になりコストがかかる」，「運用のノウハウがない」という点が指摘されている（労働政策研究・研修機構HP，2020）。だが，規模が大きくなるほど福利厚生を重視されていることを無視できない。福利厚生は，総額賃金の視点から抑制・統制されつつあるものの，今日でも重視されていることを忘れてはならない。

　本章では，経済学における賃金の基礎理論を前提に，賃金管理の枠組みについて説明してきた。賃金管理は総額賃金管理，個別賃金管理，および福利厚生から構成されている。日本では，総額賃金の統制という視点から個別賃金，福利厚生ともに業績連動が進められているものの，定期昇給に代表される年功的な要素を完全に払拭できないでいる。

＊モチベーション

欲求に意思が加わり行動に導く起因を動機と呼ぶが，動機によってなんらかの行動が引き起こされていく状態を動機づけと呼ぶ。

引用参考文献

泉卓二編著，1974，『賃金管理論』日本評論社。

経済学事典編集委員会編，1979，『大月経済学事典』大月書店。

厚生労働省，2021，『令和3年就労条件総合調査の概況』厚生労働省。

笹島芳雄監修，2002，『成果主義人事・賃金V』社会経済生産性本部。

高橋洸，1965，『日本の賃金管理』泉文堂。

田島司郎・江口伝・佐藤誉，1981，『賃金の経営学』ミネルヴァ書房。

田中恒行，2019，『日経連の賃金政策』晃洋書房。

中條毅責任編集，2007，『人事労務管理用語辞典』ミネルヴァ書

房。

日本経済団体連合会 HP，2020，「2019年人事・労務に関するトップ・マネジメント調査結果」2023年1月1日アクセス。

法政大学大原社会問題研究所編著，2011，『社会労働大辞典』旬報社。

モスト，Y.／マルクス，K. 改訂／新訳刊行委員会訳，2009，『新訳資本と労働』新訳刊行委員会。

労働政策研究・研修機構 HP，2020，「企業における福利厚生施策の実態に関する調査」2023年1月6日アクセス。

労働政策研究・研修機構，2022，『企業の賃金決定に関する研究（労働政策研究報告書 No. 212）』労働政策研究・研修機構。

（石　文婧）

第5章

労働組合と労使関係

労働条件の改善，雇用維持，民主主義的な企業経営実現のために活動する労働組合は，労使関係における最も重要なアクターである。この労働組合と労使関係について，日本的な特徴を明らかにすることが本章の第1の課題となる。他方，世界的な傾向として，労働組合組織率は長らく低下し続けている。これに伴い，個別的労使関係を重視する見解，あるいはまた労働組合に代わる非組合型従業員代表制度導入の必要性を叫ぶ見解が優勢になりつつある。こうした労使関係をめぐる支配的な見解にはどんな意義と限界があるのかを考えるとともに，労働組合の存在感を示した近年の事例を取り上げ，労働組合復権の可能性を論じることが今ひとつの課題である。

1 人的資源管理と労使関係

1 労使関係とは

日常生活において労使関係という言葉を目や耳にすることはいまや稀であろう。読者の多くが学生であり，まだ労働者という立場を経験していないことに加え，欧米に比して日本では労働組合の存在感が薄いことや階級意識が希薄なこともその理由といえるだろう。とはいえ，労使関係という言葉があまり用いられないことを理由に，労使関係の重要性を否定することは軽率である。ここでは労使関係とはなにかについて簡単に説明しておこう。労使関係とは，雇われる側である労働者と，雇う側である使用者（＝経営者）の関係を意味する。「総労働対総資本」の戦いともいわれた**三井三池闘争**が起こった1960年前後の時期には，階級的相違と階級間対立をより明確にしようとの意図から「労資関係」と表記されることも珍しくなかったが，そうした階級意識を抑制ないしは捨象した労使関係という表現を用いることが今日では一般的である。

*三井三池闘争
三井鉱山三池鉱業所の人員整理をめぐり，1959年夏から60年秋におきた大規模な労働争議。

2 人的資源管理の対象としての労使関係＝労使関係管理

ここでは，純粋にヒト＝従業員の管理という意味での労使

関係管理の意義と，本書が前提とする人的資源管理と労使関係，とりわけ労働組合を中心とした伝統的労使関係との関係について考察してみよう。

従業員が，賃金その他の労働条件や安全性，衛生状態といった職場環境に不満を抱いているにもかかわらず，経営側がそれを放置した場合，従業員のモラールやコミットメントは低下し，場合によってはストライキや従業員の離職につながりかねない。こうした事態が，企業側にコストや企業イメージの悪化という様々な負の影響を及ぼすことは容易に想像できる。それを回避するという消極的な理由のみならず，労使が一丸となって企業目的の達成に尽力するという積極的な理由からも，労使関係管理に取り組み労使間のコミュニケーションを図ることは重要なのである。

HRM（人的資源管理）はヒトという資源とそれが秘める成長可能性に重きをおくことを基調とするというのが本書の共通理解だが，それではその HRM は労使関係をどのように位置づけているのだろうか。HRM は，後述する労働組合を中心とした伝統的な敵対的労使関係から，**Win-Win**[*] な関係を強調する，個別的従業員関係への移行を指向している。こうした HRM の労使関係観については，本章❹で検討する代表制／従業員の発言機会と密接にかかわっているため，詳細な議論はそちらに譲ることとしよう。

❷ 日本における労使関係の基幹的な仕組み

1 労働組合とその機能

長らくの間，労使関係といえばそれは労働組合（以下，組合）と企業の関係を指すものと理解されてきた。企業側と交渉するに際し，平均的な労働者が個々バラバラに臨むのではあまりにも立場が弱い。そこで労働者が団結し，集団すなわち組合を結成した上で交渉した方が，より有利な条件を勝ち取ることが期待できるとの認識が広く共有されていたからである。

そもそも組合は，労働組合法において「労働者が主体となって自主的に労働条件の維持改善その他経済的地位の向上を図ることを主たる目的として組織する団体又はその連合団体」（労働組合法第2条）と定義づけられている。使用者による経理上の支援や組合の結成，支配，介入を禁じた条項と合わせて，組合は労働条件や生活状況の維持・改善を目的とし

＊ Win-Win
「相手も自分も双方が勝つ」という意味であるが，転じて経営用語では「取引をする双方どちらにも利益がある状態」を指す。

て，労働者が自主的に組織した労働者の労働者による労働者のための団体であることが理解できる。

日本国憲法によって，この組合には，**団結権**[*]，**団体交渉権**[*]，**団体行動権（争議権）**[*]からなる労働三権が認められている（憲法第28条）。組合やその活動が，法的に手厚く保護されていることが見て取れるが，これは先述のように交渉力や立場の弱い労働者は，団結することによって経営側と対等に渡り合うことが可能になるとの認識が共有されているためである。

こうした保護を受ける組合が，実際にどのような役割を担っているのかを確認しよう。「労働条件の維持改善その他経済的地位の向上を図ること」が組合の主たる目的であったことを先にみたが，これゆえに，団体交渉（以下，団交）を通じ，労働者のため賃金，労働時間，雇用・人事（定年制，採用増員，配置転換等々）などについて極力有利な条件を勝ち取ることが，組合の使命といって差し支えない。使用者が正当な理由なく団交を拒否することが不当労働行為として禁じられていること，団交を通じ労使が妥結した内容は労働協約として文書化されること，そして労働協約が就業規則や労働契約に優先されること，以上はこうした使命の重要性を裏付けている。

わが国の団交の特徴として，毎年春（2～3月）に各企業の組合が一斉に企業と交渉を行う，通称「春闘」と呼ばれる慣行をあげることができる。これは，産業ごとに特定の企業をパターン・セッターに定め，その交渉結果を参考にしながら他企業が団交を行うことで，産業内の賃金その他労働条件を極力平準化しようとの意図からはじまったものである。この春闘により，広範な産業において大幅の賃金アップを勝ち取った時期も過去にはあったが，企業間の業績格差が拡大したこと，賃金制度のさらなる個別化が進んだこと，組合とその交渉力の弱体化などによって，長らく労働者側は目に見える成果を上げられない状況が続いていた。経済回復には賃上げが不可欠と考える政府が，これを見かねて春闘に介入し，ベースアップを主導するという動きが散見されるようになったが，本来の団交のあり方からは逸脱しているとしてこれを官製春闘と揶揄する向きは多い。

＊団結権
組合を結成し，またはこれに加入する権利。

＊団体交渉権
組合が労働条件などについて使用者と誠実に交渉するよう要求できる権利。

＊団体行動権（争議権）
組合がストライキなどの争議行為や組合活動を行うことのできる権利。ストライキについて補足しておけば，それが正当と認められれば，争議行為によって会社側が損害を被っても組合や組合員は刑事・民事上の責任を免責される。争議権を保護することで，労働者側の要求実現可能性を高めようとの配慮に他ならない。他方で，使用者が組合の結成やこれへの参加，組合活動を理由に労働者に不利益な扱いを行うこと，あるいは組合との交渉を拒否することは不当労働行為として禁じられている（労働組合法第7条）。

2 労使協議制とその機能

日本における労使関係を考える際に、忘れてはならないのが労使協議制の存在である。労使協議制とは、労働者の代表と使用者が企業経営にかかわる諸問題について情報や意見を交換し、コミュニケーションを図るための常設機関であり、労使協議会や経営協議会等の名称で呼ばれることも多い。

具体的に、労使協議制の場では「労働時間・休日・休暇」（複数回答で、労使協議制を導入している事業所の86％が取り扱っている）、「安全衛生」（同77.3％）、「賃金・退職給付」（同69.9％）、「定年制・勤務延長・再雇用」（同65.7％）、「福利厚生・文化・体育・レジャー活動」（同61.2％）といった事項が頻繁に取り上げられている（厚生労働省 HP「2019年労使コミュニケーション調査」）。労使間のコミュニケーションを図る手段としてこの労使協議制は相応の役割を果たしているものの、団交とは異なり、労使の対等性が担保されているわけではない点に留意せねばならない。

3 日本的労使関係の特色と近年の動向

1 日本的労使関係の特徴とその功罪

日本の労使関係の基盤をなす組合と労使協議制について概観したが、ここではこれらを含め、日本の労使関係にはどのような特徴を見出すことができるのか、そしてそれら特徴にはどのようなメリットとデメリットを指摘できるのかをみていこう。

日本的労使関係の特徴として、まず第1に、企業別労働組合という組織形態が最もポピュラーであるという点をあげることができる。この企業別労働組合とは、特定の企業およびその事業所を組織単位として、ブルーカラーとホワイトカラーの別を問わず原則として正規労働者のみを組織している。世界を見渡せば、同一職種の労働者（主として熟練労働者）を企業や産業の枠を超えて横断的に組織する職種別労働組合と、同一産業に属する労働者を、職種、熟練を問わず企業の枠を超えて横断的に組織する産業別労働組合が一般的な組織形態となっている。日本の企業別組合はきわめて特異な形態であることを理解しておく必要がある。

第2に、企業別労働組合という組織形態を背景に、経営側に対して協調的な姿勢を示す傾向にあることをあげることができる。企業の枠内で組織される企業別組合において、組合

員は企業外に仲間を見出すことは困難であり，彼らにとって
は企業が唯一の居場所であり仲間を得る場とならざるを得な
い。さらに，制度上は組合員であっても，形式上は皆が管理
職や経営者への昇進可能性を有すること，そして労働者自身
の多くもそれを望むことから，日本の組合は企業に対する敵
対的行動を控えがちになる。以上が協調的になる理由であ
る。こうした協調的姿勢は，争議権の行使にきわめて消極的
な姿勢からも裏付けられる。具体的に，**資料5−1**をみると
ストライキ等の労働争議件数・参加人員・労働損失日数のい
ずれについても，日本は世界的に最低水準で推移しており，
しかもその減少傾向は近年ますます顕著になっていることが
理解できるだろう。

　以上で確認した，企業別労働組合，そして協調的労使関係
という特徴には次のようなメリットを見出すことができる。
第1に，個々の従業員が担う職務（job）が明確に設定されて
いない，諸外国に比して外部労働市場が未成熟である，そし
て査定等を通じた賃金の個別取引が定着しているという従来
の雇用をめぐる慣行や環境には，企業別労働組合を通じた企
業単位の交渉が現実的であるとみなしうる。第2に，協調的
な労使関係は，組合が企業の経営環境について理解を示し，
無理難題を押し付けることは控えるという意味において，経
営側の足かせにならないというHRM上のメリットがある。

　しかしながら，こうしたメリットと背中合わせに，日本の
労使関係には次のようなデメリットが指摘されるのである。
すなわち，組合が企業側に対して協調的であるということ
は，組合が組合員の権利を守る，あるいは組合員の生活向上
を勝ち取るための闘いに消極的だということと同義なのであ
る。先にみた資料5−1から見て取れる企業別組合の「穏当
さ」は，こうした消極的姿勢の表れともいえる。なにもスト
ライキを乱発するような組合の姿勢を礼賛するのではない。
しかしながら，争議行為を自ら選択肢から外す「物わかりの
良さ」は，そもそも職種別あるいは産業別に賃金等の労働条
件を設定できない企業別労働組合の弱点と合わさって，労働
者を守るにはあまりに非力なことが，とりわけバブル経済崩
壊以降，白日のもとにさらされた。例えば，1990年代末以
降，あるいは2008年のリーマンショック後に繰り返された
「リストラ」に対して組合は強い抑止力を発揮できず雇用不
安が蔓延することになった。春闘が形骸化したことで，ベー

資料 5-1　労働争議件数・参加人員各国比較

労働争議件数　(件)

国・地域	1995年	2000年	2005年	2010年	2015年	2016年	2017年	2018年	2019年
日本[1]	209	118	50	38	39	31	38	26	27
アメリカ[2]	31	39	22	11	12	15	7	20	25
カナダ[3]	328	378	260	174	237	190	191	173	131
イギリス[4]	235	226	116	92	106	101	79	81	96
ドイツ[5]	361	67	270	131	1,618	718	1,170	1,528	1,252
スウェーデン[6]	36	2	14	5	5	10	6	1	6
韓国[7]	88	250	287	86	105	120	101	134	141
オーストラリア[8]	643	700	472	—	228	259	—	163	147

労働争議参加者数　(千人)

国・地域	1995年	2000年	2005年	2010年	2015年	2016年	2017年	2018年	2019年
日本[1]	38	15	4.1	2	13	2	8	1	5
アメリカ[2]	192	394	100	45	47	102	25	487	429
カナダ[3]	149	143	199	58	429	44	206	86	109
イギリス[4]	174	183	93	133	81	154	33	39	40
ドイツ[5]	183	7.4	17	12	230	215	61	682	88
スウェーデン[6]	125	0	1	3	0	5	0		1
韓国[7]	50	178	118	40	77	226	130	81	35
オーストラリア[8]	344	325	241	—	73	106	—	58	53

労働損失日数　(千日)

国・地域	1995年	2000年	2005年	2010年	2015年	2016年	2017年	2018年	2019年
日本[1]	77	35	6	23	15	3	15	1	11
アメリカ[2]	5,771	20,419	1,348	302	740	1,543	96	2,815	3,237
カナダ[3]	1,583	1,644	4,148	1,202	1,846	632	1,201	1,134	1,306
イギリス[4]	415	499	224	365	170	322	276	273	206
ドイツ[5]	247	11	19	25	1,092	209	129	571	162
スウェーデン[6]	627	0	1	29	—	—	3	0	8
韓国[7]	393	1,894	848	511	447	2,035	862	552	402
オーストラリア[8]	548	469	228		83	125		106	64

(注)　1）件数は半日以上のスト及びロックアウト件数。参加人員は実際に争議に参加した労働者数。
　　　2）1000人未満の争議，1日に満たない争議を除き，件数及び参加人員は当該年に開始された争議。
　　　3）半日以上継続し，かつ，労働損失日数が10労働日以上の争議。参加人員は実際に争議に参加した労働者数。
　　　4）1日に満たない争議，10人未満の争議を除く（ただし，労働損失日数が100労働日を超える場合は含まれる）。件数は政治的ストを除く。
　　　5）1995年，2000年は公共部門を除く。参加人員は実際に争議に参加した労働者数。2005年以降は参加人員10人以上，全日以上の争議。
　　　6）1995年，2000年は8時間未満の争議を除く。参加人員は実際に争議に参加した労働者数。
　　　7）2015年以降は8時間に満たない争議を除く。参加人員は実際に争議に参加した労働者数。
　　　8）1995年，2000年の参加人員は争議に関係した企業の全雇用者数。件数は労働損失日数が10労働日に満たない争議を除く。
(出所)　いずれも労働政策研究・研修機構，2012，209頁；同HP，2020，247-248頁より一部抜粋。

資料 5 - 2 労働組合組織率と組合員数の推移

凡例: 労働組合員数（万人）　推定組織率（%）

（出所）筆者作成。

スアップゼロや定期昇給抑制を飲まされたこともあり，長き
にわたる賃金下落を止めることもできなかった。他方で，長
時間労働問題や職場における各種ハラスメント問題などにも
有効な手立てを講じているとは言い難い。このように，交渉
力という点で職種別労働組合や産業別労働組合に見劣りする
ことが企業別労働組合と日本の労使関係が有する最も深刻な
デメリットであり，こうした弱点ゆえに，企業別労働組合に
は「本当の労働組合」ではないという辛辣な批判が向けられ
ていることを知っておくべきであろう。

2　日本的労使関係をめぐる近年の動向

　本章の冒頭でも触れたように，組合は衰退傾向にあるとい
うのが長らくの世界的な傾向であり，日本もその例外ではな
い。そのことは，**資料 5 - 2** をみれば一目瞭然である。1940
年代後半のピーク時に50％を越えていた組合組織率（推定）
は，その後1980年代を迎えるまで30％台を維持していたもの
の，1983年には30％を，2003年には遂に20％を切り，その後
一旦盛り返した時期もあったが，2022年には16.5％にまで低
迷している（厚生労働省『労働組合基礎調査』）。

このように，組合組織率の低下傾向に歯止めがかからない理由として以下の諸点があげられる。第1に，産業構造が変化し，組織化が進んでいた第2次産業の就業者数は減少する一方，もともと組合員数が少なく，未組織職場の多い第3次産の業就業者数が相対的に増加したことである。第2に，もっぱら正社員のみを組合員として受け入れてきた日本の企業別組合が，非正社員の比率が働く人の3分の1以上を占めるようになった雇用環境に迅速に対応できなかったことである。第3に，俗にいう成果主義的賃金制度や自己申告制度の普及などによって，賃金や処遇の個別化がますます進んだことである。日本の労働者は，従来，職務遂行能力，態度・意欲・規律性，業績について査定されていたため，個別的管理はいまにはじまったことではないという見方も成り立つが，その評価結果が賃金や昇格・昇進に及ぼす影響は短期的にはそれほど大きくなく，むしろ年功的に昇格・昇進・昇給することが一般的であった。このように年功的に処遇が決定されるならば，少なくとも同期や勤続年数が近い労働者間で著しい格差は生じにくく，皆でより良い労働条件を勝ち取ろうという共通利益が意識されやすい。したがって，組合を通じた集団的労使関係がマッチすることになる。しかしながら，労働者個々人の賃金や処遇が個々人の成果や各々が担っている仕事の価値などによって即時にそして直接的に決定されるようになると，組合を通じた集団的な取引は一見なじまないことになる。第4に，厳しい経営環境が続く中，前項で確認した企業別組合の「物わかりの良さ」も仇となって，組合がめざましい成果を勝ち取ることはおろか，組合員の雇用や権利を守ることさえもが困難になったことである。

こうして組合組織率が低迷し，組合という集団と企業との関係・交渉の機会が減少し続ける傍らで，存在感を示すようになってきたのが，個々の労働者と上司との交渉・決定を意味する個別的労使関係である。この個別的労使関係にあっては，労働者個人と企業（管理者）間のもめごと，すなわち「個別労働紛争」をどのように処理していくのかが，とりわけ重要なトピックとなるのであるが，**資料5-3**からも相談件数が微増傾向にあり，個別的労使関係が重要性を帯びつつある様がうかがえる。

ところで，労働紛争は企業内で生じる問題であるため，個々の企業において紛争処理制度を設けることがまず考えら

資料 5 - 3　個別労働紛争相談件数の推移

（出所）　厚生労働省 HP「令和 3 年度個別労働紛争解決制度の施行状況」より引用。

れるのであるが，こうした企業内処理制度の整備は必ずしも
進んでいない。そこで，紛争解決のためにはもっぱら「総合
労働相談コーナーにおける情報提供・相談」，「労働局長によ
る助言・指導制度」，「紛争調整委員会によるあっせん制度」
からなる個別労働紛争解決制度，および地方裁判所におい
て，原則 3 回以内の期日で解決することを目的として設けら
れた労働審判制度が活用されている。

　これら個別労働紛争処理の機関や制度が整備されること
は，ある意味時代の要請であり，かかる動勢そのものを問題
視する必要はない。しかしながら，解雇問題や賃金その他の
労働条件引き下げ問題など，本来，組合による解決が望まし
い事案が，個別労働紛争解決制度によって処理されるような
ケースが増えるならば，組合の存在意義をますます揺るがし
かねないことには留意せねばならない。さらに，これらの機
関・制度はあくまで労働者個々人に降りかかった問題の解決
を図るものであって，より良い労働条件を勝ち取る手段とは
なり得ないことを理解しておく必要があろう。

4　労働組合組織率の低迷と代表制の危機

1　世界的な労働組合組織率の低迷とその背景

　資料5-4から，韓国を除く主要国の労働組合組織率が軒並み過去20年余りにわたって低下傾向にあることが理解できる。つまり組合の衰退傾向は日本に限らず世界的な趨勢だとみてよい。とりわけ，イギリスのようにもともとの組織率が高い国ほど下落幅は大きい。

　こうした世界的な組合組織率低下の理由としては，③2で確認した産業構造の変化（第2次産業従事者の減少），パートタイマーなど非正規雇用（海外では非典型雇用と呼ぶ）の増加に加えて，以下のような点があげられている。まず，働く人々の間で個人主義的意識が強まったことである。次に，高い失業率，実質賃金の上昇，保守党政権による政治といった，その時点で「事業がおかれている状況」（business cycle）に左右されるとされる。このビジネス・サイクルとも密接にかかわるが，組合を敵視する「公共政策」も組合活動に影響を及ぼすものとされている。さらに，自明のこととはいえ，「使用者の方針」（employer policy）も労働組合への加入の有無に影響を及ぼすと考えられている。具体的には，HRMモデルの普及に伴い，企業の戦略目標を達成するため組合との協議や同意を一切行うことなく意思決定する，組合差替え戦略（union replacement strategy）や戦略的組合非承認（strategic derecognition of unions）が用いられることも，組合衰退の一因とされるのである。こうした使用者の方針と関連して，相対的に新しい職場における「仕事と組織の設計・形成」は組織化をより困難なものにしているとされる。最後に，組合の主体的リーダーシップが組合員増加を促すが，1980年代以降，そうした発言機会を経営側が組合に認めないことも組織化の阻害要因であるとみなされている。

　以上のような個別の要因に加えて，経済社会のあり方が組合の趨勢を規定しているととらえる考え方も労使関係論や政治経済学の領域では一定の影響力を有している。この考え方に与する論者は，アメリカやイギリスなどの「自由主義的市場経済」では組合が弱く雇用関係が市場的契約的であるのに対して，ドイツなどヨーロッパ大陸の「協調的市場経済」では相対的に組合が強く，産業において労働協約や技能養成など協調的諸制度が重要な役割を果たしている点に着目し，資

資料 5 - 4　労働組合員数・組織率（各国公式統計）

労働組合員数 (単位：千人)

国	2000年	2005年	2010年	2015年	2017年	2018年	2019年	2020年
日本	11,539	10,138	10,054	9,882	9,981	10,070	10,088	10,115
アメリカ	16,334	15,685	14,715	14,795	14,817	14,744	14,574	14,253
イギリス	7,119	7,083	6,589	6,497	6,247	6,350	6,440	6,558
ドイツ	7,928	6,856	6,330	6,295				
フランス	1,781	1,779	1,823	1,849				
韓国	1,527	1,506	1,643	1,939	2,088	2,331	2,539	
オーストラリア	—	1,871	1,744	—		1,534	—	1,492

組織率 (単位：%)

国	2000年	2005年	2010年	2015年	2017年	2018年	2019年	2020年
日本	21.5	18.7	18.5	17.4	17.1	17.0	16.7	17.1
アメリカ	13.4	12.5	11.9	11.1	10.7	10.5	10.3	10.8
イギリス	29.8	28.6	26.6	24.7	23.3	23.4	23.5	23.7
ドイツ	24.6	21.5	18.9	17.6	—	—	—	—
フランス	8.0	8.0	8.0	7.9				
韓国	12.0	10.3	9.8	10.2	10.7		12.5	
オーストラリア	—	23.9	19.5	—		14.6		14.3

（注）　組織率は政府公表の組合員数を，政府公表の雇用者数で除した値。
（出所）　いずれも労働政策研究・研修機構 HP，2022，245頁より一部抜粋。

本主義の多様性から労使関係の違いを説明しようと試みるのである。

2　代表制／従業員の発言機会をめぐる諸議論

　前項でみた，主要国において共通して見出される組合組織率の低下は，労働者が自らの利害のために意見や不満を表明する貴重で有効な機会，すなわち発言機会の喪失を意味する。とりわけ，労使が労働条件について話し合う（折衝する）合法的ルートが，事実上，組合との団体交渉に限定されているアメリカにおいて，かかる組織率低下は，多くの職場において，自分たちの利害を代表する機会・手段を求める従業員側のニーズとそうした機会・手段の供給の間にギャップをもたらす事態となった。これを「参加／代表のギャップ」問題と呼ぶ。この問題を是正する手段として注目されるようになったのが，非組合型従業員代表（non-union employee repre-

＊従業員関与（employee involvement）

組織への貢献意欲増大を目的に，なんらかの意思決定に対し影響力を行使する機会を従業員に付与する管理手法。具体的にはクオリティ・サークル（日本でいうところのQCサークル），チーム制度，労使共同委員会（labor-management committee），財務的関与（financial involvement），職務再設計（job redesign），職務充実（job enrichment）といった管理手法を指す。

＊高業績作業システム（high performance work systems）

雇用管理，業務管理，報酬管理，教育訓練・能力開発，労使関係といったHRMの基幹領域において革新的とされる慣行を体系的に導入し，諸慣行間の補完性やシナジー効果を発揮せしめることで高業績の実現を図るHRM施策である。具体的には，①革新的雇用慣行（採用試験を用いた慎重な採用，雇用保障，内部昇進），②革新的作業慣行（職務拡大・拡充，ジョブ・ローテーション，チーム制度，クオリティ・サークル，総合的品質管理，提案制度），③革新的報酬慣行（相場より高水準の賃金，業績・技能・能力・貢献度などと連動した変動給／奨励給，利潤分配制度，従業員持株制度），④充実した教育・訓練機会の付与，⑤革新的労使関係慣行（労使間での情報共有，地位的格差の縮小〔シ

sentation：NER）と呼ばれる制度である。このNERにはじつに多様な形態が含まれるが，ドイツの事業所委員会や日本の労使協議制などが象徴的な存在となる。

　他方，このNERは，参加的経営，**従業員関与**[＊]，**高業績作業システム**[＊]等の先進的なHRM手法の一環としても位置づけられるようになった。つまり，NERを通じなんらかのかたちで意思決定にかかわることで，従業員のモチベーションが高まり，その結果として品質・生産性が向上する一方で，従業員には民主的でより良い職場環境がもたらされ，彼らの**労働生活の質**（quality of working life）[＊]が改善される。こうして，NERは労使に相互利益（mutual gains）あるいはWin-Winな結果をもたらすものと喧伝されるようになった。

　以上のように，労使関係の観点からは参加／代表のギャップを埋め，HRMの観点からは労使双方に利益をもたらすものと高く評価されるNERであるが，以下の理由から手放しで礼賛するわけにはいかない。NERの設置とそれへの権限付与が法律によって保障されている一方，組合がしっかりと機能するドイツのような大陸ヨーロッパ諸国においては，社内で経営側と労働側がうまく対話する仕組み（共同決定）と社外と広く連携を果たして条件闘争する仕組み（集合取引）の双方が完備され，両者の相乗効果も期待できよう。しかしながら，アメリカやイギリスのようにそうした法的裏付けがない国では，NERが反組合的な意図で運用される危険があり，事実そうした動きは史実として確認されるばかりではなく，従業員集団よりも個々の従業員とのコミュニケーションを重視するHRMの広がりと歩調を合わせ1980年代以降加速しているともされる。次に，留意すべきは，NERと組合機能とのトレード・オフであろう。具体的に，これは，NERに伴う話し合いの場で，従業員が，自分たちの賃金，福利厚生，その他労働条件について話し合いたいと希望した際，使用者側が組合に配慮し（あるいは法に抵触することを懸念し）従業員の発言を遮ると，従業員の参加意欲が損なわれてしまうが，逆に従業員の意向を尊重すれば，今度はNERが組合機能を代替することになるという問題である。たとえ，経営側に反組合的な意図がない場合であっても，こうしたトレード・オフを解消することは困難であるという意味で，これはきわめて深刻で厄介な問題であるが，程度差はあれ，すべてのNERにこの問題が付いて回ることを看過してはならな

い。最後に，やはり法的な裏付けのない NER は結局，その
創設，運用，存続が経営側の意向に委ねられてしまうため，
従業員の利害を追求する制度としては致命的な制約を受ける
ことになってしまう。

5 労働組合再考：代表制・発言機会としての優位性と復権のための諸課題

1 労働組合の優位性

　前節の最後に，組合の代替手段として注目される NER の
問題点や限界を指摘した。これと比較するかたちで，労働者
の利害代表，あるいは発言手段としての組合（ここではアメ
リカの組合を念頭に置く）の優位性を再確認しておこう。HRM
の一環として企業に導入される NER とは異なり，組合は独
立性，規模と諸資源，成果という観点から優位性を有してい
ることは明らかである。独立性について述べれば，組合によ
る代表は，その存在自体が従業員自身によって選択されるこ
とに加え，職場委員や委員会メンバー，支部組合役員も従業
員自らが選抜し，全国組合と齟齬をきたさない範囲内でとは
いえ，支部組織のルール，日常的活動，方針も自ら決定する
のである。次に，規模と諸資源についていえば，組合は専門
知識を有した組合役員という独自の人的資源，および組合費
として徴収される独自の財務的資源を有している。組合が従
業員をカバーする規模も，NER のそれよりはるかに大きい。
最後に成果という観点から比較すると，NER が主眼とする
成果は，所詮，生産方法や職場環境などに関する経営側への
提言にすぎない。その提言を実践するか否かの意思決定権は
あくまで経営側の手にある。仮に従業員に権限が委譲された
としても，そうすることが合理的だと判断されれば経営側の
胸ひとつで取り上げられる類のものである。対して組合のね
らいとする成果は，両者対等の交渉を通じて労働協約を結ぶ
ことである。その成果は，NER のそれのように，経営側の
判断を仰ぐ類のものとは異なり，従業員の法的権利（受給権）
となるのである。

　もちろん，NER の法制化や共同決定制の導入によって，
以上のような NER の限界や前節でみた諸問題は一定克服可
能であろう。したがって，大陸ヨーロッパ型のような NER
の法制化はあるべき道かもしれない。とはいえ，日本やアメ
リカで近い将来そうした法制度が整備されることを期待する
のは現実的でない。雇用関係に対する国家規制の強化を忌避

ングル・ステイタス化），
態度調査，苦情処理手続，
労働組合や従業員側代表に
よる意思決定への関与）等
をシステムとして実践する
管理手法である。

＊労働生活の質（quality
of working life）
職場環境，職務内容，監督
者との関係など職場におけ
る労働生活の質を左右する
要因とその向上に資する取
組みを意味する。

する価値観が労使双方に根強いアメリカでは，とりわけそうした道は実現困難であろう。そうした現状を思えば，様々な課題を抱えつつも，組合組織化とそれを通じた交渉こそが，現実的で最も有効な代表制であり発言機会と考えることが妥当なのである。最後に，ドイツやスウェーデンなど企業内の共同決定と企業外の集団取引が両立している国々でも，後者の組合を通じた牢固たる集団取引があってこそ可能な両立であることを強調しておきたい。

［2］　存在感を示した労働組合運動の事例とその含意

すでにみたとおり，日本と同様，長らく組合組織率が低迷しているアメリカにおいて近年，組合活動の復調を予感させる出来事が相次いでいる。具体的には，資料 5 - 1 からうかがえるように，労働争議による労働損失日数が近年増加傾向にあること，全米サービス従業員組合（SEIU）による「Fight for Fifteen」運動に象徴される社会運動ユニオニズムが活発に展開されていること，ギャラップ社調査が示す，労働組合支持比率の急速な高まりなどがあげられる（**資料 5 - 5** 参照）。より新しいところでは，2023 年 5 月にまず全米脚本家組合（WGA）が，7 月に映画俳優組合・米テレビ・ラジオ芸術家連盟（SAG-AFTRA）が，動画配信サービスによる再生回数を報酬に反映させること，人工知能（AI）が脚本家や俳優の仕事を代替せぬよう保証することを求めてストライキを起こし世界的に注目された。また，電気自動車（EV）のバッテリー工場で働く労働者にも自分たちと結ぶ労働協約を適用する，もしくは労働条件を自分たちと同等水準以上にすることを強く要求した全米自動車労組（UAW）の活動も，EV へのシフトが進む自動車業界の動向を反映したものとして耳目を集めたところである。

しかしながら，なんといっても，組合活動の盛り上がりを広く世界に印象づけたのは，スターバックス，Amazon，Apple ストアといった，現代のアメリカを代表するグローバル企業で相次いで組合が結成された事実であろう。こうした，新潮流の背景には，これに先立つ 10 数年前から経済格差拡大への反発が強まっていたこと，さらに新型コロナウイルス感染拡大を契機に，**エッセンシャル・ワーカー**[*]の価値と処遇に注目が集まったこと，やはりコロナ禍を契機に自身の仕事を見直した人々の大量離職に伴い労働市場が売り手市場に

＊エッセンシャル・ワーカー
医療，介護福祉，保育，教育，自治体・公共交通機関等公共サービス，ガス・水道・電気・通信等生活インフラ，物流，生活用品を販売するスーパーやドラッグストア，コンビニ等小売業といった日常生活を維持するために不可欠な分野で働く労働者のこと。

資料 5-5　ギャラップ社による労働組合支持・不支持比率調査

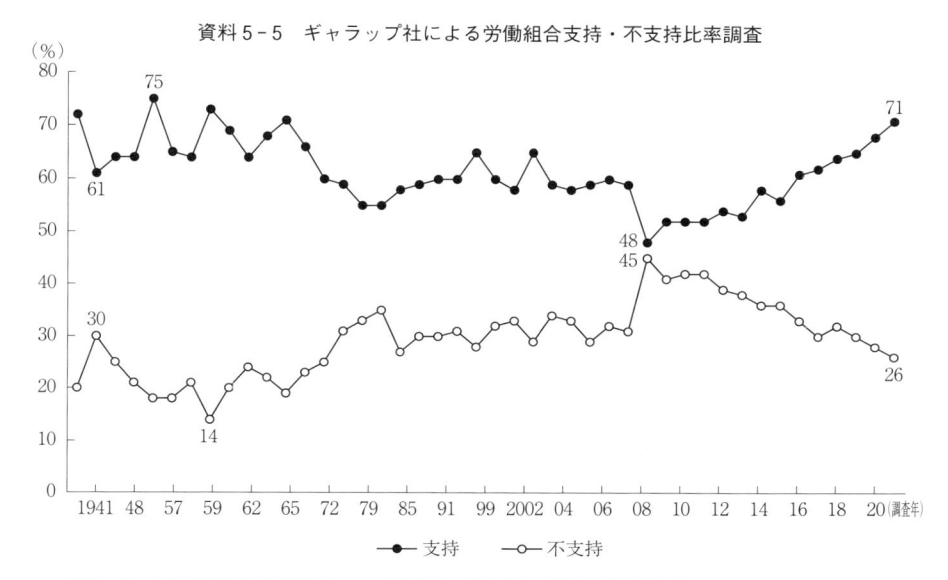

（注）　同一年に複数回調査が行われている場合は，最も新しい調査結果を用いた。
（出所）　https://news.gallup.com/poll/12751/labor-unions.aspx より引用。

化したこと，物価上昇が賃上げや処遇改善に対する労働者の
ニーズを強めたことなどがあるとされる。

　日本の労働者もほぼ同様の状況下におかれているといって
よい。とすれば，日本においても，組合運動復権の可能性は
皆無ではないはずである。ただし，そのための課題は少なく
ない。中長期的には，職種別労働組合や産業別労働組合とい
う世界では当たり前の組織形態への脱皮が求められるであろ
う。2000年代以降，ドライバー，外食・小売チェーンの店
長，介護士・保育士等，特定の職種で労働問題が頻発するこ
とで職業的問題が意識されるようになる一方，年功的処遇の
対象外となる周辺的正社員や非正社員が激増していることを
思えば，こうした脱皮はいまや夢物語ではない。とはいえ，
短期的には，圧倒的多数を占める企業別労働組合が，組合と
しての役割を果たすことが急務である。公正な査定と処遇，
さらにはまっとうな経営がなされるようにチェック機能を果
たすこと，ワーク・ライフ・バランスの推進，非正社員の一
層の組織化と労働条件改善等，従来指摘されてきた課題に取
り組むとともに，広く社会の共感を得られるような社会正義
の希求，個々の組合員の**エンゲイジメント**[*]向上や自律的キャ

＊エンゲイジメント
組織や仕事に対する思い入
れや愛着心のこと。

リア形成支援といった新しい課題にも真摯に取り組まねばならない。他方で，企業を相手に１人で交渉することは困難であること，したがって組合の衰退を放置することは，いざというときに自分たちの立場を危うくするのだという事実を，すべての働く人々は自覚せねばならない。

付記：本研究は JSPS 科研費 22K01713 の助成を受けたものである。

引用参考文献

上林憲雄・厨子直之・森田雅也，2018，『［新版］経験から学ぶ人的資源管理』有斐閣アルマ。

木下武男，2021，『労働組合とは何か』岩波新書。

熊沢誠，2013，『労働組合運動とはなにか』岩波書店。

今野晴貴，2021，『賃労働の系譜学』青土社。

田端博邦，2007，『グローバリゼーションと労働世界の変容——労使関係の国際比較』旬法社。

中窪裕也，2022，「アメリカ労働組合運動の再興？」『世界』2022年8月号。

萩野登，2020，「労使関係——日本的労使関係の変遷と課題」労務行政研究所編『企業競争力を高めるこれからの人事の方向性』労務行政。

橋場俊展，2014，「現代の労使関係」今井斉・岸川典昭・宮崎信二編著『［新版］経営から視る現代社会』文眞堂。

ブラットン，J.，ゴールド，J.／上林憲雄・原口恭彦・三崎秀央・森田雅也翻訳・監訳，2009，『人的資源管理——理論と実践［第3版］』文眞堂。

労働政策研究・研修機構，2012，『データブック国際労働比較2012』。

労働政策研究・研修機構，2020，『データブック国際労働比較2020　特別編集号』。

労働政策研究・研修機構，2022，『データブック国際労働比較2022』。

Mason, B. and Bain, P., 1993, "The Determinants of Trade Union Membership in Britain: A Survey of The Literature," *Industrial and Labor Relations Review*, Vol. 46, No. 2.

（橋場俊展）

Ⅱ

「働き方改革」下の人的資源管理と課題

第 6 章
雇用の流動化と多様な就業形態

雇用の流動化と多様な就業形態はどちらも似たような意味にとられがちである。企業の内部と産業内，そして産業間で起こることが混在しているからである。個別企業の組織効率を高める施策を人的資源管理というが，企業や産業を超えた領域を扱う本章は人事労務管理という対立概念を用いて説明する。

なんのための就業形態の多様化か

1 雇用の流動化

　雇用の流動化とは，Employment Mobility もしくは Labor Mobility の和訳である。その意味は，**労働力人口**[*]が急増しているものの働く場所が少ない途上国から高齢化が進んで労働力人口が減少している先進国へと労働力を移動させるという国際的なものと，衰退産業から成長産業に労働力を移動させることで経済を活性化させるという国内を対象としたものとの 2 つがある。

＊労働力人口
15歳以上人口のうち，就業者と完全失業者を合わせた人口のことをいう。➡第11章「労働力不足と外国人労働者」❶ 1

　国際的なものに関しては日本が移民労働者をどのように受け入れるのかということになる。一方で国内を対象にしたものに関しては，日本では石炭から石油にエネルギーが転換していく時代に閉山となった炭鉱の労働者を別の産業へと移動させるという政策が1961年設立の雇用促進事業団を中心に行われていたことがある。このときの問題意識は仕事を失った労働者の生活の基盤を支えることと職種を転換するための職業訓練をどのように行うのかということであり，経済の活性化というものではなかった。

　衰退産業から成長産業に労働力を移動させることで経済を活性化させるという場合，石炭のように衰退が明らかであるときと，必ずしも衰退していないが停滞した状況を打開して成長産業を育成させるために労働力の移動を促すというときとがある。例えば，地方に新しく産業を振興して雇用先を確保するといったことがそこに当たる。こうした場合であっても，雇用の流動化が先にあって成長産業が育成されるのか，

それとも成長産業が育成されているからこそ雇用の流動化が必要になるのかという，まさに鶏が先か卵が先かという問題はつきまとうことになる。ここに多様な就業形態ということが加わるとさらに問題が複雑になる。

［２］　多様な就業形態と「自社型雇用ポートフォリオ」

多様な就業形態とは，正規雇用，非正規雇用，個人請負労働，雇用類似労働といったことを指す。雇用の流動化だけであれば，必ずしも就業形態が多様であるかどうかは問わない。衰退産業から成長産業へ，もしくは成長産業の育成をねらって労働移動を促すということにすぎない。

多様な就業形態という要素がここに加わると，労働者と企業双方の立場によって違った様相があらわれることになる。労働者にとっては正規雇用でなくなることで働く自由度が高まるという一方で生活の不安定さが増す。企業にとっては必要なときに必要なだけ労働力を活用できるという自由度が高まりコスト削減にもつながる。ただしその中身は，正規雇用で働いていた労働者がそれ以外の就業形態になるということではなく，企業から企業，産業から産業という労働移動を単に意味するのでもない。なぜならば，そこには個々の企業の内部における就業形態を多様化させたということが含まれていたからである。そのことを「自社型雇用ポートフォリオ」という。この用語は1995年に日本経営者団体連盟（以下，日経連）が発表した「新時代の『日本的経営』——挑戦すべき方向とその具体策」報告書（以下，「新時代の『日本的経営』」）の中に出てくる。この報告書は1993年に立ち上げられた「新・日本的経営システム等研究プロジェクト[*]」の成果を取りまとめたものである。プロジェクトを立ち上げた動機は次のような問題に対処するためであった。

①雇用を維持する，もしくは新しくつくりだすためには継続した経済成長が必要であること。②ホワイトカラー部門や第三次産業などの低生産性部門の過剰人員が短期的に出てくるが長期的には労働力人口が減少すること。③企業のコスト低減に向けた取組みの強化がもたらす人員削減圧力が増えること。④産業構造がサービス産業へ移ることに伴う余剰人員や労働移動に伴う問題が生じること。⑤産業・技術・雇用の空洞化が進むこと。

これら５つの動機をもとに進められたプロジェクトは，

＊プロジェクト
特定の目的を達成するために，組織内だけでなく時には組織外の人材も参加して一定の期間の中で業務に当たること。

「中・長期的な成長鈍化が見込まれる中で，生活にゆとり・豊かさの実現を図る」ことを労働組合と使用者共通の課題とおき，労働組合に「企業内コミュニケーション」，「柔軟な職務編成」，「配置・職種転換などを実現するためのパートナー」といった役割を求めるとともに，「人間中心（尊重）の経営」を強調した。これは，「多様な個性を確立した個人を凝集力のある人間集団」となることを労働者に求めるものである。人間中心とは人道主義などのヒューマニズムを表すわけではない。その中身は，「長期蓄積能力活用型グループ」，「高度専門能力活用型グループ」，「雇用柔軟型グループ」，それら3つを組み合わせる「自社型雇用ポートフォリオ」であった。1つずつみていこう。

長期蓄積能力活用型グループは，企業への貢献に対して，長期雇用や賃金上昇，健康保険や年金などで報いるもので，従来型の正社員と同様の賃金制度が想定される。高度専門能力活用型グループは企業内に同様のスキルをもたない労働者を時限的に雇用するものであるため年俸制が想定される。雇用柔軟型グループは経済環境の変化に対する調整弁となることが期待され職務給が想定される。与えられた役割を果たす限りにおいて，雇用であるかどうかを問わず，仕事ごとに契約する個人請負労働であっても構わない。自社型雇用ポートフォリオはこれらのグループを最適な組み合わせで企業という組織の効率の最大化のために活用することをいう。

改めて「新時代の『日本的経営』」を振り返れば，就業形態の多様化は，低生産性部門における短期的な過剰人員の増加と長期的にみれば労働力人口が減少すること，および産業構造の変化や成長産業を育成するために必要な労働移動があること，そして個々の企業においてはコスト削減に対応することが目的であった。まとめれば，**マクロレベルでの雇用の流動化とミクロレベルのコスト削減**の2つということになる。ここで重要なことは，「長期蓄積能力活用型」グループとして従来型の正社員を企業の中核におくということを変えずに，正社員以外の多様な就業形態を活用するということであり，正社員以外の就業形態の労働者の生活を支える労働条件や働きがい，**キャリア**[*]を支えるスキルをどのように育成するのかという部分については触れられていなかったということである。そしてこのことがそれ以降の社会における大きな課題となった。

＊マクロレベルでの雇用の流動化とミクロレベルのコスト削減
ここでいうマクロとは社会全体もしくは政府の政策を指し，ミクロとは個別企業の経営のことを指す。

＊キャリア
仕事をする上で個々人の能力や生活設計を時間的持続性ないしは継続性の中でとらえるもの。➡第7章「人材育成とキャリア開発」❶

3

＊1　総務省統計局 HP,
2020，11頁以下より引用し
た。

3　就業とはなにか

　ここでひとまず就業形態について整理しよう。まずは就業
に関する用語を総務省統計局の定義からみていくことにす
る。[1]

　就業とはその名のとおり仕事に就くことであるが，その働
き方は誰かに雇われている，請負として仕事ごとに契約して
いる，自ら企業を経営しているといった違いを問わない。就
業しているとはなんらかの収入を伴う仕事を少しでもした者
のことをいう。仕事をしていなくとも，病気や休暇で賃金や
給料をもらうことになっている者，雇用保険法に基づく育児
休業基本給付金や介護休業給付金をもらうことになっている
者，事業を営んでいるが病気や休暇で仕事を休んで30日未満
の者，無給でも自営業の家族の手伝いをした者を含んでいる。

　この就業者に完全失業者を加えたものを労働力人口と呼
ぶ。ここには現在仕事をしている，なんらかの理由で仕事を
休んでいる，そして仕事を探している者が含まれる。失業者
も労働力人口に含まれるのである。

　日本の人口のうち，労働力人口に含まれないものを非労働
力人口といい，家事，通学，乳幼児，高齢，病気などの理由
で少しも仕事をしなかった者のことを指す。

　15歳以上人口に占める労働力人口の割合のことを「労働力
率」，同じく15歳以上人口に占める就業者の割合のことを
「就業率」という。

　これらは国勢調査だけでなく，総務省統計局が労働力調査
として結果を毎月公表している。令和4年11月の結果では，
労働力人口が6889万人，就業者数が6724万人，就業率が60.9
％であった。

2　政府統計からみる多様な就業形態

1　従業上の地位

　国勢調査で使われる用語から就業形態についてみていこ
う。国勢調査では就業形態といわずに「従業上の地位」と呼
ぶ。

　最初の分類は雇用者である。会社・団体・個人や官公庁に
雇用されている人で役員ではない人を指す。役員とは会社の
社長・取締役・監査役，団体・公益法人や独立行政法人の理
事・監事などの役職を担う人のことをいう。雇用者には次の
3つが含まれる。第1に「勤め先で一般職員又は正社員と呼

資料 6 - 1　従業上の地位

区　分	
雇用者	正規の職員・従業員
	労働者派遣事業所の派遣社員
	パート・アルバイト・その他
役員	
雇人のある業主	
雇人のない業主	
家族従業者	
家庭内職者	
従業上の地位「不詳」	

（出所）総務省統計局 HP, 2020, 36 頁より筆者作成。

ばれている正規の職員・従業員」、第 2 に「労働者派遣法に基づく労働者派遣事業所に雇用され、そこから派遣されている派遣社員」、第 3 に「就業の時間や日数に関係なく、「パートタイマー」「アルバイト」又はそれらに近い名称で呼ばれている人および専門的職種に従事させることを目的に契約に基づき雇用される「契約社員」や、労働条件や雇用期間に関係なく、勤め先で「嘱託職員」又はそれに近い名称で呼ばれている人」である。

次いで、「会社の社長・取締役・監査役、団体・公益法人や独立行政法人の理事・監事などの役員」、「個人経営の商店主・工場主・農業主などの事業主や開業医・弁護士などで、雇人がいる」業主、「個人経営の商店主・工場主・農業主などの事業主や開業医・弁護士・著述家・家政婦などで、個人又は家族だけで事業を営んでいる雇人のいない」業主、「農家や個人商店などで、農業や商店の仕事などを手伝っている仕事や家の仕事をしている」家庭内職者、「家庭内で賃仕事をしている」家庭従業者、「未回答など」により従業上の地位が判定できない」従業上の地位「不詳」に分けられる（資料 6 - 1）。

2　企業内の就業形態の多様化

こうした総務省統計局による従業上の地位の分類における就業形態の多様化について、厚生労働省は事業所ごとにどうなっているのかについて、「令和元年就業形態の多様化に関

する総合実態調査」で明らかにしている。ここでは，就業形態を「正社員」，「出向社員」，「契約社員（専門職）」，「嘱託社員（再雇用者）」，「パートタイム労働者」，「臨時労働者」，「派遣労働者（受け入れ）」，「その他」の8つに区分している。

正社員は，「事業所と直接雇用関係のある労働者で雇用期間の定めが無い労働者のうち，正社員・正職員等とされている者」とし，「いわゆる正社員」と「多様な正社員」に分けている。「いわゆる正社員」とは「職務，勤務地，勤務時間がいずれも限定されない」者で，「多様な正社員」とは「いわゆる正社員より職務，勤務地，勤務時間等が限定される」者である。

出向社員は「他企業より出向契約に基づき出向してきている者」。契約社員（専門職）は「特定職種に従事し，専門的能力の発揮を目的として雇用期間を定めて契約する者」で，「科学研究者，機械・電気技術者，プログラマー，医師，薬剤師，デザイナーなど」。嘱託社員（再雇用者）は「定年退職者等を一定期間再雇用する目的で契約し，雇用する者」。パートタイム労働者は「常用労働者のうち，フルタイム正社員より1日の所定労働時間が短いか，1週間の所定労働日数が少ない者」。臨時労働者は「常用労働者に該当しない労働者で雇用契約期間が日々又は1か月未満の労働者」。派遣労働者は「『労働者派遣法』に基づき派遣元事業所から派遣されてきている労働者」。その他は「フルタイム正社員と1日の所定労働時間と1週の所定労働日数がほぼ同じで，『パート』などの名称で呼ばれる者を含む」となっている。

「令和元年就業形態の多様化に関する総合実態調査」によれば，「正社員以外の労働者がいる」と回答した事業所の割合は84.1％，「契約社員（専門職）がいる」は11.3％，「嘱託職員（再雇用者）がいる」は19.7％，「パートタイム労働者がいる」は65.9％，「臨時職員がいる」は5.2％，「派遣労働者（受け入れ）がいる」は12.3％，「その他の労働者がいる」が17.5％であった。

正社員以外の労働者がいる事業所にその理由を聞いた設問では，「正社員を確保できないため」が38.1％，「1日，週の中の仕事の繁閑に対応するため」が31.7％，「賃金の節約のため」が31.1％と上位の回答となった。

調査は正社員以外の労働者の現在の会社における在籍期間についても聞いている。雇用契約期間では「1年～2年未

資料6-2　雇用形態，性，年齢階級別賃金，対前年増減率及び雇用形態間賃金格差

令和3年

年齢階級	男女計 正社員・正職員		正社員・正職員以外			男 正社員・正職員		正社員・正職員以外			女 正社員・正職員		正社員・正職員以外		
	賃金（千円）	対前年増減率（％）	賃金（千円）	対前年増減率（％）	雇用形態間賃金格差[1]【正社員・正職員=100】	賃金（千円）	対前年増減率（％）	賃金（千円）	対前年増減率（％）	雇用形態間賃金格差[1]【正社員・正職員=100】	賃金（千円）	対前年増減率（％）	賃金（千円）	対前年増減率（％）	雇用形態間賃金格差[1]【正社員・正職員=100】
年齢計	323.4	-0.2	216.7	0.9	67.0(66.3)	348.8	-0.5	241.3	0.5	69.2(68.5)	270.6	0.5	195.4	1.1	72.2(71.8)
～19歳	183.9	2.1	167.9	-3.6	91.3(96.6)	186.9	2.2	168.9	-10.2	90.4(102.8)	178.6	1.6	166.8	5.3	93.4(90.1)
20～24	216.6	0.6	183.0	-0.2	84.5(85.1)	187.8	0.0	86.1(86.4)			215.0	0.8	179.2	-0.3	83.3(84.2)
25～29	250.9	0.5	204.9	1.2	81.7(81.1)	256.7	0.2	212.8	1.3	82.9(82.0)	242.2	1.1	198.9	1.2	82.1(82.0)
30～34	283.7	0.3	207.6	0.2	73.2(73.3)	295.6	0.3	218.7	-1.8	74.0(75.6)	258.6	0.2	199.4	2.2	77.1(75.6)
35～39	315.9	-0.1	208.3	-2.8	65.9(67.8)	333.4	-0.4	225.1	-4.3	67.5(70.3)	274.5	0.6	197.4	-1.6	71.9(73.5)
40～44	341.8	-0.5	210.2	-0.8	61.5(61.7)	364.6	-0.8	230.4	-4.2	63.2(65.5)	288.1	0.6	200.2	1.8	69.5(68.6)
45～49	361.3	-1.2	209.9	-1.4	58.1(58.2)	390.5	-1.5	236.2	-3.8	60.5(62.0)	292.6	-0.4	199.2	0.4	68.1(67.5)
50～54	388.4	-1.0	212.0	1.1	54.6(53.5)	422.6	-2.0	246.9	1.8	58.4(56.3)	305.6	1.0	196.1	0.3	64.2(64.6)
55～59	393.0	-1.0	210.5	-0.8	53.6(53.5)	428.6	-1.5	242.8	-3.7	56.6(57.9)	305.3	0.6	192.8	1.2	63.2(62.7)
60～64	329.8	0.5	248.8	3.2	75.4(73.5)	351.6	0.5	274.7	3.0	78.1(76.2)	272.2	0.1	197.8	4.1	72.7(69.9)
65～69	299.2	1.1	224.2	3.4	74.9(73.8)	310.0	0.1	240.6	2.6	77.7(75.8)	268.6	4.5	186.9	3.3	69.6(70.4)
70～	280.1	-1.1	205.6	-1.6	73.4(73.8)	291.3	-0.8	218.6	-1.5	75.0(75.6)	248.6	-2.7	176.2	-1.9	70.9(70.3)
年齢(歳)	42.3		49.6			43.1		52.3			40.6		47.3		
勤続年数(年)	12.8		9.5			14.0		11.2			10.2		8.1		

（注）　（　）内は，令和2年の数値である。
（出所）「令和3年賃金構造基本統計調査　結果の概況」第6-1表より引用。

満」が31.5％と最も高く，「6か月～1年未満」が10.9％と続く。「契約社員（専門職）」，「嘱託社員（再雇用者）」では「1年～2年未満」が，「派遣労働者」では「3か月～6か月未満」が最も高い。正社員以外の労働者について，現在の会社における在籍期間をみると，「5年～10年未満」が20.2％と最も高く，次いで「10年～20年未満」が20.1％，「3年～5年未満」が15.9％であった。

　正社員・正職員と正社員・正職員以外という大きなくくりではあるが，雇用形態別の勤続年数と賃金について「令和3年賃金構造基本統計調査の概況」（**資料6-2**）が明らかにしている。

　男女計では，正社員・正職員32万3400円に対し，正社員・正職員以外が21万6700円であり，正社員・正職員を100とした場合，正社員・正職員以外は67.0にとどまっている。

　勤続年数は，正社員・正職員が12.8年のところ，正社員・正職員以外は9.5年にとどまる。この点に関し，「平成22年版労働経済の分析」[*2]は正社員と正社員以外という「雇用形態別に平均勤続年数をみると，正社員は年齢の上昇に伴い，勤続年数も上昇しているが，正社員以外では，勤続年数がほとんど上昇せず，年齢を重ねるにしたがって正社員との間に勤続年数に開きが生じている」ことを指摘している。これは雇用形態別の勤続年数が働きはじめたときの年齢からの平均だけ

＊2　「平成22年版労働経済の分析」の分析は次のリンクでみることができる。https://www.mhlw.go.jp/wp/hakusyo/roudou/10/dl/01-1-4.pdf（2022年12月30日アクセス）。

資料6-3　雇用形態，制，企業規模別賃金，対前年増減率及び雇用形態間賃金格差

令和3年

企業規模	男女計					男					女				
	正社員・正職員		正社員・正職員以外			正社員・正職員		正社員・正職員以外			正社員・正職員		正社員・正職員以外		
	賃金(千円)	対前年増減率(%)	賃金(千円)	対前年増減率(%)	雇用形態間賃金格差[正社員・正職員=100]	賃金(千円)	対前年増減率(%)	賃金(千円)	対前年増減率(%)	雇用形態間賃金格差[正社員・正職員=100]	賃金(千円)	対前年増減率(%)	賃金(千円)	対前年増減率(%)	雇用形態間賃金格差[正社員・正職員=100]
大企業	366.4	0.3	224.1	1.4	61.2(60.5)	394.3	-0.4	250.3	1.5	63.5(62.3)	300.3	1.9	203.0	0.9	67.6(68.2)
中企業	314.8	-1.1	215.7	0.9	68.5(67.2)	339.6	-1.1	238.7	-0.1	70.3(69.5)	268.0	-0.7	194.6	1.9	72.6(70.7)
小企業	289.0	0.7	203.7	-0.3	70.5(71.2)	309.9	0.4	229.1	-0.7	73.9(74.7)	245.4	0.9	180.6	0.2	73.6(74.1)

（注）　（　）内は，令和2年の数値である。
（出所）　「令和3年賃金構造基本統計調査　結果の概況」第6-2表より引用。

では実態がわからないことを明らかにしている。正社員であれば同じ企業に勤め続けることから年齢が上昇するにしたがって勤続年数も上昇する。しかし正社員以外は平均勤続年数こそあまり差がないようにみえながら，同じ企業に勤め続けないために絶えず勤続年数がリセットされて，年齢が高まるほど正社員との勤続年数に差があらわれるということになる。

　企業規模別でみれば，大企業では正社員・正職員が36万6400円，正社員・正職員以外が22万4100円と正社員・正職員を100とした雇用形態間賃金格差が61.2のところ，中企業では68.5，小企業では70.5と格差が縮まっている。これは正社員・正職員の賃金が大企業とそれ以外で大きな差があるところ，正社員・正職員以外では大企業とそれ以外でほとんど差がないということを意味している（資料6-3）。

　ここまでをまとめれば，企業内における就業形態の多様化は進展途上であり，特に「嘱託社員（再雇用者）」「パートタイム労働者」「臨時労働者」「派遣労働者（受け入れ）」の割合が増加していることがわかる。これは，「新時代の『日本的経営』」が示したところである「自社型ポートフォリオ」が進んでいることを意味している。そしてもう1つ注目すべきことは，正社員・正職員と正社員・正職員以外という雇用形態の違いにより大企業においては大きな処遇格差がある一方で，中小企業においてはあまり格差がないということである。これはつまり，企業規模にかかわらず横断的に正社員・正職員以外の処遇があまり変わらないということを示すものでもある。この点においても，「新時代の『日本的経営』」がいう「雇用柔軟型グループ」が職務給を想定していたこととも符合する。そして，処遇格差だけでなく勤続年数において

も正社員以外が正社員よりも短く，不安定な状況におかれて
いることがうかがえる。

　1989（平成元）年と就業者数，正規の職員・従業員数，非
正規の職員・従業員数を比較すると，1989（平成元）年の就
業者数が5904万人，正規の職員・従業員数が3425万人，非正
規の職員・従業員数が817万人，2021（令和３）年の就業者数
が6667万人，正規の職員・従業員数が3565万人，非正規の職
員・従業員数が2064万人であった[*3]。就業者数の伸びに対し
て，正規の職員・従業員数はあまり変わらず，非正規の職
員・従業員数は就業者数の伸びに対してはるかに増加したこ
とがわかる。およそ30年間で最も増えたのが非正規の職員・
従業員数だったのである。

＊3　ここで引用した数字
の出所は総務省 HP「労働
力調査」による。

3　労働移動の動向

　厚生労働省による『令和４年版労働経済の分析』「第２章
我が国の労働移動の動向」では，「我が国の労働移動の動向
をみると，転職入職率は，2005年以降，10％前後をおおむね
横ばいで推移している」とし，「転職者数は長期的に増加傾
向が続いているが，離職者数は近年横ばいとなっている」と
している。

　それでは増加傾向が続いているとする転職者とはいったい
誰なのか。ここでは「一般労働者の転職入職率は横ばいと
なっている」一方で，「パートタイム労働者の転職入職率は
長期的に上昇傾向にある」とする。

　この傾向は企業規模別にみた場合どうなのか。この点に関
して，入職者に占める転職入職者の割合の推移を『令和４年
版労働経済の分析』が紹介している。入職者とはある年に企
業が採用した労働者のことであり新規学卒採用と中途採用の
合算となる。これによれば，「企業規模計では，1991年〜
2006年にかけてやや上昇した後，６割程度を横ばいに推移し
て」おり，「企業規模別でみると，規模が小さいほど入職者
に占める転職入職者の割合が高い傾向にあるが，近年は企業
規模300人以上の企業において上昇がみられている」とする。
つまり，企業規模別でみてもやはり一般労働者ではなくパー
トタイム労働者の転職入職率が上昇しているということが推
測できる。

　また，第１章第２節では，「技術水準等，労働と資本以外
の要素による生産性である全要素生産性」や労働生産性の上

昇と労働移動の活発さには正の相関がみられ，「労働移動により技術移転や組織の活性化が行われることで生産性につながる可能性がある」とする。一方，第2章2節では「労働移動が活発に行われている状況であっても，同一産業内・職種内における移動が多い場合や，他産業・職種からの流入と同程度の流出がある場合には，産業間・職種間における就業構造の変化は小さくなる」としながらも，実際には「同一産業内への労働移動性向をみると，同一産業内での労働移動は他産業への労働移動と比較すると行われやす」いことを明らかにしている。

　ここから明らかになることは，経済の活性化を目的として企業横断的に雇用の流動化を期待する場合，これまでのキャリアチェンジを伴うような異なる産業への移動が望ましいということであるが，実際にはパートタイム労働者が労働移動の主力となっているということ，そして同一産業内の移動にとどまっているということである。

　同様のことは内閣府が「平成27年度年次経済財政報告」の中でも指摘している。第2章第2節では「産業・企業間における労働資源配分」つまりは労働移動によって産業ごとの生産性を高める可能性について述べられ，「平成30年度年次経済財政報告」第2章第3節でも，**ROA（総資産利益率）**の高い企業ほど柔軟な労働移動が行われているとする[*4]。その上で，「急速な技術革新が進むとともに，働き手の職業キャリアが伸びる中では，多様な働き方を実現し，ある程度の流動性の高まりを許容することは企業業績の観点からは望ましい可能性がある」とする。

　したがって，経済活性化を目的とした政策では他産業への正社員の労働移動の誘導が想定される。景気変動に対する柔軟性を高めるとともにコスト削減を目的とするのであれば正社員以外の就業形態の割合を増やすことも誘導される。

③　人事労務管理からみる多様な就業形態

1　日本における正規雇用と正社員

　ここで改めて日本における正規雇用とはなんなのかを確認しておこう。前述の「就業形態の多様化に関する総合実態調査」でみてきたように，「事業所と直接雇用関係のある労働者で雇用期間の定めが無い労働者のうち，正社員・正職員等とされている者」とは，「職務，勤務地，勤務時間がいずれ

＊ROA（総資産利益率）
Return On Asset の略称。企業の利益を総資産で割ったもの。企業の総資産がどれだけ効率的に利益に結びついているかを表す指標。

＊4　ここでは「あまりにも流動性が高い企業では逆に行政も低下する傾向（逆U字の関係）がみられることが指摘されている」とする。

も限定されない」いわゆる正社員と「いわゆる正社員より職務，勤務地，勤務時間等が限定される」多様な正社員のことを指す。

　労働者が使用者から賃金を支払われて働く場合，労働契約法における労働契約が互いの合意に基づいて結ばれることになる。その契約は，労働契約法第6条によって「労働者が使用者に使用されて労働し，使用者がこれに対して賃金を支払うことについて，労働者及び使用者が合意することによって成立する」とされ，「使用者が合理的な労働条件が定められている就業規則を労働者に周知させていた場合には，労働契約の内容は，その就業規則で定める労働条件」（第7条）となる。

　また契約内容は「できる限り書面により確認」（第4条2項）することとなっている。そこで，「雇用期間の定めがない」と記載がある労働者を正規雇用という。労働契約には期間を書き込むことも可能であるが，その上限は第18条に5年と定められている。5年を超える場合や契約期間が5年未満であっても1回以上の更新を行って5年を超える場合には，労働者の申し込みにより期間の定めのない契約に転換することが使用者に義務づけられている（第18条）。ただし，転換したといってもそれがいわゆる正社員となるわけではない。「職務が無限定」，「職務限定」，「勤務地限定」，「時間限定（短時間勤務）」，「無期転換社員」という種類に分けられる。このうち「職務が無限定」の契約のみを日本ではいわゆる正社員と呼ぶ。この用語は法律上のものではなく通称にすぎない。

　職務が無限定の働かせ方をなぜ正社員と呼ぶのか。それは日本企業が強みとしてきた人事労務管理によるところが大きい。日本企業の人事労務管理の要素を「知識，技能の育成」，「適応力の向上」，「動機づけ」の3つによる組織効率の最大化に求めるとした整理（日本経営者団体連盟国際部，1991）を日本経営者団体連盟国際部はアメリカ企業との比較のために行っている。この3つの要素は，労働者に必要な知識，技能を身につけるために行われるのと同時に，労働者を企業の一員として順応させる機能をもっている「訓練」と，配置転換，ジョブローテーション，多能工などによって従業員間の連携を促し，広い範囲となっている「職務」，昇進と職務を退職年齢までの賃金上昇と健康保険，年金といった社会保障

とリンクさせる「報酬」，会議や問題解決，労使協議などを通じて労働者を巻き込む「参加」の４つを密接につなぎ合わせることで実現される。これは，「新時代の『日本的経営』」における「多様な個性を確立した個人を凝集力のある人間集団」としてつくりあげるためのものであり，「長期蓄積能力活用型グループ」のみに求められるものである。ここに当てはまる正規雇用だけを日本では「いわゆる正社員」と呼ぶ。「職務が無限定」以外の正規雇用は「多様な正社員」と呼び，職務，勤務地，時間に限定をつけることで「凝集力のある人間集団」の外側におく，つまり，「無期転換社員」は，期間の定めのある契約と変わらない働き方をする者なのである。

［2］ 処遇格差是正のためのジョブ型雇用

「多様な個性を確立した個人を凝集力のある人間集団」とするためには長期間にわたる「訓練」，「職務」，「報酬」，「参加」によって獲得できる「知識，技能の育成」，「適応力の向上」，「動機づけ」が必要となる。そのためにこそ職務が無限定となる。こうした働かせ方をメンバーシップ型雇用と呼ぶことがある。新規学卒一括採用では職種を限定しないことが一般的とされてきたのはこのためである。

その一方で，限定した職務を規準にする働かせ方をジョブ型雇用ということがある。メンバーシップ型雇用という呼称もジョブ型雇用という呼称も日本に限定されたものである。労働組合のある欧米企業の主として工場労働では，１人の仕事を限定して働かせることで効率性を高める経営側の思惑と，限定した職務に賃金を貼り付けて交渉する労働組合の思惑が一致することで成立したジョブコントロールユニオニズムという用語はある。ジョブ型雇用はそこから引用されたものであるが，欧米においても企業の中核的な役割を担う労働者の働かせ方はメンバーシップ型雇用と似ている。2000年代以降はアメリカ発のグローバル企業を中心に高業績作業システム（High Performance Work System）と呼ぶ働かせ方が主流となりつつあるが，これは採用，訓練，職務，報酬，参加という機能を有機的に結びつけることで組織効率の最大化をめざすものであり，企業の中核的な役割を担う労働者の働かせ方となっている。

メンバーシップ型雇用が日本で正社員に当てはまるものであるならば，ジョブ型雇用は多様な正社員と正社員以外に当

てはまるもののはずである。しかしながら，労働法学者および労働経済学者により，いわゆる正社員にジョブ型雇用を導入すべきであるとの主張があらわれた。いわゆる正社員とそれ以外の労働者，男女といった間の処遇格差を是正するために，職務を限定することで比較可能にするといった考えがここにはある。また職務が無限定であるために，働きすぎやワークファミリーバランスを欠く状態がメンバーシップ型雇用にあるとして，職務を限定することでこれらの問題を解決することが提案された。

この方向は，パートタイム・有期雇用労働法として令和2年4月1日に施行され，正社員と非正規社員との間の不合理な待遇差の禁止として一部が結実することになった。

③　役割等級制度としてのジョブ型雇用

企業でもジョブ型雇用を採用しようという動きが進んでいる。しかしその方向性は異なっている。例えば，野村総研はジョブ型雇用を次のように定義づけている。「『ジョブ型雇用システム』は，組織各階層における外部労働市場からの人材調達や人材配置，人材の職種別・企業横断的労働市場における転職を伴うキャリア形成等を特徴として[5]」いる。ここには職務を限定することで格差や働きすぎを是正するという概念はない。前述したように，アメリカ発のグローバル企業における中核人材にはメンバーシップ型雇用と似ている高業績作業システムの採用が進展しつつあり，必ずしも「人材の職種別・企業横断的労働市場における転職を伴うキャリア形成」となっているわけではない。その意味で，高業績作業システムと異なる概念ではないのである。

令和2年ごろから一部の企業ではジョブ型雇用もしくはジョブ型人事制度を導入しはじめている[6]。その内容は，労働者一人ひとりの職務内容を記した職務記述書（Job Description）を作成し，役割を自発的に認識させるとともに，その役割で労働者を評価するというものである。役割には他部署や他企業，部門内の連携といった内容が含まれてくるものであり，職務は限定されていない。これは同様に欧米企業でも当てはまり，職務記述書の内容や業績のみが評価の対象となっていない[7]。その意味で，日本企業が進めようとしているジョブ型雇用，もしくはジョブ型人事制度は処遇格差や働きすぎの是正をめざしたものではなく，むしろ「新時代の『日

*5　野村総研HP「用語解説『ジョブ型雇用』」。

*6　日立製作所（2020年5月），KDDI（2020年7月），富士通（2020年4月幹部社員，2022年4月一般社員），資生堂（2021年1月），Panasonic（2022年4月）などの企業をはじめとして導入が進んでいる。

*7　山﨑（2018）は，アメリカ企業の中核的人材の評価が職務記述書ではなく目標管理の中で行われること，目標管理では限定された職務ではなく潜在能力も含んでいることなどを指摘している。

本的経営』」における「多様な個性を確立した個人を凝集力のある人間集団」のためのものということができる。

このことは賃金制度の変革と重ね合わせるとより理解しやすい。ジョブ型雇用，もしくはジョブ型人事制度を導入するとしている企業の多くが賃金制度を職能資格等級制度から役割等級制度への変更を行っている。ジョブコントロールユニオニズムであれば，労働組合と使用者が交渉して，職務範囲を厳格に限定してそこに賃金を貼り付ける。しかし，役割等級制度はそうしたものではない。時限的に与えられる特定の役割の大きさに応じて報酬が決められる。その役割が終了すれば任を解かれ，報酬が変動する。その役割には他部署や他企業，部門内の連携や潜在能力，プロジェクトの運営やチームワークへの貢献といったことがらが含まれるため限定することはできない。

［4］ ジョブ型雇用という名称がもたらす混乱

正社員と非正規社員との間の不合理な待遇差を禁止するためのものとしてのジョブ型雇用という考え方と，「人材の職種別・企業横断的労働市場における転職を伴うキャリア形成」としてのジョブ型雇用，そして「多様な個性を確立した個人を凝集力のある人間集団」をつくるためのジョブ型雇用という3つが，すべてジョブ型雇用と呼ばれるところに混乱の本質がある。第1のジョブ型雇用のみが限定した職務によって他の職務と比較可能にするという意味をもつが，他の2つのジョブ型雇用にはそうした意味はない。また，第1と第3のジョブ型雇用は企業内の人事労務管理に関連したことであるが，第2のジョブ型雇用は他産業への正社員の労働移動を誘導することで経済活性化をめざす政策に符合する。つまり，第3のジョブ型雇用だけが産業・企業横断的な労働移動を扱っていることになるのである。

こうしたことが端的にあらわれるのがジョブ型採用である。新規学卒一括採用においても中途採用においてもジョブ型採用という名称が使われる。しかしその内容はまったく異なる。新規学卒一括採用の場合は，ある程度の職種をまとめて大くくりにして採用するが採用後の職務を限定するというわけではない。その意味では，「新時代の『日本的経営』」における「長期能力蓄積型グループ」やアメリカ発のグローバル企業が行う高業績作業システムに近い。中途採用で行う

ジョブ型採用の場合は，職務が限定されているというよりも，時限的もしくは特定のプロジェクトを担うためのものであり，「新時代の『日本的経営』」における「高度専門能力活用型グループ」そのものである。したがって，いわゆる正社員とは異なる就業規則となることが多い。

　いわゆる正社員の採用には，リファラル採用や逆求人型採用といった仕組みをとるところも増えている。リファラル採用は求職者の仕事ぶりや人となりを保証する紹介者の仲介による採用であり，アメリカ企業の中途採用では一般的に行われている方法である。また，逆求人型採用はオファー採用とも呼ぶが，人材ビジネス企業に経験やプロフィールを登録することで求職者に企業側からオファーが届く仕組みとなっている。これらは必ずしも産業・企業横断的な労働移動を目的としたものではないが，採用側と求職者側双方の選択肢を拡大するものといえる。

④　新しいポートフォリオ

［1］　雇用類似労働

　従業上の地位において「個人経営の商店主・工場主・農業主などの事業主や開業医・弁護士・著述家・家政婦などで，個人又は家族とだけで事業を営んでいる雇人のいない」業主である労働者のうち，雇用類似と呼ばれる労働者を活用するアメリカ発のビジネスモデルが2000年代になって世界に拡大したとされ，そうした働き方をする労働者を保護する規制がないことが日本においても取り上げられるようになってきた。[*8]

　雇用類似労働とは，現在の労働法の上では労働者性がないとされる自営業者に分類されるものの，労働者と類似した働き方をする者のことをいう。労働者性とは，仕事の依頼や業務に従事する際の指示を受けるかどうか，業務遂行において指揮監督があるか，拘束性があるか，代替性があるか，といった指揮監督下の労働であることと，事業者性や専属性の程度といったことによって，労働基準法の対象となる労働者であるかどうかが判断されるものである。

　雇用類似と呼ばれる労働者を活用するアメリカ発のビジネスモデルはICT（情報通信技術）の発展とスマートフォンなどのインターネット端末の普及，そして人口知能（AI）やクラウドサーバーなどの発展により，プラットフォームビジネ

＊8　2018年10月に厚生労働省は「雇用類似の働き方に係る論点整理等に関する検討会」を設置し，2019年6月の中間整理で労働政策研究・研修機構が実施した「雇用類似の働き方の者に関する調査・試算結果等」が報告された。それによれば，事業者を直接の取引先とする個人請負型の就業者が約170万人（本業約130万人，副業約40万人）であることが報告され，保護すべき雇用類似の働き方をする者に相当するとされた。

スとして2000年代に急速に進展した。事業者はインターネット上に構築したプラットフォームでサービスの利用者と提供者を結びつける。このときに，プラットフォーム事業者はサービスの提供者を雇用ではなく個人請負労働者（日本の従業上の地位では「雇人のいない業主」）として扱う。そうすることで，プラットフォーム事業者は，労働基準法や雇用保険法，安全衛生法，健康保険法，厚生年金保険法などの事業主負担というコストから免れることができる。具体的には，労働時間管理や最低賃金，超過勤務手当，労働災害保険と健康保険そして厚生年金保険の掛け金の支払いをしなくてもよい。サービスの提供者からすれば生活ができるだけの報酬を手にすることができるのかということや，社会保障の点で不安定な状況となる可能性がある。

　雇用類似労働と同種の働き方をする労働者の保護としては家内労働法がある。家内労働法は，「雇人のいない業主」として労働者の最低工賃，就業時間，契約期間，工賃などを保護の対象としている。同様の方法で「雇人のいない業主」のままで雇用類似労働者を保護するのか，それとも雇用類似労働者の労働者性を認めて各種労働法の対象とすることで保護するのか，2つの方向がある。[9]ヨーロッパは前者でありアメリカは後者の立場をとっている。

　厚生労働省は平成30年に「『雇用類似の働き方に関する検討会』報告書」を公表しているが，ここでは保護が必要な内容として「契約条件の明示」，「契約内容の決定・変更・終了のルールの明確化，契約の履行確保」，「最低賃金を下回らない報酬額の適正化」，「スキルアップやキャリアアップの機会の提供」，「出産，育児，介護等の両立」，「発注者からのセクシャルハラスメント等の防止」，「仕事が原因で負傷し又は疾病にかかった場合，仕事が打ち切られた場合等の支援」，「紛争が生じた際の相談窓口の確保」といったことが指摘された。

　雇用類似労働は企業にとって「新時代の『日本的経営』」における「高度専門能力活用型グループ」もしくは「雇用柔軟型グループ」となる。この場合，労働者もしくは自営営業者としての保護が必要となることはいうまでもないが，労働者性を認めないとするならば，報酬や契約関係のみならず，病気や仕事上のけが，高齢化などによる社会保障における保護が不足しているということも懸念事項となる。

2 BPO と RPA

組織効率の最大化とコスト削減という視点からみれば，企業内の就業形態の多様化に加えて **BPO（ビジネス・プロセス・アウトソーシング）**と RPA（ロボティック・プロセス・オートメーション）も重要性を増している。

正社員には「新時代の『日本的経営』」における「高度専門能力活用型グループ」の役割を担わせる一方で，「多様な個性を確立した個人を凝集力のある人間集団」の形成と関係のない部分においてはコストとの兼ね合いで正社員以外の多様な就業形態の労働者に頼るか，もしくは BPO や RPA を活用するかが選択されることになる。

IT 専門調査企業 IDC Japan 株式会社は2022年5月に国内ビジネス・プロセス・アウトソーシング（BPO）サービス市場予測を発表した[10]。2021年の市場規模は8856億円，2021年から2026年の年間平均成長率は3.9％で，2026年の市場規模は1兆717億円と予測している。IDC Japan によれば，国内ビジネス・プロセス・アウトソーシングは，人事，カスタマーケア，財務・経理，調達・購買の各分野であり，それぞれ堅調な成長を確保するとしている。

同様の調査を実施している矢野経済研究所では，2022年10月に「BPO（ビジネス・プロセス・アウトソーシング）市場の実態と展望」と題する調査報告書を報告した。矢野経済研究所の調査は，BPO サービスを IT 系と非 IT 系に分けている。2021年度の推計は IT 系が2兆6888億円，非 IT 系が1兆8748億9000万円，合計で4兆5636億9000万円であった。2022年度は2.4％の伸びを予測している。

RPA は業務を自動化するコンピュータのプログラムのことであり，経理，人件費計算，社会保険料計算，発注・納品処理，サポート業務，データ収集と分析といったホワイトカラーの作業を担う。株式会社 MM 総研による「RPA 国内利用動向調査2022」[11]によれば，2022年9月時点で年商50億円以上の企業の45％，年商50億円未満の企業の12％が RPA を導入している。

5 組織効率の最大化か社会全体の調和か

日本における就業形態の多様化は第二次世界大戦以前においても，社員，準社員，工員，組夫といったかたちで存在していた[12]。組夫は請負労働であり，工員は正規雇用と呼べるよ

---

*BPO（ビジネス・プロセス・アウトソーシング）
企業活動（ビジネスプロセス）の一部を切り出して，外部企業に外注すること。そのためには企業活動の総点検と組み換え（BPR：ビジネス・プロセス・リエンジニアリング）が必要である。例えば企業の人事部門で行っていた給与や社会保障の計算や支給業務を切り出して委託するといったかたちで行われる。

*10 IDC HP, 2022,「国内 BPO サービス市場予測を発表」。

*11 株式会社 MM 総研 HP「RPA 活用有無がビジネスプロセス自動化に格差を生む」。

*12 野村（2007）が詳しい。

＊偽装請負
仕事単位での請負契約を結びながら，実際には指揮命令や労働時間管理などを行うことで実質的に派遣労働となっていることをいう。

うなものとは言い難かった。1950年代に製造業で導入された社外工や1990年代に製造業で社会問題化した**偽装請負**＊など，「雇用柔軟型グループ」は，1995年に日経連が「新時代の『日本的経営』」を公表する以前から存在していた。こうした就業形態はあくまで主流ではなかった。しかし，ここにおいて全国的な経営者団体である日経連が，「自社型雇用ポートフォリオ」のように主流ではなかった就業形態を前面に押し出すようになったのである。そのために労働組合に協力を求めた。「自社型雇用ポートフォリオ」を活用して「多様な個性を確立した個人を凝集力のある人間集団」をつくるということは，それ自体が競争力を高めるためのビジネスモデルということができる。その意味において就業形態の多様化は企業内で活用されてきたのである。

　そうしたところに雇用類似労働，BPO，RPA が加わったかたちで，就業形態の多様化というポートフォリオが構築されつつある。

　企業側の視点に立てば，いわゆる正社員を中核にした「多様な個性を確立した個人を凝集力のある人間集団」を実現するための最適な採用，訓練，職務，報酬，参加のあり方を探るということのみならず，多様な就業形態と BPO，RPA を組み合わせたベストミックスを見出すということになるだろう。これこそが組織効率の最大化をめざす人的資源管理というものである。

　だが，労働者側の視点に立てばまったく違う様相がみえてくる。たとえ「長期蓄積能力活用型グループ」に加わることができたとして，「凝集力のある人間集団」と自らの働きがいが合致しなかったならどうなるだろうか。担ってきた仕事が BPO や RPA に置き換えられてしまったらどんな気持ちになるだろうか。正社員だとしても中小企業と大企業との格差をどのようにとらえれば良いのだろうか。多様な就業形態などの正社員以外の働き方をすることになったとして，「凝集力のある人間集団」に参加できないことによるやりがい，生活できる労働条件，病気や仕事上のけが，老後の生活といった社会保障に不安はないだろうか。

　雇用の流動化に関しては，労働力人口が急増しているものの，働く場所が少ない途上国から高齢化が進んで労働力人口が減少している先進国へと移民が受け入れるという国連機関をはじめとした国際的な要請と日本における理解がズレてい

るということをどのようにとらえたらよいのかという課題がある。現在，企業経営の方向性を決める経営戦略や経営企画と人事戦略との結びつきの重要性が高まっている。就業形態の多様化による企業内の最適な雇用ポートフォリオがBPOとRPAを包含したビジネスモデルを志向しているということもまた，人事戦略が経営戦略や経営企画と結びつく必要性を高めている。これが人的資源管理の方向性であり，戦略的人的資源管理と呼ばれるものである。

　同時に，経営戦略や経営企画とますます結びつきを強める人事戦略の中で，働く一人ひとりがどうやってやりがいや人間らしい生活を可能とする労働条件，社会保障を獲得していくことができるのか，という折り合いについても考え続ける必要がある。これはつまり，組織効率の最大化をめざす人的資源管理と社会全体の調和を考える人事労務管理との対立構図であるともいえる。

引用参考文献

厚生労働省，2010，『平成22年版労働経済の分析』厚生労働省。
厚生労働省HP，2022，「令和3年賃金構造基本統計調査　結果の概況」，2022年12月30日アクセス。
厚生労働省，2022，『令和4年版労働経済の分析』厚生労働省。
新・日本的経営システム等研究プロジェクト編著，1995，『新時代の『日本的経営』──挑戦すべき方向とその具体策』新・日本的経営システム等研究プロジェクト報告，日本経営者団体連盟。
総務省統計局HP，2020，「令和2年国勢調査　調査結果の利用案内──ユーザーズガイド」2022年12月30日アクセス。
日本経営者団体連盟国際部，1991，『より良い労使関係を求めて──米国進出日系企業の事例研究』日本経営者団体連盟。
野村正實，2007，『日本的雇用慣行──全体像構築の試み』ミネルヴァ書房。
濱口桂一郎，2020，「雇用類似の働き方に関する現状と課題」『日本政策金融公庫論集』2020年第47号。
山崎憲，2018，「第2章　戦略的人的資源管理の変化──水平的・垂直的提携関係と中核的人材の管理」守屋貴司・中村艶子・橋場俊展編著『価値創発（EVP）時代の人的資源管理』ミネルヴァ書房。

（山崎　憲）

第7章

人材育成とキャリア開発

日本企業は，定期一括採用した正規従業員を長期雇用し，企業主導で人材育成を行ってきた。従業員も自らのキャリア形成を会社に委ねてきた。しかし1990年代以降の経営環境の変化に直面し，日本型の雇用システムや人材育成は再構築を迫られている。本章では，企業における人材育成の意義と手法について解説した上で，日本企業の人材育成の過去・現在のあり方を検討し，今後の課題を考察する。

① 企業における人材育成と従業員のキャリア形成

はじめに，企業が時間と費用をかけて人材育成に取り組む理由，つまり人材育成の意義を考えてみよう。なお，ここで人材育成とは，企業が従業員の**職務遂行能力**[*]を向上させるために実施する一連の教育訓練のことである。

1 企業経営と人材育成

企業の存続・発展には，顧客価値の創出とそれを通じた収益の獲得が必要不可欠であり，そのために経営戦略を立案し，ビジネスモデルを構築する。それを実現するための組織・仕事の担い手こそが人的資源である。

企業における人的資源の獲得には，労働市場から人材を採用する方法と採用した人材を内部育成する方法がある。後者が企業内人材育成であり，企業が求める能力と従業員がもつ能力の間のギャップを埋めるために教育訓練が実施される。その場合，現時点でのギャップを埋めるための短期需要充足型の教育訓練と，将来の人材ニーズに基づいて計画的に育成していく長期先行投資型の教育訓練がある。

2 人材育成の経済理論・経営理論

社会科学の研究は企業の人材育成をどのようにとらえてきたのだろうか。教育や訓練の経済的意義を解明した経済学の**人的資本論**によれば，訓練投資のあり方が労働者の知識・技

＊職務遂行能力
旧日経連は，職務遂行能力とは企業目的達成に貢献する能力で，知識，技能，課題対応能力，人間対応能力からなるとした（日経連職務分析センター編，1989）。また Katz（1955）は，マネジャーに必要とされる能力を業務上必要なテクニカル・スキル，協力関係を構築するヒューマン・スキル，組織目標に向けて諸活動を統合するコンセプチュアル・スキルからなるとした。

＊人的資本論
人を投資によって価値を増大させる人的資本ととらえ，学校教育や職業訓練といった投資行動による労働者の知識・技能の変化，市場での評価のあり方などについて論じている。代表的な文献は，ベッカー，G.／佐野陽子訳，1974，『人的資本――教育を中心とした理論的・経験的分析』東洋経済新報社。

能の差，企業の生産性の差を生む。企業が実施する教育訓練には，どの企業の生産性をも高める一般的能力（英語や専門知識等）を形成するものと特定の企業の生産性しか高めない企業特殊的能力（商品知識や組織運営ノウハウ等）を形成するものがあり，企業は後者に対してより積極的に訓練投資する。

　経営学における**人的資源管理論**[*]（HRM）は，感情や主体性をもつ人的資源を組織目標の達成に向けていかに管理するか議論してきた。人的資源としての従業員は，モノ・カネ・情報等の経営資源を活用して富を生みだす主体であり，また自ら学び成長する存在である。企業にとっては従業員の学習意欲を高め成長を促し，経営戦略やビジネスモデルの実現に貢献できる人材を育成することが重要になる。

　企業内人材育成は，生産性の向上や経営戦略・ビジネスモデルの実現に貢献する人材の獲得に結びつくものであり，企業の存続・発展においてきわめて重要な役割を担っている。

３　人材育成とキャリア開発

　企業内人材育成は経営活動の一環であると同時に，従業員のキャリア形成の一部でもある。**キャリア**[*]とは長期にわたる仕事経験の連なりのことであり，異動・昇進等を通じて単一企業内で築かれる組織内キャリアと他社への転職や起業等を通じて築かれていく組織間キャリアがある。組織内において従業員は配置された職種・ポストに応じた教育訓練を受けていくのだから，企業が実施する教育訓練は従業員のキャリア形成と表裏一体である。

　しかしここに難しい問題が生じる。企業の人材育成はその人材ニーズに基づいて展開される一方で，従業員のキャリア形成は従業員一人ひとりが自ら考えるべき問題である。そこで，人材育成に関する企業の主導性と従業員のキャリア自律のバランスをとるキャリア開発（キャリア・ディベロップメント）も企業の重要な課題となっている。

② 人材育成の方法

１　人材育成の方法と学習モデル

　働く者が仕事に必要な能力を身につけることを職業能力開発といい，それは企業内教育訓練と**公共職業訓練**[*]からなる。

　企業内教育訓練は会社の指示・命令によって実施されるた

＊人的資源管理論
行動科学や資源ベースの経営戦略論を基礎にした人事労務管理研究である。従業員を生産要素として理解するのではなく，競争優位の源泉としてとらえ，従業員の成長と組織目標の達成を統合しようとする考え方である。経営戦略に貢献する人材の育成・活用を重視する戦略的人的資源管理論として発展している。

＊キャリア
長期にわたる仕事経験の連なりであり，「職業生涯」，「職務経歴」とも呼ばれる。近年，組織が求める人材の育成と個人が求めるキャリア展開を両立させるために計画的に能力開発に取り組む企業も多い。そうした取組みをキャリア・ディベロップメント・プログラム（CDP）と呼ぶ。

＊公共職業訓練
国は「職業能力開発促進法」に則り，労働者が職業教育訓練を受ける機会を確保するために全国に公共職業能力開発施設を開設している。雇用保険を主な財源として，離職者訓練，在職者訓練，学卒者訓練の3本柱のプログラムを展開している。

資料7-1　教育訓練の手法と学習モデル

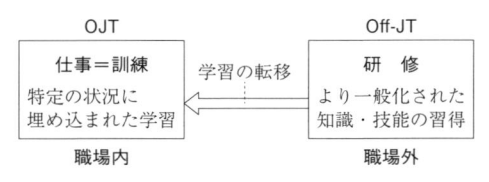

（出所）　筆者作成。

＊教育訓練費用
企業の教育訓練費は，訓練に必要とされる直接費用と訓練に参加する従業員が訓練期間中に仕事から外れることで生じる機会費用からなる。直接費用には，教育訓練部門の従業員の人件費，訓練施設の運営費，社外講師への謝金，教材費などが含まれる。

＊学習モデル
人間の学習がどのように生じるか，その構造を示すのが学習モデルであり，それは人材育成の「目指すべき方向性，そのための学習プロセスの全体像，学習を誘発するための効果的な支援のあり方等々について，関係者全員が共通認識を持つためのツール」となる（長岡，2006）。

＊1　厚生労働省「能力開発基本調査」における用語の定義による。

＊2　ここで OJT を重視しているという場合，同調査の「重視する教育訓練」が「OJT である」（27.9%）と「OJT に近い」（54.2%）の合計（82.1%）を根拠にしている。

め，基本的には会社が**教育訓練費用**[*]を負担する。具体的な方法は「普段の仕事をしながらの訓練」と「普段の仕事を離れて行われる訓練」に大別され，前者を OJT（on the job training），後者を Off-JT（off the job training）という。

　また，従業員が自分の意思で就業時間外に自費で行う学習を自己啓発という。企業は人材育成の一環として，自己啓発に有益な情報提供や金銭的支援を行っており，これを自己啓発支援と呼ぶ。OJT，Off-JT，そして自己啓発支援が企業内における人材育成の3本柱である。

　OJT と Off-JT は教育訓練が職場内外のどちらで実施されるかを基準にした分類であるが，その**学習モデル**[*]の違いにも注意する必要がある（**資料7-1**）。OJT は訓練が特定の仕事や職場に埋め込まれた状況的学習モデルであり，特定の状況における経験から学びを得ていく。それに対して Off-JT は，特定の状況に依存しないより一般化された知識・技能を研修等で学び，それを現場に応用していく学習転移モデルである。

2　OJT と経験学習

　OJT は「日常の業務に就きながら行われる教育訓練」と定義づけられている[*1]。例えば，上司や先輩が部下や後輩に対して，業務の中で作業方法に関する指導や助言を行うことなどである。OJT は状況的学習であり，仕事と訓練が一体化している。その基本的なプロセスは，仕事と職場を良く知る上司や先輩が手本を見せ（Show），説明し（Tell），やらせてみて（Do），確認する（Check）というものになる。

　労働政策研究・研修機構が実施した「人材育成と能力開発の現状と課題に関する調査（2021年度）」（以下，JILPT 調査）によれば，重視する教育訓練として，調査対象企業の8割以上が Off-JT よりも OJT を重視している[*2]。多くの企業が

資料 7 - 2　経験学習サイクル

```
        具体的経験
       （経験する）

能動的実験              内省的観察
（試してみる）           （振り返る）

        抽象的概念化
       （教訓・持論を
        引き出す）
```

（出所）　Kolb,D.A., 1984, pp.40-43. を参照して筆者作成。

OJT を重視する理由は，①職場業務に直結する実践的能力が育成できる，②非定型的な問題を経験できる，③指導・学習成果の迅速な確認が可能である，④研修と比べて時間的・費用的に効率的である，というものがある。

　しかし OJT は状況的学習であり，その効果は訓練が行われる職場のその時々の状況に影響を受ける。例えば繁忙期には上司も多忙になり，丁寧な部下指導は難しくなる。また OJT は職場で個別的に行われるため，指導する者と指導を受ける者（例えば，上司と部下）の能力・意欲のあり方次第で，訓練の内容やレベルにばらつきが生じてしまう。

　そこで，OJT を効果的に進めるには工夫が必要になる。仕事と訓練が一体化している点に注目するならば，仕事の与え方を工夫して経験の内容をコントロールすることが考えられる。例えば，簡単な仕事から高度な仕事へと進む指導計画を立案することや関連する仕事の間で**ジョブ・ローテーション***を進めて前後工程への理解を促すなどの配慮が求められる。

　また，OJT のプロセスに経験を振り返る機会を組み込む必要がある。人が経験から学ぶメカニズムを研究した Kolb（1984）の経験学習論は，経験→内省→概念化→実践という経験学習サイクルを定式化している（**資料 7 - 2**）。人は，仕事を通じて様々な経験をするが，その経験を振り返って教訓を引き出し，それを次の仕事で実践することで成長していくという。仕事を経験することと経験から学ぶことは同じではない。経験学習にとっては内省（振り返り）が重要である。

　さらに，上司と部下，先輩と後輩のような個別的指導関係

*ジョブ・ローテーション　職務交替あるいは異動である。製造業の工場部門では持ち場を交替して担当可能な作業工程を広げる多能工化が進んでいる。またオフィス部門では配置転換により複数の部署・職種を経験させる。社内の仕事を良く知るゼネラリストを育成できると同時に，部署間のコミュニケーションが活性化するなどの効果がある。

資料7-3 Off-JTの体系図

	営業部	開発部	生産部	技術部	管理部	
部長	選抜型 幹部候補研修					選択型 スキル研修
	新任部長研修					
課長	選抜型 幹部候補研修					
	新任課長研修					
係長	営業研修	開発研修	生産研修	技術研修	管理研修	
メンバー	新人研修					

| 階層別研修 | 部門別研修 | 選抜型研修 | 選択型研修 |

(出所) 坪谷, 2020, 197頁。

だけでなく，職場全体でOJTを行う発想も重要である。中原 (2010) によれば，人は多様な他者支援の中で学びを深める。業務支援（業務に関する指導），内省支援（振り返りの機会提供），精神支援（安らぎや安心の提供）等である。OJT担当者と職場メンバーで役割分担するような1対n型のネットワーク型OJTも有効であろう（関根・林, 2020）。

③ Off-JTと研修転移

Off-JTは「通常の仕事を一時的に離れて行う教育訓練（研修）」と定義づけられている[*3]。新入社員研修のように多くの従業員を1か所に集めて実施する集合研修もあれば，近年はコロナ禍の影響もありオンライン研修も一般的である。

Off-JTの体系を確認しよう（資料7-3）。まず，階層別研修は，社内の特定の階層・ポストに求められる能力の育成をめざすものであり，新入社員研修や管理職研修などがある。次に職能別研修（あるいは部門別研修）は，職種・部門ごとの業務に関連する研修である。例えば営業部門ならば商品知識や販売スキルに関する研修が考えられる。また近年では，幹部候補研修のように抜擢された従業員だけが受講する選抜型研修や会社が用意したメニューの中から従業員が学びたいも

*3 厚生労働省「能力開発基本調査」における用語の定義による。より具体的には，「業務命令に基づき，通常の仕事を一時的に離れて行う教育訓練（研修）」と定義づけられており，社内で実施する集合研修や社外で実施される教育訓練への従業員の派遣を含むものとしている。

のを選んで受講する選択型研修も増えてきている。

　前項で紹介したように，多くの企業は OJT をより重視しており，教育訓練として Off-JT を重視する企業は11.5％にすぎない。*4 しかし「能力開発基本調査」（令和 3 年度）によれば，約 7 割の企業が正社員に対する Off-JT を実施している。従業員規模1000人以上の企業に限れば87.2％の実施率である。

　Off-JT は仕事を離れて実施されるため，OJT のような実践性に欠ける。プログラムによっては時間や費用もかかる。それでも多くの企業が研修を実施するのは，日常業務では学ぶことのできない知識・技能の習得に集中できるからである。技術革新が急速に進んでおり，**リスキリング***の観点からも重要である。また，原理原則や体系を学ぶことで，断片的な実務経験の整理や経験の振り返りにも役立つ。さらに，研修を通じた社内ネットワークの形成も重要な効果である。

　研修について，従来は学習効果の高い研修の企画と効率的実施が重視され，研修企画・実施の 5 つのステップ "**AD-DIE（アディ）***" などが活用されてきた。しかし Off-JT は学習転移モデルであり，従業員が研修で得た知識・技能を業務で活用することや自らの行動を変えていくことこそ重要である。すなわち**研修転移***が実現されなければならない。

　ところが，社内研修で学んだことの多くは職場で実践されていないともいわれている。こうした問題の克服には，研修内容と業務の類似性を高めることや従業員の担当業務と研修内容の関連性への配慮が必要である。また，研修を受けた従業員が学んだことを実践する機会・時間を確保できるように，研修実施部門と職場が十分に連携をとって研修を進めていく必要がある。

③　日本企業における人材育成の特徴と課題

1 　日本型雇用慣行と人材育成

　本節では，日本の大企業が正社員に対して展開してきた人材育成の特徴を検討する。その場合，OJT や Off-JT といった教育訓練は，長期雇用，年功制，そして**職能給***などからなる日本型雇用慣行の一部として展開されてきたことを確認する必要がある。

　日本の大企業は職業経験のない新規学卒者を正規従業員として**新規学卒定期一括採用***し，OJT によって育成するとと

*4 　ここで Off-JT を重視するという場合，同調査の「重視する教育訓練」が「Off-JT である」（1.9％）と「Off-JT に近い」（9.6％）の合計（11.5％）を根拠にしている。

*リスキリング
職業能力の再開発を意味する用語である。またデジタル化による産業構造の転換にかかわる概念であり，特に企業経営の DX 化（デジタルトランスフォーメーション）に伴う新たな業務・職種に対応すべく従業員が知識・技能を再習得することをいう。

*ADDIE（アディ）
効果的な教え方をデザインする教授設計理論の 1 つである。受講生の知識・経験を分析（analysis）して目標・合格基準を設定（design）し，それに到達できる学習内容・方法の研修を開発（development），実施（implementation）する。受講生の到達度や研修の良し悪しを評価（evaluation）して次の教授設計に活かす。この 5 つのステップの頭文字である。

*研修転移
研修で学んだことが現場で活かされ成果を上げることを研修転移という。カークパトリックの「研修評価の 4 段階モデル」では研修の成果を，研修に対する印象（反応）→知識・技術の獲得度合い（学習）→職場での行動変化（行動）→ビジネス上の変化（成果）の 4 段階でとらえている。研修転移はこのうち後半の 2 つにあたる。

＊職能給

多くの日本企業が用いてきた職能給とは、職務遂行能力に注目した賃金制度であり、職種・職務の違いを超えて共通して必要とされる能力を基準に等級を設ける職能資格制度に基づき運用される。そのため、社内での従業員の柔軟な活用が可能になる。

＊新規学卒定期一括採用

日本の大企業では、主要な働き手を新規学卒者の中から毎年決まった時期（おおよそ４月）に一括して採用しており、新卒採用は採用計画の柱となっている。近年は、卒業後２〜３年以内の第二新卒採用、中途採用、そして年間を通じて採用活動を行う通年採用も増えている。

＊メンバーシップ型契約

職務・職場を限定しない雇用契約である。担当する職務・職場は会社が人事権に基づいて決める。従業員が事前に関連する教育訓練を受講することは難しく、企業内での教育訓練が必要不可欠となる。これに対して職務・職場を特定した雇用契約をジョブ型と呼び、職務は職務記述書などで限定されている。経験のある者や事前に関連する公的訓練を受けた者を採用する。濱口桂一郎、2009、『新しい労働社会——雇用システムの再構築へ』（岩波書店）などが参考になる。

＊心理的契約

雇用契約の形式には、契約書に内容が記載される明示的な契約とそうではない心理的契約がある。心理的契

もに、異動（配置転換）・昇進を通じて社内の複数の職種・ポストを経験させ、そのつど Off-JT で補完してきた。長期雇用や年功制による人材の定着度の高さや職能給の仕組みを背景にした柔軟な異動がそうした人材育成を支えてきた。

雇用契約が**メンバーシップ型**であるからこそ、上述したような人材育成が成り立つという説明もできる。日本企業では雇用契約が特定の職務と対応しておらず、従業員の仕事は採用後に企業が決める。割り当てた仕事ができるように育成することは企業の責務となるし、従業員もそれを受け入れざるを得ない。

また日本型雇用慣行と人材育成のかかわりは、**心理的契約**という概念でも説明できる。企業は正規従業員が自発的に退職することはないと考えるからこそ人材育成に注力できるし、従業員も会社都合で解雇されることはないと考えるからこそ当該企業で役に立つ能力を身につけようとするのである。

従来、安定的に経済が成長する中で、日本の大企業は長期雇用をベースとする日本型雇用慣行、メンバーシップ型雇用契約、相互期待の心理的契約に基づいて、自社に適した人材を、時間をかけて育成できた。その企業のみで生産性を高める企業特殊的能力、企業の競争優位の基盤である**コア・コンピタンス**、そして企業固有の**組織文化**を形成するには、長期にわたり職務を限定せずに社内で多様な職種・ポストを経験し、教育訓練を受け、人間関係を形成していくことが必要になるからである。

このように、日本企業の人材育成は企業内すなわち**内部労働市場（ILM）**において企業主導で進められてきた。JILPT調査（2021年度）によれば、正社員に対する能力開発の責任主体について、77.4%の企業が労働者個人ではなく企業主体で決めるとしている。[*5]

２　環境の変化と人材育成の停滞

1990年代以降、日本企業は平成不況の長期化、グローバルな企業間競争の激化、そして少子高齢化の進行といった経営環境の変化に直面した。そのため、コスト制約の中で従来の教育訓練を維持するとともに、激しい競争を勝ち抜くために新たな付加価値を生みだせる人材や多様な人材の育成・活用を進めることも必要になってきた。

資料7-4　Off-JT または計画的 OJT の実施率推移（1990年代）

（製造業，正社員，単位：％）

	1993	1994	1995	1996	1997	1998
実施率	80.1	82.3	67.1	58.2	64.0	70.7

（出所）　労働省「民間教育訓練実態調査」より筆者作成。

資料7-5　Off-JT 実施率・費用支出の推移（2006〜2016年）

（全産業，正社員，単位：上段—％，下段—万円）

	2007	2008	2009	2010	2011	2012	2013	2014	2015	2016	2017
実施率	77.2	76.6	68.5	67.1	71.4	69.7	69.9	72.4	72.0	74.0	75.4
支出額	2.2	2.5	1.3	1.3	1.5	1.4	1.3	1.4	1.7	2.1	1.7

（出所）　厚生労働省「能力開発基本調査」より筆者作成。

　しかし，同時期における日本企業の人材育成は，全体的には停滞したといえる。1990年代以降，「バブル経済」崩壊後の平成不況とその長期化の中で，多くの日本企業はコスト削減や事業運営の効率化を進め，そのことが人材育成に負の影響を与えたのである。

　第1に，教育訓練への投資が抑制されるようになった。**資料7-4**からわかるように，バブル経済崩壊に伴い1990年代半ばにかけて Off-JT や計画的 OJT の実施率が大幅に低下している。また**資料7-5**からわかるように，2008年のリーマンショックを契機に Off-JT の実施率や費用支出が大幅に低下している。大きな景気後退と業績悪化により，すぐに効果の出ない人材育成がコスト削減対象になったと考えられる。

　第2に，雇用のあり方が変化し，人材育成を行うための社内環境に悪影響を及ぼした。1995年に発表された旧日経連『新時代の「日本的経営」』は，それまでの日本型雇用慣行を高コストで硬直的な仕組みと位置づけ，環境変化に応じて必要な労働力を柔軟に組み合わせる自社型**雇用ポートフォリオ**を提起した。同時期の日本企業では，正規従業員主体であった雇用が，正規従業員と非正規従業員を柔軟に組み合わせる雇用へと変化していった。

　具体的には中間管理職の削減や新規採用の抑制など正規従業員の絞り込みが進められる一方で，派遣社員など非正規従業員の活用が拡大した。こうした変化に伴い，正規従業員の多忙化，年代間の知識・技能伝承の停滞，そして部下・後輩指導の機会の減少といった問題が生じてきた。

約はお互いにメリットのある互恵的関係のベースとなる相互期待・義務である。

＊コア・コンピタンス
企業の競争優位の源泉であり，他社には模倣できない中核的能力。具体的には，顧客に特定の利益を与える技術等のことである。コア・コンピタンスを理解し，それを梃子に事業展開することが重要である（ハメル，G.，プラハラード，C. K.／一条和生訳，1995）。

＊組織文化
組織で共有される価値観や行動規範である。もともと個人の価値観に根差したものであっても，組織内で共有されて個人の行動を規制する規範として機能する。無意識に共有されている暗黙の前提もあれば，「○○ウェイ」のように言語化されて共有されるものもある。

＊内部労働市場（ILM）
職業能力開発のあり方を国際比較する場合，新卒者を採用して長期雇用を前提に企業内教育訓練を通じて育成・活用・処遇するあり方

を内部労働市場（ILM: Internal Labor Market）型，企業横断的な職業資格や公共職業訓練による企業外部での人材育成が展開されている場合を外部労働市場（OLM: Occupational Labor Market）型と分けることができる（佐藤，2022）。

＊5　ここで，企業主体で決めるという場合，同調査の「企業主体で決定」（25.1％）と「それに近い」（53.1％）の合計を根拠にしている。

＊雇用ポートフォリオ
ポートフォリオは，個人や企業が各自の目的に合わせて多様な金融資産を組み合わせて投資，保有することを表す金融用語であった。雇用ポートフォリオは，企業が経営環境や経営戦略に合わせて多様な雇用・就業形態の労働者を組み合わせて活用することを意味する。
➡第6章「雇用の流動化と多様な就業形態」❶ ❷

＊エンプロイヤビリティ
雇用（employ）と能力（ability）を組み合わせた言葉で，組織で雇用され得る能力を意味する。1990年代のアメリカにおいて，ホワイトカラーのリストラに伴う労使関係やモラールの悪化に対応するための概念として提起された。もともと労働移動を可能にする外的エンプロイヤビリティを意味する用語である（山本，2014）。

＊6　ここで3分の2以上とは，同調査の「自分で職業生活設計を考えていきたい」（30.2％）と「どちらかといえば，自分で職業生活

「能力開発基本調査」（各年版）によると，2000年代以降，約7割の事業所は人材育成に問題があると認識している。主な問題は「指導する人材が不足している」，「人材育成を行う時間がない」，「人材を育成しても辞めてしまう」などである。雇用の変化が人材育成に負の影響を与えたと考えられる。

３　エンプロイヤビリティとエンプロイメンタビリティ

長期雇用の対象となる正規従業員を絞り込む一方で非正規従業員の活用を拡大するなど，日本企業の人材育成を支える日本型雇用が変容していったことで，長期雇用・長期勤続に対する労使の心理的契約も揺らいでいった。

そこで，雇用保障の代わりに注目を集めるようになったのが**エンプロイヤビリティ**[＊]（employability）である。それは，現在働いている組織を離れても他の組織でより良い条件で「雇用され得る能力」のことを意味しており，1990年代のアメリカで提起された概念である。雇用保障の代わりに他社でも通用する能力を形成する機会を提供するという考え方（＝エンプロイヤビリティ保障）である。

日本でも1990年代後半に注目され，旧日経連が1999年に『エンプロイヤビリティの確立をめざして』を発表し，「企業・従業員相互依存型」から「従業員自律・企業支援型」人材育成への転換を説いた。そこでは「労働移動を可能にする能力」（円A）つまり外的エンプロイヤビリティと，「当該企業のなかで発揮され，継続的に雇用されることを可能にする能力」（円B）つまり内的エンプロイヤビリティを区別し，今後の企業は前者の形成機会を増やすべきであり（**資料7-6 黒矢印**），従業員もそうした能力の形成に自助努力で努めるべきだとされた（資料7-6　点線矢印）。

しかし旧日経連が提起した「日本型エンプロイヤビリティ」は，アメリカの概念とは異なり外的・内的エンプロイヤビリティの総和である。外的エンプロイヤビリティを重視するようにはなったが，日本企業は依然として，これまで競争力を支えてきた日本型雇用慣行とそれに基づく人材育成を重視しているのだといえる（澤田，2016）。

「能力開発基本調査」（令和3年度）によれば，正社員の3分の2以上は「自分で職業生活設計を考えていきたい」と答えている[＊6]。こうしたなかで企業が外的エンプロイヤビリティ

資料7-6　日本型エンプロヤビリティの考え方

（出所）　日本経営者団体連盟教育特別委員会編，1999，15頁の図に加筆修正。

形成に取り組むようになれば，従業員の転職可能性を高める
エンプロイヤビリティ・パラドクスも当然生じるであろう。
しかし，従業員の価値観・ライフスタイルの多様化を受けと
め，それを活かして新たな市場価値の創造を実現するために
は，日本企業は内的・外的エンプロイヤビリティ双方の向上
に積極的に取り組む**エンプロイメンタビリティ**[*]豊かな企業に
なっていかなければならない。

4　人材育成の新しい動向

　1990年代以降の経営環境の変化と日本型雇用慣行の変容を
背景に，教育訓練の実施率や費用支出が停滞し，また人材育
成の担い手や時間を確保できないという問題も生じている。
これからの人材育成の再構築は，こうした問題を克服しつ
つ，新たな市場価値の創出や従業員のキャリア自律に貢献す
るものでなくてはならない。このことをふまえて，教育訓練
の新たな動向を考察してみよう。

1　OJT の再構築

　日本企業が OJT を再構築するための手掛かりを実態調査
に見出すことができる。JILPT 調査（2021年度）は「日常業
務のなかで従業員に仕事を効果的に覚えてもらうための取り
組み」を調べている。それによると，50%以上の企業が「と

設計を考えていきたい」
（38.0%）の合計（68.2%）
を根拠にしている。

[*]**エンプロイメンタビリ
ティ**（employmentability）
個人が組織に雇用され得る
能力を意味するエンプロイ
ヤビリティに対して，組織
が個人に就職先として高く
評価され，選択される能力
を表す概念である。

＊計画的OJT

厚生労働省は、日常業務に就きながら実施する教育訓練をOJTとし、そのうち教育訓練計画書を作成するなどして教育担当者、対象者、期間、内容等を具体的に定めて段階的・継続的に実施するものを計画的OJTと呼んでいる。

＊メンター制度

経験豊かな先輩社員（メンター）と新参者の後輩社員（メンティー）の組み合わせをつくり、双方向の対話を通じて後輩社員の仕事、能力開発そしてキャリア形成の悩みに耳を傾け、自ら解決できるように支援する。シスター制度、ブラザー制度などと呼ばれることもある。

＊コーチング

相手から答えを引き出すことを目的としたコミュニケーション手法であり、答えを教えるティーチングとは異なる。相手の振り返りや気づきを促すために、傾聴や質問を重視している。

＊1on1ミーティング

人事評価を目的とした面接とは異なり、人材育成を目的に上司と部下が1対1で面接を行うものである。部下に対してフィードバックを提供すると同時に内省を促して問題解決や成長のきっかけにすることが求められる。

＊7　ビームスの事例については、中原淳ほか著、2018、『「研修転移」の理論と実践』（ダイヤモンド社）および日本能率協会『Learning Design』（2021年3‐4月号）に掲載され

にかく実践させ、経験させる」、「仕事のやり方を実際に見せている」、「仕事について相談に乗ったり、助言している」などOJTの基本プロセスにかかわる取組みをしている。

しかし同調査によると「段階的に高度な仕事を割り振っている」、「仕事を振り返る機会を与える」など、状況的学習、経験学習としての特性を踏まえた工夫（❷ 2 参照）に取り組む企業は30％未満にとどまる。

日本企業のOJTを再構築するには、人材育成の担い手や時間を確保すると同時に、仕事経験の質を考慮し、経験学習の機会を組み込み、職場全体で他者支援の体制を構築するような工夫が求められる。近年OJTに注力する企業は、訓練の目的や実施時期を明確にする**計画的OJT**[＊]、新入社員に先輩指導員を割り当てて仕事の相談に対応する**メンター制度**[＊]、メンターなどOJT担当者に対する研修（**コーチング**[＊]技法の習得等）、振り返りを促すOJT支援（**1on1ミーティング**[＊]等）、OJTとOff-JTの連動強化などに取り組んでいる。

アパレルセレクトショップの株式会社ビームス[＊7]は、2013年から入社後3年間を新人教育期間と位置づけ、全部署・全社員に対してOJTとOff-JTを連動させた若手育成を行っている。新入社員研修以降、1年目の店舗OJTや2年目の他部署・他部門OJTを各種研修で挟みながら、基礎を固め、かつ関心を広げるような取組みを行っている。

入社1年目の店舗OJTは、新入社員研修後に新人を店舗に配属して6か月間実施される。指導係の先輩をつけて、販売業務を通じて商品知識や接客ノウハウを学ばせる。毎月1回実施する面談には、本人とトレーナーの他、店長、スーパーバイザー、部課長、人材開発担当者も参加する。本人、トレーナー、店長はOJTを評価し、お互いの評価のズレについて議論する。低評価の項目については、面談参加者からのフィードバックを参考に翌月の目標を設定するという。

このように、ビームスのOJTは組織全体で計画的に運営されており、そこには経験学習の要である内省の機会が組み込まれ、またOff-JTとも関連づけられている。

2 選択型研修と選抜型研修

日本企業は企業主導の人材育成を進めてきた。しかし近年、エンプロイヤビリティの向上や従業員のキャリア自律への対応も求められている。企業の主導性と個人の自律性のバ

ランスという難しい問題について，選択型研修と選抜型研修の取組みを通じて考えてみよう。

　選択型研修とは従業員が研修メニューを選択できるカフェテリア形式の研修であり，自由選択方式や選択必修方式等がある。従業員の学習ニーズは多様である。この研修は従業員の意思や自律性を受けとめて興味ある分野の学びを促すものであり，個人のキャリア自律を重視する方向に Off-JT を展開したものといえる。JILPT 調査（2021年度）によれば，Off-JT を実施した企業のうちカフェテリア形式の研修が含まれていた企業は約4分の1であった。

　次に選抜型研修である。企業が特定の従業員を指名して実施する研修を選抜型研修と呼ぶ。特に，次世代経営者・リーダー育成に用いられることが多い。企業業績に影響を与える役割を担う人材をタレントと位置づけて育成・活用する**タレント・マネジメント**＊の考え方と通底する。不確実な経営環境下において企業の舵取りを任せられる人材を Off-JT によって早期に企業主導で育成するねらいがある。

　「能力開発基本調査」（令和3年度）によれば，正社員に対する教育訓練で重視する対象者の範囲について，約4割の企業が選抜した労働者を重視する考えをみせている。また，労務行政研究所の「人事労務諸制度の実施状況調査」（2022年度）によれば，27.1％の企業が経営幹部候補育成のための選抜型研修を実施しているという＊8。

　日本電気株式会社（以下，NEC）は2016年より次世代リーダー育成のために「NEC 社会価値創造塾」を運営している＊9。NEC グループ全体から執行役員以上をめざしてほしい人材35名（事業部長クラス10名，部長クラス25名）を選抜し，7か月間に20日程度を利用して4つのモジュールからなる研修を実施する（**資料7-7**）。

　そこでは社外の多様な専門講師や社内の経営幹部と対話し，国内外の社会的課題の現場で体験型の実習を行い，プロコーチのもとでリーダーとしての自らのあり方を内省した上で，最終的には，社長就任時を想定して将来の NEC の経営について自らの構想を演説する。

　企業ごとに取組み実態は多様であると考えられるが，選抜型研修によりコア人材育成を主導的に進めつつ，選択型研修により個人の自律的キャリア形成に対応するというバランスのとり方があるようである。

た事例，そして同社ウェブサイトを参照した。

＊タレント・マネジメント
企業の持続的競争優位に貢献するキー・ポジションを特定してそのポジションに必要な人材要件を明らかにし，高い潜在能力を持ち高業績を上げている人材のタレント・プールから担当者を充用していく。➡第13章「タレント・マネジメントとワーク・エンゲイジメント」①1　2

＊8　日本生産性本部が実施した「将来の経営幹部育成に向けた『選抜人材教育』に関する調査」（2012年度）によると，5000人以上規模の企業では経営幹部の「選抜や育成のための仕組みや制度がある」（50.0％），「仕組みはないが意図的に選抜・育成を行う」（26.7％）であり，10年以上前の時点で大企業の約8割が選抜型の経営幹部育成を行っていたことがわかる。

＊9　NEC の事例については，産労総合研究所『企業と人材』（2019年1月号）掲載の事例および同社ウェブサイトを参照した。

資料7-7　NEC 社会価値創造塾の概要

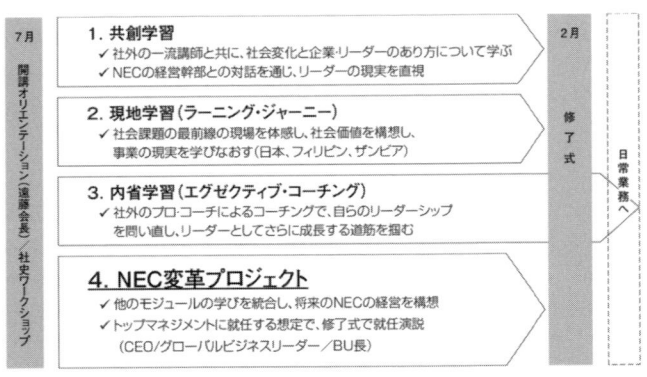

（出所）　産労総合研究所『企業と人材』（2019 年 1 月号）より転載。

3　越境学習への注目

　近年，社外の勉強会への参加など，企業の枠にとらわれない学びに注目が集まり，越境学習と呼ばれている。越境学習とは，自らが所属している組織の境界を行き来して仕事にかかわる学びを深めることである。エンゲストローム（2020）や石山（2018）によれば，越境学習の本質は文脈横断による水平的学習にあるという。越境先の文脈・活動に触れることで越境元（勤務先企業など）の文脈・活動やそこで働く自分の考え方などを相対化するということである。

　舘野（2017）によれば，越境学習が注目される第 1 の理由はイノベーションにある。企業間競争がグローバルに展開される中で，企業にはイノベーションが求められ，その担い手である従業員には普段と異なるものの見方が求められている。また第 2 の理由はバウンダリーレス・キャリア[*]である。雇用の流動性が高まり，一企業にとどまらないキャリアを考える機会も増えた。従業員にも組織外部に発見や成長の源泉を求める動機があるのだ。

　越境学習の含意は，従業員の学びの場は企業内部に限られないということである。従業員の企業外部での学びを促進し，その成果を内部化することは，企業の発展にとっても従業員のキャリア形成の観点からも重要である。そこで，異業種交流型の研修や海外 NGO での社会的課題解決型研修など，従業員が普段とは異なる多様な文脈・活動に触れる機会をつくる企業が増えている。前項で紹介した「NEC 社会価値創造塾」の「現地学習」には越境学習の要素が含まれている。

＊バウンダリーレス・キャリア

自らの意思で転職をして所属先を変えたり，起業して独立するなど，境界なきキャリアを形成することである。組織内キャリアを重視するのではなく，環境変化への対応と自己成長を重視して柔軟にキャリアを形成するプロティアン・キャリアも類似する概念といえる。

⑤　人材育成の日本的課題

　日本型雇用慣行の一部としての人材育成には，大企業の男性正規従業員でなければ OJT や Off-JT の教育訓練機会にアクセスしにくいという限界があった。若年非正規労働者や女性従業員にとっては訓練機会に乏しい状況が続いてきたのである。そこで本章の最後に，非正規雇用と女性に焦点を当てて人材育成の現状や課題を検討する。

◻1　非正規雇用と人材育成

　総務省「労働力調査」によれば，役員を除く雇用者のうち，パート・アルバイトなどの非正規雇用労働者の比率は2021年の時点で約37％となっている。平成不況等に対応するため，1990年代以降の日本企業ではコスト削減と柔軟な事業運営を進めた。その一環として非正規雇用が広く活用されるようになり，量的にはすっかり基幹化したといえる。

　しかし，非正規雇用労働者に対する教育訓練の実施状況は低水準にとどまっている。「能力開発基本調査」(令和3年度)によれば，事業所における教育訓練の実施率は，正社員と正社員以外の間に大きな隔たりがある。Off-JT 実施率と計画的 OJT 実施率に注目すると，正社員は69.1％，59.1％であるのに対して，正社員以外は29.8％，25.2％となっている。

　教育訓練機会を含む処遇等の正規・非正規格差は，両者の仕事内容（難易度や責任）の違いから説明されてきた。しかし今日，非正規雇用労働者の中にも正規従業員と同等の責任，権限をもつ者も増えるなど**質的基幹化**が進んでおり，処遇面，育成面での対応が求められている。

　株式会社ヤオコー[*10]は，埼玉県を中心に店舗展開する「食生活提案型スーパー」である。従業員の7割以上を占めるパート従業員を地域の生活を知るプロと位置づけ，その消費者目線を商品構成や販売促進に活かしている。

　そこで同社は，パート従業員にも理念教育や OJT による商品知識教育を実施し，またリーダー以上の責任ある立場を任せる場合は計画的 OJT とリーダーシップ・マネジメントに関する研修を行って店舗運営のできる人材に育成する（**資料7-8**）。パート従業員の発表会や生産地視察への参加など学びの機会も多く，限定正社員，正社員への登用機会も設けている。

＊質的基幹化
非正規雇用労働者の数や比率が増加することを量的基幹化といい，仕事内容や責任の重さが正規従業員に近づくことを質的基幹化と呼ぶ。非正規雇用労働者の質的基幹化が進むと正規従業員との役割分担が曖昧になり，両者の処遇格差が顕在化する。

＊10 ヤオコーの事例については，株式会社ヤオコー，2019，『ヤオコーグループ統合報告書』および同社ウェブサイトを参照した。

資料 7 - 8　ヤオコーにおける人材育成の体系

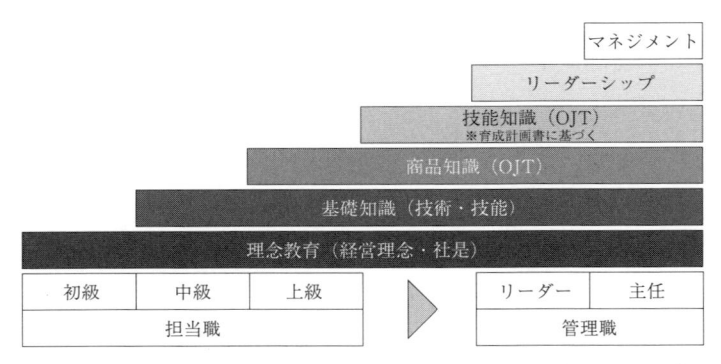

（出所）　株式会社ヤオコー HP, 2019,「ヤオコーグループ統合報告書」24頁より転載。

* **性別役割分業**

日本型雇用は「夫は外で働き，妻は家庭を守るべき」という性別役割分業意識に支えられてきた。内閣府「男女共同参画社会に関する世論調査」（令和元年）によると，この考え方について賛成35％，反対59.8％であった。なお1970年代には7割以上の男女がこの考え方に賛成していた。

* 11　また，国立社会保障・人口問題研究所の調査によると，2015〜2019年に結婚した女性の結婚後の就業継続は約8割，同期間に第1子を出産した女性の出産後の就業継続は5割を超えるなど女性の活躍が進んできた（国立社会保障・人口問題研究所「第16回出生動向基本調査（結婚と出産に関する全国調査）」〔2021年度〕参照）。

* 12　女性雇用者のうちの非正規率は厚生労働省「令和3年版　働く女性の実情」，女性の管理職比率は厚生労働省「雇用機会均等調査」（令和3年）を参照。

2　女性活躍と人材育成

　日本型雇用慣行の中心は男性正社員であった。そこでは，長期勤続の男性が基幹的業務を担う一方で短期勤続の女性は補助的業務を担うという企業内分業が，"夫は仕事，妻は家庭"という**性別役割分業***意識に支えられて展開されてきた。

　1985年に男女雇用機会均等法が施行されて以降，男女間の雇用差別は減少したものの，総合職と一般職のコース別管理が定着し，女性の能力開発は本格化しなかった。しかし少子高齢化による人手不足の深刻化やダイバーシティ経営への注目から，女性の就業者数は増加している。「労働力調査」によれば2021年時点で女性就業者数は2980万人（全体の約45％）である。[11]

　とはいえ同年において，女性の雇用者総数に占める非正規雇用比率は53.6％，管理職（課長相当職以上）に占める女性比率は12.3％である。[12]そして「能力開発基本調査」（令和3年度）によれば，Off-JT 受講者の割合は男性36.3％に対して女性23.4％，Off-JT 受講時間の平均は男性25.4時間に対して女性16時間と差が生じている。日本企業における女性の雇用形態と組織内キャリアは教育訓練機会の乏しさに結びついているといえる。

　また，日本企業では**アンコンシャス・バイアス***から，女性に対して成長につながる仕事ややりがいのある仕事の割り当てがなされない場合もある。特に，子育てをしながら働くワーキングマザーは，キャリアアップにつながる経験を蓄積できない**マミートラック***に位置づけられることも多い。

こうした状況をふまえて，ファーストリテイリングでは，国内外のグループ企業幹部に対して，採用・昇進に潜むジェンダーバイアスに気づくための研修を行った。同社の従業員の 7 割は女性であるにもかかわらず役員層はほぼ男性だからである。研修参加者からは「よかれと思ってやっていたことが，結果的に差別になっていた」，「優秀な女性人材の成長機会を奪っていた」との感想があがった。女性活躍推進のためには，女性に対する教育訓練機会を増やすだけでなく，経営層の意識変革が求められることを物語っている。

⑥　これからの人材育成

　日本企業を取り巻く経営環境は大きく変化し，長期雇用の男性正規従業員を企業主導で育てる従来型の人材育成は限界に直面している。日本企業には，1990年代以降停滞してきた教育訓練投資の回復に加えて，OJT・Off-JT の特性をふまえた教育訓練の戦略的再構築が求められている。また，人材育成に関する企業の主導性と従業員のキャリア自律をいかに統合するか，非正規雇用労働者・女性従業員の育成・活用をどのように進めるかを考えていく必要がある。こうした課題に取り組むことが，新たな競争力を構築するための基盤となる。

　謝辞：本章は日本学術振興会科学研究費基盤研究（C）課題番号 21K01656 の研究成果の一部である。記して感謝申し上げたい。

引用参考文献

石山恒貴，2018，『越境的学習のメカニズム――実践共同体を往還しキャリア構築するナレッジ・ブローカーの実像』福村出版。

エンゲストローム，Y.／山住勝広訳，2020，『拡張による学習――発達研究への活動理論からのアプローチ』新曜社。

佐藤厚，2022，『日本の人材育成とキャリア形成――日英独の比較』中央経済社。

澤田幹・谷本啓・橋場俊展・山本大造，2016，『ヒト・仕事・職場のマネジメント――人的資源管理の理論と展開』ミネルヴァ書房。

関根雅泰・林博之，2020，『対話型 OJT ――主体的に動ける部下を育てる知識とスキル』日本能率協会マネジメントセンター。

舘野泰一，2017，「越境学習」中原淳編『人材開発研究大全』東

*アンコンシャス・バイアス

無意識の偏見のことであり，本章では特に企業における性別に関する無意識の差別発言・行動を念頭に置いている。➡第12章「ダイバーシティ・マネジメントとワーク・ライフ・インテグレーション」③ 3

*マミートラック

出産後に職場復帰した女性，特に育休や短時間勤務制度を利用している女性に対して，通常の昇進トラックにおけるキャリアアップに結びつきにくい周辺的業務や定型的業務を割り当てること。女性の能力開発やモチベーション維持にとって問題視されている（中原・トーマツイノベーション，2018）。

*13　ファーストリテイリングの事例については，産労総合研究所『企業と人材』（2020年 4 月号）掲載の事例および同社ウェブサイトを参照した。

京大学出版会。

坪谷邦生，2020,『図解　人材マネジメント入門』ディスカヴァー・トゥエンティワン。

長岡健，2006,「学習モデル――学び方で効果は変わるか」中原淳編著『企業内人材育成入門――人を育てる心理・教育学の基礎理論』ダイヤモンド社。

中原淳，2010,『職場学習論――仕事の学びを科学する』東京大学出版会。

中原淳・トーマツイノベーション，2018,『女性の視点で見直す人材育成――だれもが働きやすい「最高の職場」をつくる』ダイヤモンド社。

日経連職務分析センター編，1989,『職能資格制度と職務調査』日経連広報部。

日本経営者団体連盟教育特別委員会，1999,『エンプロイヤビリティの確立をめざして――「従業員自律・企業支援型」の人材育成を』日本経営者団体連盟。

日本的経営システム等研究プロジェクト編著，1995,『新時代の「日本的経営」――挑戦すべき方向とその具体策』日本経営者団体連盟。

ハメル，G., プラハラード，C. K./一条和生訳，1995,『コア・コンピタンス経営』日本経済新聞社。

山本寛，2014,『働く人のためのエンプロイアビリティ』創成社。

Katz, R. L., 1955, "Skills of aneffective administrator," *Harvard Business Review,* Vol. 33, No. 1.

Kolb, D. A., 1984, *Experiential Learning : Experience as the Source of Learning and Development,* Prentice-Hall.

（島内高太）

第**8**章
管理職の役割と次世代リーダーの育成

管理職は組織の目標を達成するために部下を適材適所に配置し，業務を円滑に遂行するためにリーダーシップを発揮して成果を出すとともに，多様な働き方を希望する労働者を，組織の将来を担う幹部候補となる人材として育成することが求められている。本章において，経営資源を効果的に活用し，成果が求められる管理監督者について学ぶとともに，リーダーシップやリーダーを育成するための施策に関して理解を深める。

1 組織と管理職

　新入社員等はビジネスの第一線で活躍する上司や先輩の補佐業務からキャリアをスタートし，日々の業務を遂行しながら経験を重ね，意思決定業務も担当できるように成長する。いずれ管理業務も任され，**ライン**の第一線で成果を出したり，ラインを支える**スタッフ**としてキャリアを積むことになる。このように，労働者は，将来のキャリアを展望し，様々な経験を積んで企業の要請に応えながら労働者自身の目標や夢を実現するために職務を遂行する。

　日常の担当業務を遂行する中で，多様な経験を重ねて組織が求める能力や行動を習得して成果を出し，成果が認められることによって昇進してキャリアを重ねていく。組織において職位が上がると，重要な意思決定業務にかかわる機会が増え，職責も重くなるが，組織規模等により，管理職や監督者の権限や職責の重さなどは異なる。

　管理職について理解するために，「管理職の経験をしてよかったこと」に関する調査への回答を見ると**資料8-1**に示したとおりである。男性の上位は「自分で決められることが増えた」「部下の成長に関わることが出来た」「自分の視野が広がった」であるが，女性は「部下の成長に関わることが出来た」「自分の視野が広がった」「自分で決められることが増えた」となっている。多くの管理職は自分の裁量で取り組めることが増えたと感じていることが示唆されている。

＊ラインとスタッフ
一般的な企業は，ラインとスタッフにより組織されている。ラインは企業の経営活動の直接的な業務（購買部，製造部，営業部など）を担い，スタッフは経営活動の間接的な業務（総務部，人事部，経理部など）を担っている。

資料 8 - 1　管理職の経験をしてよかったこと

自分で決められることが増えた　44 / 44
部下の成長に関わることが出来た　41 / 48
自分の視野が広がった　39 / 48
給与が上がった　37 / 38
自分の仕事の影響力が上がった　33 / 29
自分がやりたいことに取り組めるようになった　26 / 26
一人では出せない成果を出すことが出来た　23 / 27
キャリアの幅が広がった　18 / 21
時間に縛られず自由に働けるようになった　8 / 9
その他　1 / 1

□男性　■女性

（出所）　エン・ジャパン株式会社「1万人が回答！管理職への志望度調査」2022年11月11日アクセス。

［1］　管理職（マネージャー）の職務

　　企業における経営目標を達成するために一定の権限をもち，組織を率いる管理職は，社長・専務・常務などの経営者層（top management），部長・課長などの中間管理職層（middle management），係長・主任などの監督者層（law management）として，**ヒエラルキー型組織**[*]に配置されている。経営者がめざす目標を達成するために中間管理職層は監督者層に企業目標の達成のための具体的な指示・命令をして管理し，監督者層はビジネスの現場で企業目標を達成しながら，後に続く人材を育成する。この管理・監督者は，現場で働く一般社員に職務遂行のための具体的な指示を行い，その成果に対する評価をしながら指導も行う。管理・監督者は，一般社員がめざすべきロールモデルにもなることから，職務遂行において多様なスキルや役割が求められる。

　　多様な役割を担う管理職が重要であると認識している役割は，**資料 8 - 2** のとおりである。上位から「メンバーの育成」，「業務の改善」，「会社・事業の戦略（重点）テーマの推進」，「担当部署の目標達成など」，「新価値・イノベーションの創造」，「部署内の人間関係の円滑化」，「メンバーのキャリア形成・選択の支援」，「メンバーの多様な働き方への対応」などが順にあげられている。[*1]

　　現在のように将来が予測できない状況でありながら，意思決定にスピードが求められる時代においては，経営に危機を

＊ヒエラルキー型組織
ピラミッド型をした，権限，責任などによる階層制の組織構造であり，職務などを上位から階層ごとに管理する。軍隊の縦型階層構造などの組織からきている用語である。

＊1　リクルートマネジメントソリューションズ HP「マネジメントに対する人事担当者と管理職層の意識調査2021年」

資料8−2　管理職として重要だと思う役割

役割	2021年	2020年
メンバーの育成	47.3	54.7
業務改善	34.0	30.7
会社・事業の戦略(重点)テーマの推進	33.3	30.7
担当部署の目標達成／業務完遂	32.7	24.7
新価値・イノベーションの創造	30.0	25.3
部署内の人間関係の円滑化	23.3	29.3
メンバーのキャリア形成・選択の支援	21.3	24.7
メンバーの多様な働き方への対応	20.0	19.3
担当部署のコンプライアンス・勤怠管理の徹底	15.3	17.3
学び合う風土づくり	10.0	11.3
期待していることはない	5.3	6.0
その他	0.7	

（出所）　リクルートマネジメントソリューションズ HP「マネジメントに対する人事担当者と管理職層の意識調査 2021 年」より筆者作成。

もたらす可能性のあるシグナル情報は逸早くキャッチして，将来のリスクに備える必要がある。これらのリスクに適切に対応するのも管理職の役割であり，業種や企業規模により多様な管理職が存在する。ビジネス環境の変化などに迅速に対応し，円滑に業務を遂行するために配置される管理職の一例が，下記に示した役割を担うマネージャーである。

（1）　ゼネラルマネージャー（General Manager）

統括部長，事業部長，部長，支店長などに当たり，経営者が決定した経営戦略に基づいて具体的な事業計画に落とし込み，現場の管理職へ指示を出して業務を遂行する。管理する組織全体の人事や予算，業務活動の管理を担う。

（2）　プロジェクトマネージャー（Project Manager）

業界・職種を問わず特定の課題解決や目標の達成などのために設置されるプロジェクトの運営・管理を担うのがプロジェクトマネージャーである。プロジェクトの目的やスケジュールに従って，プロジェクト全体の進捗や予算，人員，解決課題などを一括管理し，目標を達成して成果を出すことが求められる。

（3）　プレイングマネージャー（Playing Manager）

営業などの職務遂行において，自身の成果を出しながら，部下を管理・指導するプレイングマネージャーは「現場の管

理」と「プレイヤー（営業マン等）」という 2 つの立場で活躍するマネージャーである。その役割は，所属する部署などの担当業務が円滑に遂行できるように計画や方向性を示し，体系的な OJT や職務経験を通して部下の成長を促し，成果が出せるように指導・評価するとともに部下のロールモデルとなる成果を出すことが求められている。

(4)　多様なマネージャー

現場を担当する部署の管理職が横断的な業務のマネージャーを担ったり，兼務することがある。例えば，全国展開している化粧品や医薬品を扱う企業などにおいて，営業地域をエリアごとに管理・運営をする役割を担うエリアマネージャー（Area Manager）は，担当エリアにある支店や店舗などの業績を向上させるために予算管理や人材の配置などを行う担当エリア全体の管理を行う管理職として配置される。

また，製品の企画・開発において，市場調査から生産管理，販売，さらに販売後の目標達成分析などの製品ライフサイクル全体を管理する管理職として，プロダクトマネージャー（Product Manager）が配置される場合もある。

目標達成のために，中間管理職や監督者を組織の横断的なマネージャーとする企業は珍しくない。

［2］　管理職と管理監督者

管理職のうち，会社を代表する経営者と同じ権限をもち，労働基準法第41条 2 号に定められている「監督もしくは管理の地位にある者」としての職位にあって，職務を遂行するために労働者の管理・監督を行う者を**管理監督者**[*]という。

この管理監督者は，労働基準法上，経営者と同じ立場となるため労働時間の制限を受けないことから，時間外労働や休日出勤における割増賃金は発生しない。しかし，管理職には役職手当が支給され，多忙であることに対して基礎賃金や賞与が優遇されているので，職位が高くなるほど報酬は高額になる（労働政策研究・研修機構 HP, 2021）。

管理職であっても，経営会議などに出席して経営に関して意思決定をする経営者と同様の立場ではなく，労働者が自分の労働時間をコントロールできないなど，管理監督者とはいえない場合は労働基準法の適用を受けることになる。

＊管理監督者
労働基準法第41条 2 号において，労働時間，休憩および休日に関する規定について，「事業の種類にかかわらず監督若しくは管理の地位にある者又は機密の事務を取り扱う者に該当する労働者については適用しない」と定めている。➡第 9 章「働きすぎと労働時間・安全衛生」❸ ［3］

3　組織のフラット化

　企業などの組織はピラミッド型をしたヒエラルキー型組織として管理されていることが一般的である。しかし，近年はグローバル化等により企業間競争が熾烈になり，多様化する市場に対応するために迅速な意思決定が求められることに加え，ICT の進展により，インターネットを利用したコミュニケーションツールの活用が容易になったため，組織はフラット化する傾向にある。

　企業は，絶えず市場ニーズ等の変化に対応する必要があり，将来が見通せない環境にあっても，迅速な意思決定が求められる。このような時代において，従業員全員が経営者マインドで職務遂行しなければならないフラット型組織は適切な形態であるともいえる。組織がフラット化することによって，管理職に集中しがちな権限は委譲され，労働者一人ひとりの自主的な行動と迅速な意思決定が求められる環境となる。

② リーダーとリーダーシップ

　集団でなにかの目標を成し遂げようとする場合，リーダーはメンバーが協力して目標が達成できるように働きかけて，目標達成に導く役割を担う。このようにメンバーをまとめ，目標達成に導く能力をリーダーシップ（leadership）という。現在の経営環境は，経験と勘による経営活動で成果を出すことができた時代とは異なるため，組織は状況を見極めて成果を出すことができるリーダーを求めている。そこで，実践の場面で活用できるリーダーシップ理論についても理解を深めておくと良い。

1　リーダーの役割

　集団で目標をめざす必要があるとき，目標を達成するためにメンバーに必要な情報を提供しながらモチベーションを引き出して高め，メンバーの力を結集し，集団をうまく取りまとめて目標を達成するのがリーダーである。共通の目的や目標をもったグループや組織は，メンバーに支持されたリーダーが決まるとその人を中心に目標などを達成しようとする。

　このリーダーから発信される目標達成の方向性に従って協力し，目標を達成するために行動する集団の構成メンバーをフォロワーという。リーダーはフォロワーに影響を及ぼし，

フォロワーをまとめ，効果的に目標を達成する役割を担い，フォロワーはリーダーを中心として協力・連携し，効果的に行動して目標を達成することをめざす。

　職務遂行過程においてメンバーが連携して職務を遂行する中で，様々な役割が必要になることがある。目標をめざす過程において，得意とする専門知識が提供できる場合に，それを得意とする人が交代でリーダーシップを発揮して目標の達成をめざすことができれば効果的に目標が達成できると考えられる。

［2］ リーダーシップ理論の変遷

　経営学は実証研究学問であるため，多くの事例の蓄積から因果関係を見出し，検証できた段階で理論として説明できるようになる。リーダーシップについても，多くの経験とその検証から下記の理論などが説かれている。

（1）特性理論

　1800年代の組織は，経営者が権力や経験，勘などにより経営する一方，労働者は権利意識が希薄であった。1900年代に入り，マネジメントに関する研究がはじまり，科学的管理法をより効果的に実施するための研究が進められ，より効率的に現場をマネジメントできるリーダーの特性についても研究されるようになった。

　優れたリーダーは共通した資質や特性を先天的にもっていると考え，有能なリーダーの身体的特徴から性格的特徴まで測定できる項目を詳細に調べ，リーダーの資質を備える人材を探しだして育成することが追究された。

（2）行動理論

　1900年代半ばになると，リーダーの行動を課題達成機能と組織維持機能の2つの遂行能力の高低により，リーダーシップがどのように発揮できるかを判断する行動理論が提唱された。組織の目標を達成するために，両方の職務遂行能力が高い状態が最も良いリーダーであることが示されている。

　行動理論の代表的な理論として，**資料8-3**に示したブレイク（R. R. Blake）とムートン（J. S. Mouton）が提唱したリーダーの行動スタイルを「人間に対する関心」，「業績に対する関心」の2軸で示す**マネジリアル・グリッド**[*]（1964年）や，三隅二不二が提唱した「集団維持」，「目標達成」の2軸でリーダーシップ行動を説明した**PM理論**[*]（1966年）

資料8-3　マネジリアルグリッド(左)とPM理論(右)

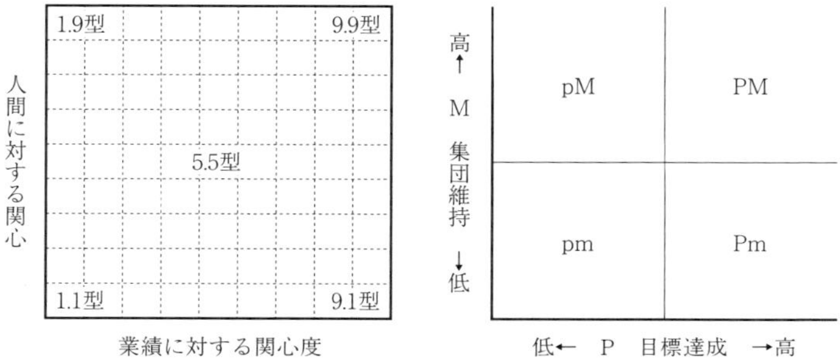

（出所）　左図は上田泰『組織の人間行動』164頁，右図は三隅二不二他『組織の行動科学』
　　　　167頁より筆者作成。

があげられる。これらは人的資源への対応と業績へのパ
フォーマンスの高低により，リーダーのタイプを判定するも
のである。

（3）　条件適合理論

　本理論は，リーダーの行動のみに注目するのではなく，メ
ンバーとの関係，仕事構造の明確さ，リーダーの勢力の強さ
の高低によって，求められるリーダーシップが異なることを
指摘している。集団の状態に応じたリーダーシップをとるこ
とによって効果的に目的が達成できると考えるのが「条件適
合理論」である。代表的な理論としてF.フィドラーが提唱
した「**コンティンジェンシー理論**＊」(1964年)があげられる。
その他，実践に活用できる「**SL理論**＊」や「**パス・ゴール理
論**＊」などもよく知られている。

③　次世代経営人材育成と課題

1　日本企業における**昇進**＊と選抜型人事

　従来の日本企業では，労働者の長期雇用を前提に新規学卒
者を採用し，長期間，多様な業務を経験させながら**OJT**＊を
繰り返し，**Off-JT**＊も活用して企業主導の人材育成が行われ
てきた。しかし，企業間競争が激しくなっている現在，企業
を維持・発展させるためには，経営に関する高度な専門性や
スキルが従来以上に求められる局面が増え，経営に携わる人
材を計画的に育成する選抜型人事が急務となっている。

（1）　次世代リーダーの選抜

　選抜型人事は，在籍している労働者から，早期に経営幹部

＊**コンティンジェンシー理
論**
「リーダーが組織のメン
バーに支持される程度」や
「仕事や課題の明確さ」，
「権限の強さ」により，
リーダーは行動する必要が
あり，メンバーの状況によ
り適切なリーダーシップが
あるという理論。

＊**SL理論**
フォロワーの能力などの成
熟度に応じたリーダーシッ
プを発揮すると効果的であ
るとする理論。

＊**パス・ゴール理論**
期待理論の1つで，労働者
の努力に応じて成果が上が
り，成果が上がれば期待す
る報酬が得られると考え，
頑張っても報われなければ
努力しないと考える理論。

＊**昇進**
➡第3章「評価制度」❸
2参照

＊**OJT，Off-JT**
➡第7章「人材育成とキャ
リア開発」❷❹参照

候補となる人材を選抜し，幹部として必要な資質やスキルを養成するために多様な業務やポストを計画的に経験させて，必要なときに経営幹部の役割が担える人材を育成する。

次世代リーダー育成対象者の「現在の役職」について，「次世代リーダー育成に関するアンケート」（HR 総研 HP，2022）の結果によると，「本部長・役員クラス」18％，「部長クラス」49％，「課長クラス」78％，「係長クラス」47％，「一般社員」28％となっており，対象は幅広い。対象者には現場におけるハードな課題等が与えられ，乗り越えた者だけが最終候補者になる。

（2）　次世代リーダー候補者として重視される特性

上記 HR 総研による調査結果から「次世代リーダー候補者のスキル・特性として重視すること」について上位10位までを列挙すると，「リーダーシップ」72％，「目標達成意欲・行動力」57％，「組織・人材マネジメント」56％，「問題解決力」53％，「熱意・意欲・マインド」52％，「コミュニケーションスキル」50％，「経営戦略・事業戦略立案」48％，「人望」44％，「論理的思考力」38％，「財務・会計に関する知識」32％となっており，リーダーシップや対人能力を重要視する企業が多いことが示唆されている。

［2］　次世代リーダーの育成

企業が「次世代リーダーを育成するポジション」は，「社長・CEO・COO*」13％，「副社長・専務・常務」20％，「執行役員・事業責任者」50％，「主要支社長・支店長」21％，「部門長」74％，「子会社社長」15％であり，「その他責任者」もそれぞれ約10％であると前述した HR 総研の調査結果が明らかにしている。

企業において，労働者の能力開発のために多様なプログラムを設けているが，ここでは管理職育成を目的としたプログラムなどについて確認する。管理職を育成するために，修羅場経験を含む多様な OJT の機会を設けるとともに，Off-JT として管理職研修やリーダープログラムを社内で実施したり，外部機関の講座などを活用する企業もある。

（1）　リーダープログラム・管理監督者研修

キヤノン株式会社の「経営塾」のように，管理職や選抜されたメンバーだけが参加できるリーダーを育成するためのプログラムを設ける企業は6割を超える。*2 このプログラムで

＊CEO・COO
CEO（Chief Executive Officer）は最高経営責任者であり，COO（Chief Operating Officer）は最高執行責任者で，COO より CEO が上位の立場である。

＊2　HR 総研 HP「人材育成『管理職研修』に関するアンケート調査　結果報告（2019年）」2023年1月アクセス。

は，経営目標達成のための戦略を立てる際に必要な専門知識であるマーケティング，原価計算・財務管理，組織管理等に加え，日常的な管理業務に関する多様なスキルであるコミュニケーションのとり方や会議の進行，情報管理の仕方，部下の育成方法などの管理業務を習得することを目的としている。

知識を習得するとともに，知識を活用して実践できる場が必要であるため，必要な体験ができる部署に異動させたり，上位の管理職による**メンター制度**[*]を導入したりする。メンター制度の導入により，メンティーはメンターとなった管理職からアドバイスをもらえるだけでなく，管理職がメンティーの人間性を含めて評価をしやすいこともメリットといえる。

（2）　企業内大学

企業内大学[*]は，企業が社内に設置する研修制度の一種で，労働者が自主的に専門知識などを学び，キャリアプラン実現のための研鑽の場となる制度のことである。公的に認められた大学ではなく，人材育成の一環として，社内に大学のような学びの場を設けていることに特徴があり「コーポレート・ユニバーシティ」などともいう。企業が従業員に習得してもらいたい専門知識を提供する場になっているが，この企業内大学に限られたメンバーしか受けられない科目として管理監督者研修を設ける場合もある。

（3）　サクセッションプラン（Succession Plan）

後継者育成計画のことを**サクセッションプラン**[*]といい，経営者候補や幹部候補となる優れた人材を計画的に選抜育成する人材管理システムである。管理監督者としてふさわしい人材の情報を積極的に収集して選抜し，長期的視点で管理監督者候補を育成する。

選抜された候補者は用意されたプログラムや研修などに参加する一方，各役員から多面的に人物評価が行われる。管理監督者に「求める人物像」として，いくつかの**コンピテンシー**[*]などが定められており，この人物像は役員などの間で具体的に共有されている。後継者の選抜のため，評価指標や育成方針を明確にして公平に厳しく選抜する企業は増加傾向にある。

（4）　外部機関の活用

企業の外部機関を活用する人材育成の方法として，大学院の過程として設けられている **MBA**[*]（Master of Business Ad-

＊メンター制度
メンター（Mentor）とは，「指導者」「助言者」を意味する。職業経験と豊富な専門知識を有した社内の先輩であるメンターが，支援すべき後輩であるメンティー（Mentee）をサポートする制度をメンター制度という。メンターは，メンティーが業務のことやキャリア形成などについて気軽に相談できる支援者となる。
➡第7章「人材育成とキャリア開発」❹参照

＊企業内大学
アサヒビール社内大学，エコール資生堂，トヨタ大学，博報堂大学，日立アカデミー，ポーラ化粧品企業内大学，SuMiTRUST University など。

＊サクセッションプラン
➡第14章「グローバル人材の確保と活用」❷ 2 参照

＊コンピテンシー
➡第3章「評価制度」❷ 3 参照

＊MBA
経営学の大学院修士課程を修了すると授与される経営学修士号と呼ばれる学位である。学位はある専門分野の学問を修めた証として与えられる称号。MBA プログラムを提供している大学院は社会人を対象にしていることが多く，ビジネススクールとも呼ばれる。

資料 8 - 4　管理職が感じている悩み

項目	値
部下の育成	50.5
チーム・部門の運営	24.9
時間の不足	21.7
部門の成果達成	21.4
部下とのコミュニケーション	19.6
人事評価・フィードバック	18.6
会社の業績/将来	18.1
自身の専門的能力の向上	18.0
部門目標・個人目標の設定	16.4
自分の将来	15.4
上司とのコミュニケーション	13.7
自身のストレスマネジメント	12.7
特に悩みはない	2.7
その他	1.9

（出所）　株式会社ラーニングエージェンシー HP「管理職 1,070 人の意識調査」より引用
（2022年10月アクセス）。

ministration）や政府が所管する機関が実施する事業承継を支援するプログラムなどがある。MBA は，経営者などのプロフェッショナルを短期間で育成することを目的としており，経営資源（ヒト・モノ・カネ・情報）に関する専門知識を習得したり，実際の企業の課題解決を目的として研究に取り組むなど，経営専門家を育成するカリキュラムとして開講されている。後継者育成・支援を行うために，中小企業庁が所管する中小企業基盤整備機構による「中小企業大学校」などが活用されることもある。

3　管理職の課題

(1)　管理職の悩み

　職務遂行する上で管理職の50.5％が「部下の育成」を難しく感じている悩みを示したものが**資料 8 - 4**である。これは管理職の悩みの１位であり，５年前の調査結果と変わらない。２位以下は「チーム・部門の運営」24.9％，「時間の不足」21.7％，「部門の成果達成」21.4％，「部下とのコミュニケーション」19.6％，「人事評価・フィードバック」18.6％となっている。

　管理職は日々の業務が忙しく，思うように時間が取れなかったり，部下を育成するスキルを得る機会がないまま管理

職になっている場合もある。

(2)　指導時の注意点

　部下を指導する際に注意しなければならないのが**ハラスメント**[*]である。これは他者に嫌がらせとなる言動をして苦痛などを与えることをいうが，良かれと思ってしたことであっても受けた側が嫌がらせであると認識すれば，ハラスメントになることがある。

　職場においても，上司が部下を指導する際に強く叱責したり，部下の能力を超える過大な業務や与えるべき指示を与えなかったりする等，そのような行動を意識的に行っていなくとも，ハラスメントは主観的なものであるため，相手がパワーハラスメント（以下，パワハラ）を受けたと感じたら，パワハラをしたこととして扱われることがある。

　部下の指導中に生じる可能性のあるパワハラは，普段の職務遂行において注意が必要である。良い人間関係が構築されていれば，上司の指示が難しいと思われる職務であっても，上司に相談し，指導を受けて職務を遂行し，パワハラと認識するような事態には至らない。管理職は，普段から部下と率直で誠実なコミュニケーションを十分にとり，さらに組織のメンバー同士が気軽に相談できる良い信頼関係が構築できる組織運営を行わなければならない。

　企業において実施されているパワハラ対策について，就業規則・労働協約等の書面で方針を明確化し，労働者に周知していることが厚生労働省の「雇用均等基本調査」などでも報告されている。

④　ダイバーシティ時代の管理職の育成と課題

　「**男女雇用機会均等法**[*]」施行以前の管理職は時間の制約なく働ける労働者だけであった。しかし，現在の多様化が進む会社では生産性を向上させるために，多様な市場ニーズに対応し，多様な価値観が理解できる労働者の参画が必要になっている。それは，性別，時間の制約，その他様々な状況に左右されず活躍できる労働者による持続可能な組織づくりが求められていることでもある。多様な労働者については第12章で学ぶが，ここでは多様な労働者の中で多数を占める女性労働者の喫緊の課題でもある女性管理職について取り上げる。

＊ハラスメント
厚生労働省では，パワーハラスメントについて，「身体的な攻撃」，「精神的な攻撃」，「人間関係からの切り離し」，「過大な要求」，「過小な要求」，「個の侵害」の6類型にまとめている。企業では，パワーハラスメントの他，セクシャルハラスメントやマタニティハラスメントについても，就業規則・労働協約等の書面で方針を明確化して周知し，相談窓口を設けるなどの対策を講じている。

＊男女雇用機会均等法
正式には，「雇用の分野における男女の均等な機会及び待遇の確保等に関する法律」という。募集，採用，教育訓練から退職までの雇用に関して性別によって区別してはならないことが1985年に「男女雇用機会均等法」として制定され，1986年に施行された。2017年1月には妊娠・出産等に関するハラスメント防止措置義務が新設・改正された。➡第7章「人材育成とキャリア開発」❺_2_参照

［1］　複線型キャリア

　1986年に男女雇用機会均等法が施行されるまでは，性別による雇用管理が行われていたが，同法の施行により，**総合職**と**一般職**という職務による雇用管理に改められた。これにより，正規雇用の男性は総合職としてキャリアをスタートし，女性は一般職か総合職のいずれかを選択できることになったが，女性の多くは一般職としてキャリアが始まった。現在は労働者の希望に応じてキャリアの転換ができる**複線型キャリア制度**を設けることは一般的になったが，施行当初は，一旦選択した一般職から総合職への転換は容易ではなかった。

　一般職を選択すると補佐業務が職務の中心となり，総合職を選択すると管理職候補となるための基幹的な職務遂行に必要なスキルが養成できる多様な職務を経験することになる。ライフステージに応じてキャリアを転換したい場合は，将来のキャリアプランを上司などに相談して検討すると良い。

［2］　女性管理職育成上の課題

　男女雇用機会均等法により，採用から退職するまで，男女の区別なくキャリアを磨く機会を与え，評価することになっているが，従業員の女性労働者比率が低い企業がある。このような企業では長期間働く女性労働者も管理職の対象となる女性労働者も少なくなる。昭和時代，女性労働者は結婚・出産を機に寿退職することが一般的であったが，現在は出産後，職場復帰して職業生活を継続する女性は増えている。

　女性労働者の多くは家庭責任も負いながら，育児期間中は仕事と育児の両立が求められ，定時に退社できる責任の重くない仕事に就いたり，短時間勤務を利用して対応しているのは周知のとおりである。ライフイベントの影響を受けやすい女性労働者は，昇進すると仕事が増え，責任が重くなり，帰宅も遅くなることが心配だと考える者は少なくない。

　女性管理職が「昇進・昇格に挑戦したくない理由」についての調査結果が**資料8-5**である。ここに示したように最も多かった回答は「ストレスが増えるから」であり，次いで「現在の職務で満足しているから」，「自分には向いていないから」，「責任が増えるから」，「長時間労働でワークライフバランスがとれないから」と続いている。採用や昇進に関する男女差については，「男女差はない」とする回答が50.0％で

＊**総合職**
将来，管理職の役割が担えるように多様な基幹業務の経験を積みながら組織の業績に貢献する業務を担当する。そのため，残業や出張，場合によっては転勤も伴い，修羅場といわれる現場体験も経験してキャリアを重ねることになる。

＊**一般職**
基幹業務を担当する総合職の補助業務を遂行する職務である。具体的には，来客や電話の応対，文書や資料の作成，消耗品管理などの定型業務を担当する。転勤や異動が少なく，ワーク・ライフ・バランスがとりやすい職務ともいえる。

＊**複線型キャリア制度**
近年，労働者のキャリアについて，いくつかの選択肢を設け，希望によりキャリアチェンジできる制度を設ける企業が増えている。ライフステージに合せてキャリア変更することや，副業・兼業への準備などとしても活用することが可能となっている。

資料 8-5　女性管理職が昇進・昇格に挑戦したくない理由

理由	2021年	2018年
ストレスが増えるから	56.5	53.8
現在の職務で満足しているから	41.5	45.8
自分には向いていないから	40.0	33.1
責任が増えるから	38.0	38.6
長時間労働でワークライフバランスがとれないから	37.8	39.0
役職に見合った処遇(給与)でないから	27.2	31.1
家庭を優先したいから	23.2	24.7
上司を見て大変そうだから	22.7	18.3

（出所）　Adecco Group HP，「女性管理職を対象にした意識調査（2018年，2021年比較）」より引用。

はあるが，「男性は優遇されている」という回答も43.6％あり，約半数は採用・昇進などにおいて男性が優遇されていると感じていることが示されている。

[3]　ダイバーシティ時代の管理職

　働き方改革の施策の一環としてダイバーシティにも対応し，**女性活躍推進***が進められている。しかし，未だに女性管理職の割合は9.4％に止まる上，管理職が男性だけの企業が45％となっている。*3「女性管理職を対象にした意識調査（2018年・2021年比較）」によると「現在の女性管理職が管理職になったきっかけ」の58.7％（2018年：61.1％）は「自身で希望していなかったが，上司からの打診があり，快諾した」であり，25.5％（2018年：24.7％）は「上司から打診があり仕方なく引き受けた」との回答で，積極的に管理職になることを希望した女性は少なく，8割以上が上司からの働きかけにより管理職になったことが示されている。

　さらに，「当時，あなたが管理職になるにあたって，重要視したこと」という質問について，**資料 8-6** に示したとおり「仕事のやりがい」，「給与」，「これまでの経験やスキルを活かせること」，「職務の範囲」，「自身のキャリアビジョン」などを重要視したことが示されている。女性が管理職になるに当たって，やりがいのある仕事が自身のキャリアビジョンにマッチしており，経験やスキルが活かせることが重要であることが示されている。

*女性活躍推進
➡第 7 章「人材育成とキャリア開発」❺ [2]，第12章「ダイバーシティ・マネジメントとワーク・ライフ・インテグレーション」❹ [1]参照

*3　帝国データバンクHP, 2022,「女性登用に対する企業の意識調査（2022年）」

資料8-6　管理職になるにあたって重要視したこと

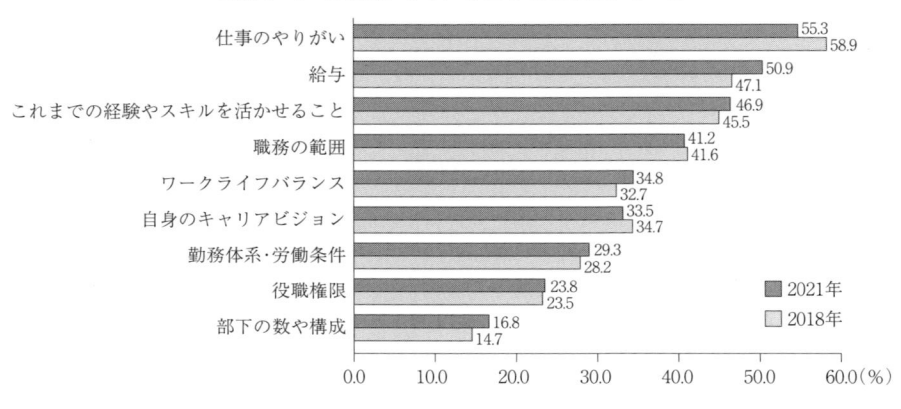

（出所）　Adecco Group HP,「女性管理職を対象にした意識調査（2018年・2021年比較）」

4　女性管理職の育成

　従来，管理職になる女性は特別な存在であった。しかし，雇用機会均等法が施行されて働く女性が増え，育児・介護休業法の施行により，育児休業後，職場に復帰する女性も増加している。それにもかかわらず，資料8-5に示したとおり，女性は様々な理由から管理職に昇進することに積極的であるとはいえない。

　現在，管理職に昇進する時期にある女性労働者は，男性労働者のように，管理職のやりがいなどを日常的に話して聞かせてくれる**ロールモデル***となる上司や相談できる先輩が身近にいないことが多い。さらに，男性労働者が普通に経験する課題解決や意思決定業務に携わる経験が女性労働者は少ない場合もある。これらから生じる女性労働者の様々な不安に対応したり，管理職による**ジェンダーバイアス***などが生じないように全労働者の意識を変えることも喫緊の課題となっている。ロールモデルから学ぶべき知識やスキルに加え，多様な経験を補い，キャリアに対する意識などを変えるために**資料8-7**に示したような研修を行う企業が増えている。

　上記の研修を実施している企業では，働き方改革に積極的に取り組み，女性労働者のキャリアアップに向けて，女性自身の意識改革のための研修も行い，この研修を牽引するように，経営トップが全労働者に対してメッセージを発信する等して意識改革が促進されている。

＊ロールモデル
理想とする行動をしたり，成果を出していたり，目標とするキャリアを獲得していたりする先輩や上司などの手本となる人物のこと。習得すべきスキルがイメージしやすいことから，その人物の行動や役割遂行などを模倣することにより早期に目標を達成することが期待できる。

＊ジェンダーバイアス
➡第12章「ダイバーシティ・マネジメントとワーク・ライフ・インテグレーション」❸ 3 ，❹ 1 参照
➡第7章「人材育成とキャリア開発」❺ 2 参照

資料 8 - 7　女性キャリアアップのための女性社員の意識改革研修

	実践策	目的等	効果
管理職層	メンタリング制度	・新任女性管理職層を対象として，女性管理職層を増加させるためのマインド面や実務面でのサポート ・斜めの人脈作り	意識改革
監督者層	人脈構築研修	・人脈構築と自身のマネジメントの振り返り ・上位職層（ロールモデル）との交流 ・社内外の関係部署との交流により相互理解の推進	経営層・マネージャー登用候補者の母集団の拡大
	キャリア研修（上級）	・管理職登用に向けたキャリア意識の向上と動機づけ ・コミュニケーション力・マネジメント力のスキルアップ	
担当層	キャリア研修（基本）	・キャリア意識の醸成 ・リーダシップ，マネジメントスキルの体得と実践 ・相手を動かすためのマネジメントスキルの実践	視野拡大

（出所）　インタビュー資料等より筆者作成。

5　テレワーク時代の管理職

　2020年の東京オリンピック開催時の交通渋滞を回避するために開催準備段階から，政府は非常時などにおける**テレワーク**を活用した在宅勤務を推奨していたが，実施はなかなか進まなかった。しかし，2020年2月以降，コロナ禍となり，企業規模や職種によるが，テレワークは一挙に浸透した。

1　コロナ禍において変化した組織と課題

　テレワークを活用した在宅勤務が急速に浸透したことにより，管理職はテレワークをする部下に遠隔で指示を出し，職務遂行の状況を管理するとともに，指導や支援も遠隔で行う必要が生じ，管理職の業務は煩雑になった。

　「コロナ禍での部下のマネジメントに関する調査」[4]による「部下のマネジメントにおける最も大きな課題」を上位からあげると「モチベーションの管理」，「育成」，「一体感の醸成」，「心身の健康管理」，「業務の進捗管理」，「業務の割り振り」，「退勤管理（残業など）」，「評価・フィードバック」，「キャリア形成支援」，「目標設定」などとなっている。

　また，「コロナ禍以前と以後で，部下のマネジメントにおける負担は変わったか」の質問に対して，40.6％が「（負担は）大きくなった」と回答し，「部下のマネジメントの難易度」については，「難しくなった」8.6％，「どちらかといえば難しくなった」41.8％となっており，半数以上が難しく

＊テレワーク
厚生労働省の定義ではテレワークは「情報通信技術（ICT＝Information and Communication Technology）を活用した時間や場所を有効に活用できる柔軟な働き方」とされている。近年はリモートワークと言われることが多い。➡第12章「ダイバーシティ・マネジメントとワーク・ライフ・インテグレーション」⑤ 3

＊4　Adecco Group HP「コロナ禍での部下のマネジメントに関する調査」2022.4.26発表

なったと回答している。コロナ禍のため，オフィスで通常の業務に取り組めない状況下において，部下を指導・管理するのは，負担が増加したと回答した管理職は多数となった。

2　テレワーク時代の管理者の役割

　職場で協働して仕事をしていくためには，上司・同僚などとの信頼関係が構築できていることは不可欠である。従来であれば，職場で協働する中で助けたり助けられたり，また雑談などの日々のコミュニケーションを通してお互いの人柄などを把握し，信頼関係を構築し，一丸となって組織の目標の達成をめざすことが一般的であった。

　しかし，テレワーク中の指示・命令・指導は，必要に応じて，モニターを介して行われる。職場から離れてテレワークをする場合，何気ない会話をすることなく，緊張した関係が続きやすいことから，不安や不便，さらには疎外感を感じて不信を抱きやすくなる[*5]。そこで，管理職は部下に疎外感を感じさせることなく，信頼関係が維持できるように，意図的に雑談ができる機会を設けたりしている。

　このように従来の管理職の職務に加えて，リアルな職場と遠隔による職場のハイブリッドとなり，さらに ICT ツールも多様化し，管理すべき事項も増え，現在の管理職は一層多忙になり，人材育成に手が回らないことがある（労働政策研究・研修機構，2022）。特に新入社員などの新しい人間関係は意識して信頼関係を構築しなければ愛社精神は育たず，退職に至ることもあるので注意が必要である。

　これまで学んできたように，労働形態の多様化が進む中，コロナ禍を機に，多様な働き方が定着したため，従来以上に労働者の自律性とメンバーの良好な人間関係の構築は欠かせない。これからの管理職は，将来を見据えたリスク管理を行い，有望な人材を育成して戦力とし，適材適所に人材を配置して一丸となって成果を出しながら自らも成長していくことが求められている。そして，この自らの成長を感じることのできる仕事がやりがいをもたらすことも忘れてはならない。

*5　内閣府「第5回　新型コロナウイルス感染症の影響下における生活意識・行動の変化に関する調査（2022年7月22日）」における「テレワークで不便な点」でも約3割が「社内での気楽な相談・報告が困難」，「画面を通じた情報のみによるコミュニケーション不足やストレス」，「取引先等とのやりとりが困難」などの職務遂行上での不便などが明らかにされている。

引用参考文献

Adecco Group HP，2022，「女性管理職を対象にした意識調査（2018年・2021年比較）」，2022年10月1日アクセス。
坂爪洋美・高村静，2020，『管理職の役割』中央経済社。

平澤克彦・中村艶子編著，2021，『ワークライフ・インテグレーション──未来を拓く働き方』ミネルヴァ書房。

三隅二不二・山田雄一・南隆男編，1988，『組織の行動科学』福村出版。

宮川公男監修／上田泰，1995，『組織の人間行動』中央経済社。

守屋隆司・中村艶子・橋場俊展，2018，『価値創発（EVP）時代の人的資源管理 Industry4.0 の新しい働き方・働かせ方』ミネルヴァ書房。

HR 総研 HP，2022，「次世代リーダー育成に関するアンケート結果報告」2022年11月アクセス。

労働政策研究・研修機構 HP，2021，「管理職の働き方に関する調査」調査シリーズ No. 212。

労働政策研究・研修機構 HP，2022，「働く人の仕事と健康，管理職の職場マネジメントに関する調査結果」調査シリーズ No. 222，2022年8月13日アクセス。

労働政策研究・研修機構 HP，2022，「管理職ヒアリング調査結果──管理職の働き方と職場マネジメント」資料シリーズ No. 254，2022年10月7日アクセス。

（木村三千世）

第9章

働きすぎと労働時間・安全衛生

　日本の労働時間は残業や休日出勤が既定路線化しており，統計に表れないサービス残業は深刻な問題であるといわざるを得ない。長時間労働は過労死や過労自殺，メンタル不全をもたらし労働者の健康を脅かす。また，業務の高度化・複雑化によって，労働者を一律に管理することが難しくなっている。疲弊した労働者が多い状態では，モチベーションの低下を招き良好なパフォーマンスを期待できないし，組織の活力を削ぐことにもなる。本章では労働時間の基本的な概念について理解を深め，変化が進む働き方の中で私たちは労働時間にどのように向き合っていくべきか，今後の課題を考察したい。

＊労働基準法
1947（昭和22）年4月7日に施行された労働者保護および労働条件の改善・向上を図るための法律。第1条では「労働条件は，労働者が人たるに値する生活を営むための必要を充たすべきものでなければならない」，続いて2項で「この法律で定める労働条件の基準は最低のものであるから，労働関係の当事者は，この基準を理由として労働条件を低下させてはならないことはもとより，その向上を図るように努めなければならない」と定めている。労働組合法，労働関係調整法と合わせた労働三法は労働法の根幹をなす法律である。

＊工場法
工場労働者の保護を目的に1911（明治44）年公布，1916（大正5）年に施行された法律。戦後，労基法の

1　労働時間の概念

1　なぜ1日8時間週40時間なのか

　現在，日本における労働時間は，**労働基準法**[＊]第32条で「原則1週間40時間，1日8時間」と定められており，多くの人に周知されている。合わせて「一定の条件を満たした場合には1か月を平均して1週40時間にする制度（1か月単位の変形労働制）や1年の労働時間を平均して1週40時間にする制度（1年単位の変形労働制）」がある。これを超える労働時間がいわゆる残業（法定時間外労働）に当たる。変形労働時間と残業については次節以降で後述する。

　なお，戦前における労働者保護の法律には**工場法**[＊]がある。当時の労働時間や労働実態の詳細は『職工事情』や『女工哀史』が有名であるが，12〜13時間労働が当たり前で17〜18時間にも及ぶ事例が記されている。その劣悪さは目を覆うばかりで労働者の生命を脅かすことが片山潜や高野房太郎らの**労働組合期成会**[＊]によって糾弾された。

　イギリスやアメリカでも長時間労働は問題視されており，工場法の改正や労働運動の高まりから，児童や年少者，女性労働への規制と同時に，労働運動の高揚を経て「1日8時間制」の要求が誕生した。1886年5月1日にアメリカ各地で起

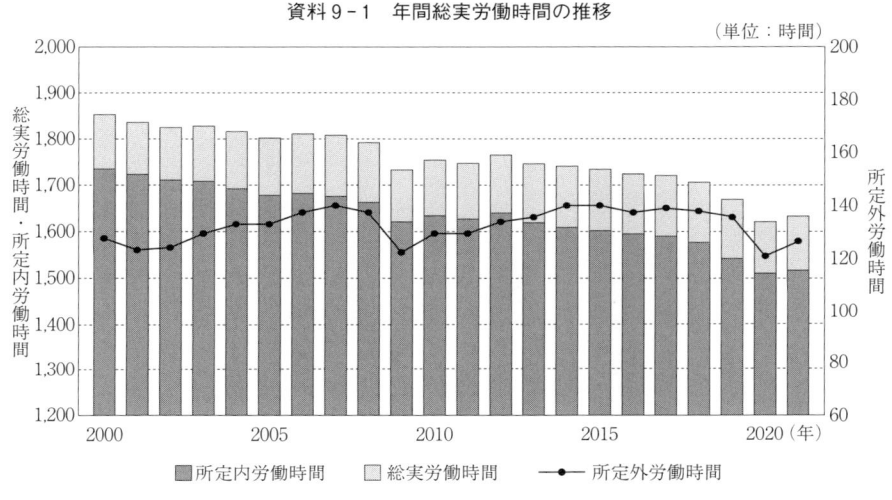

資料 9-1　年間総実労働時間の推移

（出所）　厚生労働省 HP「毎月勤労統計調査」より筆者作成。

こった「8 時間労働制」を要求したストライキは労働者の祭典メーデー（May Day）の起源にもなっている。

　1919 年 11 月 28 日には ILO（International Labour Organization：国際労働機関）が，「家内労働者を除いた工業におけるすべての労働者の労働時間は 1 日 8 時間，1 週 48 時間を超えてはならない」とする第 1 号条約を採択した（ILO HP https://www.ilo.org/tokyo/standards/list-of-conventions/ WCMS_239178/lang--ja/index.htm, 2022 年 11 月 25 日アクセス）。現在，日本はこの第 1 号条約をはじめ，18 もの労働時間や休暇に関する条約を批准していない。

　戦後になって 1947 年に「1 日 8 時間・1 週 48 時間」と定めた労基法が制定され，その後 1987 年と 1993 年の改正を経て 1994 年 4 月 1 日より週 40 時間労働制の実施にいたる。同時に，後述する変形労働時間制・裁量労働制の準備・導入も経済界の要望に沿って実施された。

2　公式統計*に見る日本の労働時間の現状

　資料 9-1 は年間総実労働時間の推移である。なだらかに減少していることがわかると同時に，所定外労働時間は 120 時間前後で「安定」している。しかし，このグラフは「パートタイム労働者」の労働時間も含んでいる。

　2000 年から 2021 年における「パートタイム労働者」の数

施行に伴い廃止された。

＊労働組合期成会
1897 年 7 月 5 日に結成された「高野房太郎，片山潜らが中心となって結成した労働組合の設立を呼びかけるための宣伝・啓蒙団体」（法政大学大原社会問題研究所編著，2011，962 頁）。農商務省から出された工場法案に対して意見書を提出し，工場法修正運動を積極的に行った。しかし，治安警察法による弾圧や経営者側の抑圧，さらに期成会の財政難などの理由で 1901 年に消滅した。

＊公式統計
労働時間に限らず，人的資源管理に関する様々な統計資料は「政府統計の総合窓口 e-Stat」から入手できる。『労働経済白書』をはじめとする白書も参考になる。労働時間に関しては『過労死等防止対策白書』も参照してほしい。本章で

資料9-2　労働力調査と毎月勤労統計調査との差

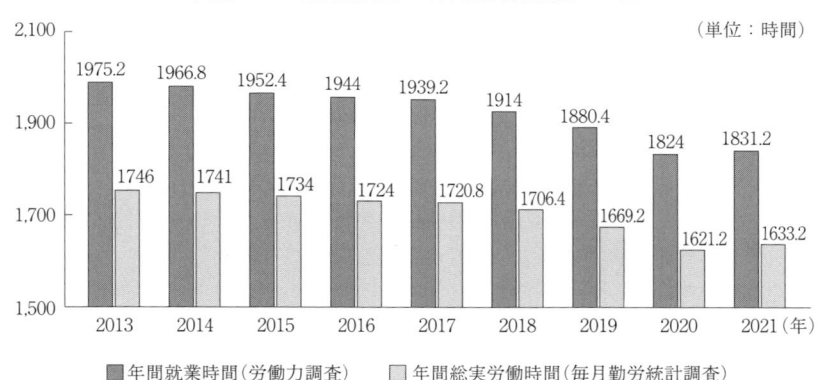

（注）　年間就業時間は「平均月間就業時間」を12倍したものである。
（出所）　総務省HP「労働力調査」および資料9-1より筆者作成。

は紙幅の関係上，「毎月勤労統計調査」と「労働力調査」しか用いておらず，データは全体の数値のみで性別，産業，地域，雇用形態などはほとんど分析していない。諸外国の労働統計は労働政策研究・研修機構HPで『データブック国際労働比較』（2007年分以降）が公表されている。また，全労連・労働総研編『国民春闘白書』（年1回発行）も主だった統計がまとめられている。

は，2000年は常用労働者4346万1000人のうち877万9000人で比率は約20.18％であるが，2021年では常用労働者5186万3000人のうち1623万1000人にまで増加しており，比率は31.28％にもなる。この約20年間にわたって，一般労働者の増え方（3468万2000人→3566万2000人）に対して非正規労働者が激増していることがよくわかる。したがって，全体の数値を押し下げる傾向は否定できない。

　また，公式統計には総務省が実施している「労働力調査」がある。この調査は労働者が調査票に記入するものなのでより実態に近いといえる（「毎月勤労統計調査」は事業所統計）。**資料9-2**からもわかるとおり，毎月勤労統計調査と労働力調査を比べると，およそ200時間前後の差があることがわかる。この差こそが「サービス残業」とかねてから指摘されている。

3　諸外国の労働時間

　では諸外国の労働時間がどのようになっているか，比較してみたい（**資料9-3**）。

　国ごとにデータの算出方法が異なるだろうから厳密な比較とはならないが概観はわかるだろう。日本の労働時間はイギリス・ドイツ・スウェーデンと比べて200時間前後長い。

　また，「週労働時間が49時間以上の就業者（全産業，パートタイムを含む）」（2020年）は日本15.0％，アメリカ14.2％，イ

資料9-3　諸外国の平均年間総実労働時間

（単位：時間）

（凡例）　日　本　　アメリカ　　イギリス　　ドイツ　　スウェーデン　　韓　国

（出所）　労働政策研究・研修機構 HP「データブック国際労働比較 2022」より筆者作成（2022年12月17日アクセス）。

ギリス11.4％，ドイツ5.9％，スウェーデン5.7％で，やはりヨーロッパ諸国に比べると多い（資料9-3）。

2　日本の労働時間問題

1　長時間労働と不払い労働

　前節で諸外国と比較して日本の労働時間が相対的に長いことが確認できた。その特徴として以下の点が指摘できる。

　まず第1に，所定外労働時間が長いため家族と過ごす時間やプライベートな時間，さらに睡眠時間を減らさざるを得ないということである。心身を休めてリフレッシュする十分な時間を確保することが難しいといえる。

　第2に，統計に表れにくいサービス残業や持ち帰り残業に代表される不払残業が非常に多く，長時間過密労働が蔓延している。昨今の IT 技術の発達によって，PC やスマートフォンで容易に連絡がとれるので，休日であってもメールなどの送受信，いわゆる「**時間外メール***」が常態化してはいないか。確認程度であっても自分だけ返信しないというわけにもいかない。こうした個々の細かい対応は見逃されている労働時間といえるだろう。頻繁に繰り返せばプライベートを侵食しかねない。とくに新型コロナウイルスの感染拡大に伴って，在宅勤務・テレワーク・リモートワークといった出勤しない勤務形態が進展したことも背景にある。

＊時間外メール
厚生労働省 HP「テレワークの適切な導入及び実施の推進のためのガイドライン」によれば，「テレワークにおいて長時間労働が生じる要因として，時間外等に業務に関する指示や報告がメール等によって行われることが挙げられる。このため，役職者，上司，同僚，部下等から時間外等にメールを送付することの自粛を命ずること等が有効である。メールのみならず電話等での方法によるものも含め，時間外等における業務の指示や報告の在り方について，業務上の必要性，指示や報告が行われた場合の労働者の対応の要否等について，各事業場の実情に応じ，使用者がルールを設けることも考えられる」とされている（2022年12月11日アクセス）。

2　労働時間に対する規制（三六協定，割増率，年次有給休暇）

　長時間労働が蔓延している状況が改善されない理由について，法律が抜け穴だらけと批判する識者は少なくない。とはいえ，労働基準法を無視して残業させることは違法であり，法定割増率も設定されている以上，看過することは絶対に許されない。

（1）三六協定

　労基法で労働時間は「原則1週間40時間，1日8時間」と定められており，これを超えることは認められない。したがって，残業や休日出勤などの時間外労働には労使間で手続きが必要であり，これを労基法第36条で定めている。この労使間の協定を三六（サブロク）協定という。なお，この協定は事業場ごとに締結する必要があり，過半数の労働者で組織された労働組合，もしくは労働者の過半数を代表する者との間で書面を交わし所轄労働基準監督署長に届け出なければならない。

　三六協定を締結するに当たっては上限を決める必要がある。2019年4月に改正労働基準法が施行され上限時間が法制化された（中小企業は2020年4月。従前は大臣告示）。これにより，時間外労働（休日労働は含まず）の上限は原則として月45時間・年360時間となった。

　ただし，「臨時的な特別の事情」の場合にはこの上限を超えて時間外労働が可能であるが，これにも労使での合意が必要である（特別条項）。この特別条項にも次の上限が設けられた。「①時間外労働が年720時間以内，②時間外労働と休日労働の合計が月100時間未満，③時間外労働と休日労働の合計について，『2か月平均』『3か月平均』『4か月平均』『5か月平均』『6か月平均』が全て1月当たり80時間以内，④時間外労働が月45時間を超えることができるのは，年6か月が限度」である。

　これら上限規制に違反した場合は罰則（6か月以下の懲役または30万円以下の罰金）が科されることもある。

　また，建設事業，自動車運転の業務，医師，鹿児島県および沖縄県における砂糖製造業は適用が猶予され，2024年4月1日から適用，「新技術・新商品等の研究開発業務」については，適用が除外される。

(2)　割増率

　残業・休日労働・深夜労働など時間外労働に対する追加的賃金支払いは使用者の当然の義務であり，不払いは違法である。労基法で定める割増率は，「法定労働時間（1日8時間・週40時間）を超えたとき」25％以上，「法定休日（週1日）に勤務させたとき」35％以上，「22時から5時までの間に勤務させたとき」25％以上，また，「時間外労働が1か月60時間を超えたとき」は50％以上に上昇する（中小企業は2023年4月1日から適用）。時間外と深夜が重なった場合は50％以上，休日と深夜が重なった場合は60％以上となる。法定割増率はあくまでも最低基準であってこれを下回ることは絶対にあってはならない。同時に，時間外労働を抑制する上でも重要である。

　しかし，残業の減少は労働者にとってはある意味死活問題でもある。つまり，日々の生活は残業手当を含めた賃金で成り立っており，「残業代の生活給化」が日本的な特徴である。裏を返せば，日本は基本給が低いので残業に依存せざるを得ないということも指摘できるだろう。

　さらに深刻なのが，常態化した時間外労働に対して手当の支給さえも逃れようとする企業が散見されることである。

　例えば，2021（令和3）年度における「監督指導による賃金不払残業の是正結果（支払額が1企業で合計100万円以上となった事案）」は，「是正企業数1,069企業，うち，1,000万円以上の割増賃金を支払ったのは115企業，対象労働者数6万4,968人，支払われた割増賃金合計額65億781万円，支払われた割増賃金の平均額は，1企業当たり609万円，労働者1人当たり10万円」であった（厚生労働省HP　https://www.mhlw.go.jp/bunya/roudoukijun/chingin-c_r03.html, 2022年12月12日アクセス）。

　不払い残業代の時効はわずか2年なので，自分が働く企業の割増率を就業規則や雇用契約書などで確認，勤務時間の記録と毎月の賃金明細との照合が重要であろう（2019年4月に労働安全衛生法が改正され，労働時間把握義務が明記されたが罰則はない）。

(3)　年次有給休暇

　年次有給休暇はすべての労働者に対して法律で保障された権利であり，企業による福利厚生ではない。もちろん，正規労働者に限定して取得を制限するなどの行為は違法であり，

資料 9 - 4　年次有給休暇の付与日数

通常の労働者の付与日数

継続勤務年数	0.5	1.5	2.5	3.5	4.5	5.5	6.5以上
付与日数	10	11	12	14	16	18	20

週所定労働日数が 4 日以下かつ週所定労働時間が30時間未満の労働者

	週所定労働日数	1 年間の所定労働日数※	継続勤務年数						
			0.5	1.5	2.5	3.5	4.5	5.5	6.5以上
付与日数	4 日	169〜216日	7 日	8 日	9 日	10日	12日	13日	15日
	3 日	121〜168日	5 日	6 日	6 日	8 日	9 日	10日	11日
	2 日	73〜120日	3 日	4 日	4 日	5 日	6 日	6 日	7 日
	1 日	48〜72日	1 日	2 日	2 日	2 日	3 日	3 日	3 日

（注）　※：週以外の期間によって労働日数が定められている場合。
（出所）　年次有給休暇取得促進特設サイトより引用（2022年12月11日アクセス）。

パート・学生アルバイトなどの立場は一切関係ない。

　年次有給休暇は，「①半年間継続して雇われている，②全労働日の 8 割以上を出勤している」の 2 点を満たしていれば取得することができる。定められている付与日数は**資料 9 - 4** のとおりである。

　年次有給休暇は労働者が希望する日を指定して取得できる。使用者の一方的な都合で取得を妨げることがあってはならない。使用者には「労働者の指定した日に年次有給休暇を与えると，事業の正常な運営が妨げられる場合は，使用者に休暇日を変更する権利（時季変更権）」が認められているが，「業務多忙」を理由に時季変更権は行使できない。

　2020（令和 2 ）年における「労働者 1 人平均取得率」は56.6％で過去最高であったが（厚生労働省 HP「令和 3 年就労条件総合調査の概況」 6 頁，2022年12月12日アクセス），諸外国に比べると低いことはよく指摘されている。こうした流れを受けて2019年 4 月から「全ての企業において，年10日以上の年次有給休暇が付与される労働者（管理監督者を含む）に対して，年次有給休暇の日数のうち年 5 日については，使用者が時季を指定して取得させること」が義務づけられた（違反すると30万円以下の罰金）。

　企業によっては「時間単位年休」（労使協定の締結が必要）の利用が可能な場合もあるので就業規則をよく確認しておく

資料9−5　精神障害にかかる労災請求件数の推移

（出所）　厚生労働省「過労死等の労災補償状況」『令和3年版 過労死等防止対策白書』66頁より引用。

と良いだろう。なお，余った休暇は1年繰り越し可，2年で時効，企業による買取は原則違法である。しかし，退職時に休暇が余っている場合や，繰り越しても余ってしまう休暇は買い取ってもらうことができる（会社が拒否した場合は不可）。

③　過労死・過労自殺・精神障害などの労働災害

過度な時間外労働は労働者の心身の疲労をより増幅させて最悪の場合，過労死・過労自殺・うつ病などを引き起こしかねず決して他人事ではない。

厚生労働省「過労死等の労災補償状況」によると，脳・心臓疾患にかかる労災請求件数は，2020（令和2）年度では784件で前年度に比べて152件減少した。そのうち労災支給決定（認定）件数は194件（死亡67件含む）で前年度比22件（死亡9件）の減少であった。

深刻なのが精神障害にかかる労災請求件数である（**資料9−5**）。2004年度以降，上昇傾向にあることが明白である。このうち2020（令和2）年度の労災支給決定（認定）件数は608件（死亡81件含む）で前年度比99件（死亡は7件減少）増加，2001年度以降で過去最多となっている。精神障害にいたった出来事別労災支給決定（認定）件数は，「上司等から，身体的攻撃，精神的攻撃等のパワーハラスメントを受けた」が最も多く99件，次いで「悲惨な事故や災害の体験，目撃をした」83件，「同僚等から暴行又は（ひどい）いじめ・嫌がらせを受けた」71件，「セクシャルハラスメントを受けた」も44件あった。

③　労働時間の柔軟化と多様化

　これまでは一律的な労働時間の把握と管理についてみてきたが，業務によっては適用が困難な場合もありうる。雇用と同様に労働時間においても柔軟化と多様化が進展している。

1　変形労働時間制

　変形労働時間制は，1か月または1年単位で日々の労働時間について8時間を超える日超えない日を設定し，期間内の平均で週40時間以下にする制度である。もちろん，超過すれば手当が発生する。1か月単位での運用の場合，労使協定または就業規則で各日・各週の労働時間を特定する必要がある。1年単位の運用では労使協定を締結し，所轄の労基署所長への届け出が必要である。

　変形労働時間制においても仕組みを逆手にとって手当不支給を画策する企業が散見される。当該期間において週40時間平均を超過すれば，手当支給は絶対である。

　2021年度から自治体単位で公立学校の「1年単位の変形労働時間制」の導入が可能となった。「学期中に比べて授業のない長期休業期間は，相対的にゆとりがある。そこを閑散期とみなして，繁忙期（学期中）の書類上の残業時間を減らす。そして閑散期には『休日のまとめ取り』を実現」することがねらいである（内田，2020，7頁）。しかし，以前から指摘されている**給特法***の矛盾が解決されていないことなどもあって学校関係者や有識者からは反対の声が多い（高橋，2020，33-47頁）。公立小中学校教員の約半数が勤務時間中の休憩時間がゼロであるとの調査報告もあり，事態はかなり深刻である（『中日新聞』2022年8月18日付）。

2　みなし労働時間制（事業場外労働のみなし労働時間制・裁量労働制）

　みなし労働時間制とは，「事業場外労働のみなし労働時間制」と「裁量労働制」の総称で，裁量労働制には専門業務型と企画業務型がある。これらの制度も残業代などが出ないのが当たり前と思われがちであるが決してそうではない。

（1）　事業場外労働のみなし労働時間制

　外回りが中心の営業職や出張などの場合，労働時間の把握や算定が難しいので，実労働時間にかかわらず定められた時

***給特法**

「公立の義務教育諸学校等の教育職員の給与等に関する特別措置法」の略。同法第3条2項において，「教育職員については，時間外勤務手当及び休日勤務手当は，支給しない」と定めている。その代わりに教職調整額が基本給の4％支給される。時間外勤務は，「①生徒実習に関する業務，②学校行事に関する業務，③職員会議に関する業務，④非常災害等やむを得ない場合に必要な業務」の「超勤4項目」に限定されているので，該当しない業務は時間外労働の命令が法律上できないのである。しかし，実態は「超勤4項目」以外の業務が非常に多く，体調を崩して休職・退職を余儀なくされる教員も少なくない。教員不足をより加速させている一因でもあろう。

間働いたこととみなす制度である。つまり，5時間しか働かなくても10時間働いても8時間働いたと「みなす」ということである。8時間を超えるみなし労働時間を設定する場合は労使協定の締結および労基署への届け出が必要となり，8時間を超える部分には手当支給が生じる。また，休日・深夜労働に従事したときも同様である。

みなし労働時間制は携帯電話などで指示や連絡ができる，スケジュール表などで労働時間が管理・把握できる場合は利用できない。

(2) 裁量労働制

裁量労働制とは，労働者に仕事の進め方やペースを委ねた上で，定められた時間働いたこととみなす制度である。専門業務型と企画業務型があり，前者は厚生労働省が定める専門性の高い19の業務，後者はいわゆるホワイトカラー層における会社運営上の企画や立案，調査，分析など労基法で定める業務が対象となる。

文字どおり労働者に裁量を与えるので，使用者が業務に関する具体的な指示を出すことはせず，労働時間管理は労働者に一任することとなるため，出退勤の時間は当該労働者の自由である。まさしく労働者の高度な専門能力発揮のための制度といえる。

導入に当たっては，専門業務型は労使協定を結んで労基署への届け出，企画業務型は労使委員会の設置，本人からの同意，労基署へ年1回の実施状況報告が義務づけられている。

しかし，みなし労働時間制の一種なので休日・深夜労働に従事すれば割増賃金が発生する。

③　労働時間規制の適用除外：管理監督者に対する労働時間の適用範囲

皆さんは「管理職には残業代が出ない」といった話を見聞きしたことはないだろうか。確かに労基法第41条では，「監督若しくは管理の地位にある者」に対して労働時間や休日・休憩に関する規定が適用されないことが明記されているが，「管理職イコール手当が出ない」と解釈するのは早計である。

厚生労働省による「管理監督者の範囲についての解釈例規」では，「一般的には，部長，工場長等労働条件の決定その他労務管理について経営者と一体的な立場にある者の意であり，名称にとらわれず，実態に即して判断すべきもの」

＊名ばかり管理職
「従業員に呼称上『店長』などの肩書を与えることで，労働基準法上で労働時間管理の規制外となる管理・監督者を装い，彼らを残業手当の支払い対象から除外するという企業の意図から生じる実態のない管理職」のこと（八代，2009，38頁）。労働実態や裁判事例などの詳細は NHK「名ばかり管理職」取材班，2008，『名ばかり管理職』NHK 出版，東京管理職ユニオン監修，2008，『偽装管理職』ポプラ社などを参照されたい。

＊過労死ライン
厚生労働省が定める「脳・心臓疾患の業務起因性の判断」に用いられる基準。「発症日を起点とした1か月単位の連続した期間をみて，①発症前1か月ないし6か月にわたって，1か月当たりおおむね45時間を超える時間外労働が認められない場合は，業務と発症との関連性が弱いと評価できること②おおむね45時間を超えて時間外労働時間が長くなるほど，業務と発症の関連性が徐々に強まると評価できること③発症前1か月間におおむね100時間又は発症前2か月間ないし6か月間にわたって，1か月当たりおおむね80時間を超える時間外労働が認められる場合は，業務と発症との関連性が強いと評価できること」としている（厚生労働省 HP「脳・心臓疾患の労災認定──『過労死』と労災保険」https://www.mhlw.go.jp/new-info/

（厚生労働省 HP，2008「多店舗展開する小売業，飲食業等の店舗における管理監督者の範囲の適正化について」2022年12月14日アクセス），「労働条件の決定その他労務管理について経営者と一体的な立場にある者であって，労働時間，休憩及び休日に関する規制の枠を超えて活動することが要請されざるを得ない重要な職務と責任を有し，現実の勤務態様も，労働時間等の規制になじまないような立場にあるかを，職務内容，責任と権限，勤務態様及び賃金等の待遇を踏まえ，総合的に判断する」としている（厚生労働省 HP「[27] 労基法41条2号の管理監督者の該当性」2022年12月14日アクセス）。つまり，「店長」や「課長」といった名称で管理監督者として扱うのは違法である。

　この管理監督者の解釈を「管理職には残業代を支給しなくて良い」と曲解し，いかにも管理職らしい肩書を与えて手当不支給を正当化する企業は多い。かつてファストフード店や外食チェーン店などで「**名ばかり管理職**＊」として社会問題化した。

④　「働き方改革」とは

　2018年6月29日に「働き方改革関連法」が参議院本会議で可決成立した。前述の統計からもわかるとおり，労働時間は年々減少しており，企業側も過度な労働負担にならないようにより注意を払っているだろう。しかし，有識者や家族を過労死で亡くした団体などからは怒りや落胆の声も上がっている。

1　時間外労働の上限規制

　三六協定の上限規制に違反した企業には罰則が適用される。しかし，この上限規制には「抜け穴」があることが明らかになっている。

　特別条項の上限に「時間外労働が年720時間以内」とあるが，休日労働は含まれていない。棗一郎弁護士は，「企業が休日に働かせれば制度上，80時間の残業を12か月続けられる」と指摘する（『中日新聞』2018年6月30日付）。その結果，年間960時間もの残業が可能となってしまうのである（**資料9-6**）。さらに，「時間外労働と休日労働の合計が月100時間未満」も，労災認定にかかわる「**過労死ライン**＊」と同水準である。

資料 9 - 6　残業規制抜け穴のイメージ

■休日以外の残業時間【720時間】　□休日労働【240時間】

（出所）『中日新聞』2018年 6 月30日付より筆者作成。

適用猶予・除外も対象となる業種や職種が広範囲に及んでいる。例えば，トラックドライバーなどは長時間労働の代表である。物流業界が人手不足であることから猶予（いわゆる「2024年問題*」）となっているが，脳・心臓疾患の労災請求・認定件数が最も多い業種である。さらに「新技術・新商品等の研究開発業務」では適用除外であり，規制強化にはほど遠いといわざるを得ない。

[2]　勤務間インターバル制度

　勤務間インターバル制度とは，「終業時刻から次の始業時刻の間に一定時間以上の休息時間（インターバル時間）を確保する仕組み」のことである（資料 9 - 7）。労働時間等設定改善法の改正により，勤務間インターバル制度を導入することが事業主の努力義務となった。

　EU 加盟国では，「労働時間指令により，労働者の健康と安全確保の観点から，24時間につき最低連続11時間の休息時間（勤務と勤務の間隔）を付与する」ことが義務づけられている（永井・石井，2017，1 頁）。残念ながら日本企業では導入があまり進んでいない。追加の人員確保による人件費がコスト上昇を招くことが理由である。上述の「2024年問題」も根幹は同じである。

　しかしこれを機に勤務間インターバルを導入すれば，企業は良好な労働条件の 1 つとしてアピールでき，昨今の人手不足を是正・解消する可能性もあるのではないか。

[3]　高度プロフェッショナル制度

　高度プロフェッショナル制度（以下，高プロ）とは，「高度

kobetu/roudou/gyousei/
rousai/dl/040325-11.pdf,
2022年12月19日アクセス）。

*2024年問題
2024年 4 月 1 日から「自動車運転の業務」への上限規制が適用されることで物流の停滞が懸念されている問題。しかし，適用される上限規制は年間時間外労働960時間のみで，それ以外は適用されない。もともと他の業種と比べて長時間労働が常態化しており，「守るべき労働時間の基準自体が，一般の労働者よりも低位に置かれたことが，トラック業界の長時間労働と過労死を生み出してきた」（首藤，2018，87頁）。

資料9-7　勤務間インターバルの概要

【例：11時間の休息時間を確保するために，始業時刻を繰り下げたもの】

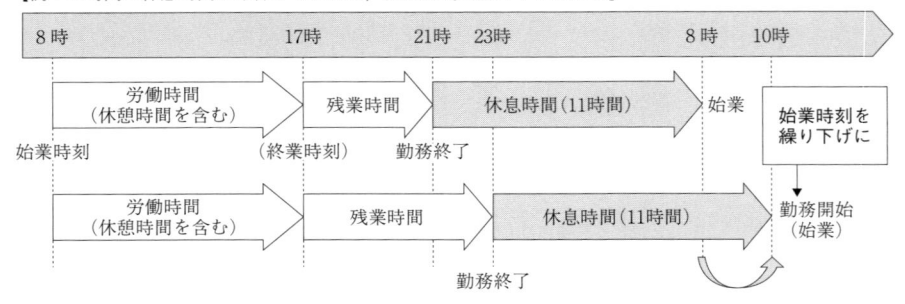

（出所）　厚生労働省 HP「勤務間インターバル制度について」より引用（2022年12月19日アクセス）。

の専門的知識を有し，職務の範囲が明確で一定の年収要件を満たす労働者を対象として，労使委員会の決議及び労働者本人の同意を前提として，年間104日以上の休日確保措置や健康管理時間の状況に応じた健康・福祉確保措置等を講ずることにより，労働基準法に定められた労働時間，休憩，休日及び深夜の割増賃金に関する規定を適用しない制度」である（厚生労働省 HP「高度プロフェッショナル制度　わかりやすい解説」1頁，2022年12月21日アクセス）。対象となる業務は，金融商品の開発やディーリング，アナリストの業務，コンサルタントの業務，研究開発業務等である。年収は平均給与額の3倍相当程度を上回る1075万円以上とされている。

　裁量労働制と比べてかなり柔軟な働き方・緩やかな管理であることがわかるだろう。労働時間に関する規制がほとんど外れることになるので，働きすぎを助長する懸念がまったく拭えない。事実，労働基準監督官経験者からは，「高プロは長時間労働の指導そのものを除外する制度。長時間労働があったとしても，会社側を指導したら，高プロはそういう制度なんだといわれるだけ」との声もある（『中日新聞』2018年6月30日付）。また，本人の同意が必要なのは当たり前であるが果たして断ることができるのか，はなはだ疑問である。

　なお，働き方改革では裁量労働の適用業種拡大も盛り込まれる予定であったが，厚生労働省による労働時間調査のデータ捏造が発覚して断念した。

⑤　課題：働きすぎの改善に向けて

　最後に，日本における労働時間管理から浮き彫りになった問題点をふまえて，働きすぎの改善に向けて必要なことはなにか，考えてみたい。

　まず第1に，先に触れた「時間外メール」のような，労働者の休息時間・自由時間を侵食することは厳に慎むべきであろう。フランスでは，勤務時間外のメールのやりとりなどを規制するいわゆる「つながらない権利」が2017年から導入されている（久保，2022）。欧州議会においても，2021年1月21日に「つながらない権利に関する欧州委員会への勧告に係る決議」を採択した（労働政策研究・研修機構，2022，152-160頁）。「つながらない権利」の導入で問題解決はしないが，意識変革への一歩にはなるのではないか。

　第2に，規制を見直して柔軟な労働時間管理制度の導入こそが生産性向上に貢献することを前提に進められているが，具体的な検証はほとんど行われていないことである。

　かつて「**ホワイトカラーエグゼンプション**[*]」の導入をめぐって，「残業代ゼロ法案」との批判を受けて撤回した経緯があるにもかかわらず，高プロに名を変えて可決成立させた。経営者の「残業はさせたいが手当は支払いたくない」思いが強すぎはしないか。最近の「**固定残業代**[*]」も同様である。企業の生産性向上が労働者の疲弊によって支えられている構図は歪んでいると言わざるを得ない。

　ちなみに，2021年のOECD加盟国の労働生産性比較において日本は38か国中27位で1970年以降最低である（『中日新聞』2022年12月20日付）。コロナ禍の影響という特殊な事情があるにしても，やはり改めて議論と検証が必要ではないだろうか。

　第3は，最近の**ギグワーク**[*]に代表されるフードデリバリー，宅配業の業務委託化・請負化，フランチャイズ契約のオーナーなどの雇用によらない働き方が進行していることである。各種労働法の規制が適用されないので低賃金で働かせ放題，社会保険料の負担も必要ないことになる。もちろん，拘束性の低い働き方を望んでいる人たちが一定数いることは理解できるが，トラブルが絶えない理由や背景をよく考えるべきだろう。

　労働時間や働き方の問題はあまりにも「建前と本音」，「理

＊**ホワイトカラーエグゼンプション**
「働いた時間で成果を図りづらい一部のホワイトカラーを『1日8時間を超えて働けば残業代を払う』という規制から外す（エグゼンプション）ことを意味する制度」のこと（中澤，2015，18頁）。第1次安倍政権において，法案提出直前で世論からの猛反発によって廃案となった。現在の高プロはまさしく日本版エグゼンプションといって差し支えないだろう。アメリカのエグゼンプション制度をモデルにしているが，アメリカではオバマ政権下で規制強化された。

＊**固定残業代**
「一定の決まった金額を，残業の有無にかかわらず，残業代として支払うもの」（明石，2019，85頁）。基本給や歩合給に最初から組み込む，または「営業手当」，「業務手当」といったかたちで一定額を支給するケースが多い。残業が固定残業代を超えた場合はその分を支払わなければいけない。不払いは違法であるが，採用している企業で不払いが多いと推察される。

＊**ギグワーク**
企業と雇用契約を結ばずに，単発・スポットな仕事を請け負う働き方のこと。特にフードデリバリーのように集中的に限られた時間のみ働きたいというニーズに合致している。しかし，プラットフォーム企業を介して業務に従事するので労働者に該当しない。したがって労働法が適用されな

いことからトラブルも絶えない。「ウーバーイーツジャパン」と配達員組合「ウーバーイーツユニオン」との間では，組合が団体交渉を申し入れたにもかかわらず，運営会社が拒否したことを不当労働行為として，東京都労働委員会に申し立てをした結果，「配達員はフリーランス（個人事業主）で運営会社と雇用契約はないが，労働組合法上の労働者にあたると判断。労組結成や団体交渉の権利を認めた」（『中日新聞』2022年11月26日付）。

＊官僚の働き方
官僚の長時間残業や休日出勤が常態化し，早期退職者の増加，志願者の減少などが深刻であり，人材不足が進行している。人事院が2022年4月に採用された幹部候補の新人官僚に行ったアンケートによれば，回答した650人のうち20%超は早期の転職を視野に入れているとの結果が出ている。公務員の魅力向上・優秀な人材確保のために必要なことに対して，「超過・深夜勤務の縮減」が必要との回答が最多の64.3%である（『中日新聞』2022年9月23日付）。

＊ブラック企業
違法な労働条件で労働者を酷使し使い捨てる企業の総称。SNSなどを中心に若者が告発するケースが多い。過剰なノルマ，長時間勤務，賃金や手当の不払い，シフトの強要，ハラスメント行為などが日常茶飯事で，肉体的にも精神的にも追い詰められる。

想と現実」の間にギャップがありすぎて，声を上げることを躊躇してしまい半ばあきらめの境地に陥ってしまう。最近，公立学校教員や**官僚の働き方**がクローズアップされているが，他人事として放置すれば，未来の子どもたちや地域・社会の問題として私たちの生活に影響を及ぼすのは明白である。

　だからこそ労働時間・働き方については，雇用や賃金との関連性を鑑みながら，雇用形態はもちろん，業種職種にかかわらず連帯すべき問題なのである。私たちの生活と命を脅かす，「**ブラック企業**＊」，「ブラック労働」が当たり前であってはならないのである。

引用参考文献

明石順平，2019，『人間使い捨て国家』角川新書。
内田良，2020，「学校の現状を見える化する――『1年単位の変形労働時間制』の導入は可能なのか？」内田良・広田照幸・髙橋哲・嶋﨑量・斉藤ひでみ『迷走する教員の働き方改革――変形労働時間制を考える』岩波書店。
久保智英，2022，「オフの量と質から考える働く人々の疲労回復」2022年12月25日アクセス。
首藤若菜，2018，『物流危機は終わらない――暮らしを支える労働のゆくえ』岩波書店。
髙橋哲，2020，「給特法という法制度とその矛盾」内田良・広田照幸・髙橋哲・嶋﨑量・斉藤ひでみ『迷走する教員の働き方改革――変形労働時間制を考える』岩波書店。
永井恵子・石井竜太，2017，「我が国における勤務間インターバルの状況――ホワイトカラー労働者について」『統計』2017年9月号。
中澤誠，2015，『ルポ　過労社会――8時間労働は岩盤規制か』ちくま新書。
法政大学大原社会問題研究所編著，2011，『社会労働大辞典』旬報社。
森岡孝二，2019，『雇用身分社会の出現と労働時間――過労死を生む現代日本の病巣』桜井書店。
八代充史，2009，「なぜ『名ばかり管理職』が生まれるのか」『日本労働研究雑誌』No. 585。
労働政策研究・研修機構，2022，『諸外国における雇用型テレワークに関する法制度等の調査研究』。

（浅野和也）

第10章

"休み方改革" とモチベーション

働き方改革が注目を浴びる中，働き方に関する議論は進む一方で，暮らし方や休み方に関する議論は比較的少ない。本章では，ワーク・ライフ・バランスの観点から，休み方に着目し，年次有給休暇を中心とする日本の休み方の現状やその背景を明らかにするとともに，国際比較をしながら日本の特徴を析出していく。さらには，休暇がモチベーションや生産性，創造性などにもたらす意義についても考察していく。

ワーク・ライフ・バランスと休暇

1 「働き方」と「休み方」

長時間労働，過労死，過労自殺といった問題を背景に，日本では，「働き方改革」が注目を浴びている。とりわけ，2018年にはいわゆる「**働き方改革関連法**」が成立し，**時間外労働の上限が規制**され，年次有給休暇の取得が義務化されるとともに（詳細は後述），**高度プロフェッショナル制度（高プロ制度**）が導入された。

ワーク・ライフ・バランスの構図からすると，とりわけワークの部分である「働き方」に関しては見直しが進む一方で，果たして，ライフの部分である「暮らし方」や「休み方」に関しては，その見直しはなされているだろうか。

そこで本章では，休み方について取り上げ，意義を改めて考えていきたい。具体的には，ワーク・ライフ・バランスの観点から，休み方や休暇制度をとらえ，日本における休暇制度の変遷やその実態を明らかにするとともに，休暇がモチベーションや創造性等に与える影響について考察していく。

2 ワーク・ライフ・バランスとは？

そもそも，ワーク・ライフ・バランスとはどのようなことを指すのか。まず，厚生労働省の男性が育児参加できるワーク・ライフ・バランス推進協議会は，「働く人が，仕事上の責任を果たそうとすると，仕事以外の生活でやりたいことや

＊働き方改革関連法

正式名称を「働き方改革を推進するための関係法律の整備に関する法律」とする働き方改革関連法は，2018年6月29日に成立し，2019年4月より順次施行された。

＊時間外労働の上限規制

時間外労働（休日労働は含まず）の上限は，原則として，月45時間・年360時間となり，臨時的な特別の事情がなければ，これを超えることはできない。また，臨時的な特別の事情があって労使が合意する場合でも，時間外労働は年720時間以内とし，単月で休日労働も含めて100時間未満，複数月平均で80時間以内にしなければならない。

＊高度プロフェッショナル制度（高プロ制度）

高度の専門的知識等を有し，職務の範囲が明確で一定の年収要件（年収1075万円以上）を満たす労働者を対象として，労使委員会の決議と労働者本人の同意を前提に，休日確保や健康福

社に関する一定の措置を講ずることにより，労働基準法に定められた労働時間，休憩，休日や深夜の割増賃金に関する規定を適用しない制度である。業務内容に応じて柔軟な働き方ができる一方で，長時間労働を助長したり，現行の基準が緩和され一般の労働者が対象になってしまうおそれがあるなど注意が必要である。

＊ワーク・ライフ・コンフリクト

「仕事と生活の衝突」を意味する。仕事と生活のどちらかの責任を果たそうとした際，もう一方の責任が果たせない状況を指す。

やらなければならないことに取り組めなくなるのではなく，両方を実現できる状態」と定義している。

　ここで重要なのは，**ワーク・ライフ・コンフリクト**[*]という概念である。長時間労働のために，育児や家事が行えない，子どもと遊ぶ時間すらないといったケースや，親の介護のために，仕事を辞めざるを得ないといったケースがその一例である。ワーク・ライフ・バランスは，逆説的にいえば，このワーク・ライフ・コンフリクトのない状態ということができるであろう。また，こうしたコンフリクトは，個人によって大きく異なる。仕事と生活の間にコンフリクトがなく，自分の希望するバランスでそれらを実現できることが，ワーク・ライフ・バランスのエッセンスということになる。

　他方，内閣府男女共同参画会議（仕事と生活の調和に関する専門調査会）の定義では，「老若男女誰もが，仕事，家族生活，地域生活，個人の自己啓発など様々な活動について，自ら希望するバランスで展開できる状態」となっている。

　したがって大切なのは，多種多様なコンフリクトを抱えている個人個人の個別のニーズを満たすことであって，一律に残業を減らし，すべての人が同じ程度に，仕事と生活のバランスをとれば良いという問題でもない。むしろ，極端な例では，仕事一筋の人間であっても，自身やその家族がそう望み，生活とのコンフリクトがなければ，その人のワーク・ライフ・バランスは整っているということになる。まちがっても，誰もが等しく，ワークとライフを均等にとることが，ワーク・ライフ・バランスということではないことを強調しておきたい。

3　アンバランスな議論

　さて，ワーク・ライフ・バランスやそれに関連する分野の研究に関しては，比較的新しい概念であるものの，従前から経済学，経営学，社会学などで幅広く行われてきた。ただし，こうした研究のほとんどが，ワークがライフを規定する一方通行の議論に終始するきらいがある。例えば，長時間労働だから私生活が充実しない，残業をなくせばプライベートが充実するといったものである。

　しかしながら，ライフがワークを規定することも大いにありうる。例えば，便利な生活を支えるためには，その分誰かが働かなければならない。生活水準が高くなればなるほど，

仕事にもそれ相応の質や量が求められるのである。今回取り上げる休み方に関しても，仕事にどのような影響が出るのか，あまり議論されない[*1]。

このように，ワーク・ライフ・バランスをめぐっては，本来双方向からの検討が必要であるにもかかわらず，ワークのみがライフを規定するというアンバランスな議論になりがちである。

② 日本における休暇・休日制度

本節ではまず，日本における休暇や休日の制度や実態，また近年の傾向について概観する。

1 日本の休暇・休日制度

休日は，労働者が就業規則や労働契約などの定めにより，労働義務を負わない日のことを指すのに対して，休暇は，労働者の申請によって労働義務が免除される日のことを指す。

休日には，労働基準法等に基づいた法定休日とそれ以外の法定外休日がある。労働基準法によると，原則として，労働者に対して，毎週少なくとも1日の休日を与えなくてはならないとなっており，一般的には日曜日を法定休日にしている。

休暇には，法律で定められた法定休暇と，就業規則等により会社等が任意に定めた法定外休暇（いわゆる特別休暇）がある。そのうち，法定休暇に関しては，利用目的を問わず自由に利用できる年次有給休暇（以下，年休）の他，利用目的ごとに定められた育児休業，介護休業，子の看護休暇，介護休暇などがある。

年休は，労働基準法第39条に規定されており，それによれば，6か月間同一企業に継続勤務し，全労働日の8割以上出勤した雇用者に対し，10日間与えられる。その後，勤続2年6か月になるまでは，年に1日ずつ，2年6か月以降は年に2日ずつ加算されるが，最大の年休日数は20日と定められている。

年休制度の歴史は，1947年の労働基準法が制定された終戦直後にさかのぼる。小倉（2009）によると，**ILO 52号条約**を念頭に置き，「継続した6労働日」という案も出たが，戦後復興期とも重なり「継続」は実態に合わないということで，最終的には，「継続し，または分割した」という表現となり，そうした規定が今日にまでいたっている。また，8割以上の

*1 後述するように，例えば，ゴールデンウィークやお盆休みなど，休暇が一時期に集中することで，観光・レジャー産業で働く従業員の負担が大きくなるなど，休み方が働き方に影響を与えることがある。

＊ILO 52号条約
正式名は，1936年の年次有給休暇に関する条約。ILO第20回総会で1936年6月24日に採択，1939年9月22日に発効された。1年間以上勤務した一般労働者には少なくとも6労働日の年休を，連続して付与しなければならないと規定している。

＊**計画的付与制度**

年次有給休暇のうち5日を超える分については，労使協定を結べば，計画的に休暇取得日を割り振ることができる制度のこと。同制度を導入している企業は，導入していない企業よりも年次有給休暇の平均取得率が高くなっており，当該制度の導入は年次有給休暇の取得促進に有効であると考えられている。

＊**ILO 132号条約**

1970年に ILO 第54回総会で採択された ILO 132号条約は，1936年に採択されたILO 52号の内容を改正し，一般労働者が3労働週の年次有給休暇の権利を有することと規定した。休暇は原則として継続したものでなければならないが，事情により分割を認めることもできる。ただし，その場合でも分割された一部は連続2労働週を下らないものとされる。

＊**第4次男女共同参画基本計画**

男女共同参画社会基本法（平成11年法律第78号）第13条1項の規定に基づき，施策の総合的かつ計画的促進を図るために第4次男女共同参画社会基本計画が2015年に閣議決定された。この基本計画では，以下の4つをめざすべき社会としている。①男女が自らの意思に基づき，個性と能力を十分に発揮できる，多様性に富んだ豊かで活力ある社会。②男女の人権が尊重され，尊厳をもって個人が生きることのできる社会。③男性中心型労働慣行等の変

出勤率を要件とする日本独自の付与条件も，この際に決まった。野田（2000）は，多くの労働者は日々の食糧確保のために，事実上有給で買い出しのために休みをとっており，当時のこうした経済状況下では出勤率要件を入れざるを得なかったことを指摘している。

その後，労働時間が社会問題化した1980年代後半になると，法定労働時間を原則週46時間とするなど1987年に実施された一連の労基法改正の中で，年休も改正された。この改正により，①最低付与日数が6日から10日となり，②パートタイム労働者に対しても，労働日数に応じて年休が比例付与されるとともに，③計画年休制度＊が導入され，さらには，④年休取得を理由にした不利益な取扱いが禁じられるようになった。

1993年には継続勤務要件であった「1年」が「6か月」へと短縮され，さらに1998年には，1年6か月の継続勤務後，従来は1年に1日の増加であったものを，1年につき2日とする改正が行われた。なお，上記の1993年の改正は，1970年に採択された**ILO 132号条約**＊が規定する継続勤務要件に遅ればせながら対応するかたちとなった。一方で，今日にいたっても，最低付与日数に関しては，132号条約が定める「最低3労働週」には及んでおらず，同条約が言及する「少なくとも1回は継続した2労働週」に関してもいまだに規定されていないなど，日本の有給休暇は，国際基準とされる ILO の要件を満たしておらず，ILO 132号条約に関しても未批准のままである。

2　年次有給休暇取得率の実態とその要因

労働者の正当な「権利」である年休であるが，その実態はどのようになっているだろうか。ここ20年の推移をみてみよう。**資料10-1**のとおり，年休取得率は長らく低迷が続いていることがわかる。とりわけ，2001年以降2017年まで，いずれの年も5割に満たない。近年，ようやく上昇のトレンドとなり，2022年には6割近くにまで上昇したが，**第4次男女共同参画基本計画**において示された2020年までに7割とする政府目標には，いまだにほど遠い現状である。

なお，近年の上昇について，たしかに働き方改革の一環として行われた年休の取得義務化による影響とみることも不可能ではない。ただし，一概に働き方改革の成果と断定するこ

資料10-1　年次有給休暇取得率の推移

付与日数	18.0	18.1	18.2	18.0	18.0	17.9	17.7	17.6	18.0	17.9	17.9	18.3	18.3	18.5	18.4	18.1	18.2	18.2	18.0	18.0	17.9	17.6
取得日数	8.9	8.8	8.8	8.5	8.4	8.4	8.3	8.2	8.5	8.5	8.6	9.0	8.6	9.0	8.8	8.8	9.0	9.3	9.4	10.1	10.1	10.3
取得率	49.4	48.6	48.4	47.2	46.7	47.0	46.9	46.6	47.2	47.5	48.0	49.2	47.0	48.6	47.8	48.6	49.5	51.1	52.2	56.1	56.4	58.5(%)
	2001	02	03	04	05	06	07	08	09	10	11	12	13	14	15	16	17	18	19	20	21	22(年)

（出所）　厚生労働省『就労条件総合調査』より筆者作成。

とは時期尚早であろう。付与日数自体が減少したため，結果的に取得率が高まったことには，注意が必要である。

　それでは，なぜ年休の取得率は低迷しているのか。それには，少なくとも２つの要因が考えられる。

　１つは，年休取得へのためらいである。『令和３年度「仕事と生活の調和」の実現及び特別な休暇制度の普及促進に関する意識調査報告書』によると，「ためらいを感じる」13.8％，「ややためらいを感じる」31.7％と半数近くの人がためらいを感じている。また，ためらいを感じる回答者からその理由を聞くと，「迷惑がかかると感じるから」が58.5％で最も割合が高い。さらに他の理由では，「職場の雰囲気で取得しづらいから」が25.2％，「上司がよい顔をしないから」が21.7％と，周囲に気を遣って休暇がとれない様子が，如実に表れている。

　また１つに，不測の事態に残しておきたいという心理も，取得に歯止めをかけている。同調査によると，年休を何日か残しておきたい，または，まったく利用するつもりがないと考えていた回答者に，その理由を聞いてみると，「病気やけがに備えて残しておきたいから」が63.3％で最も割合が高く，次いで「急な用事のために残しておく必要があるから」が53.2％となっている。これは，欧州諸国と違い，「**病気休暇***」などが法律で定められていないことが，大いに影響しているともいえよう。

革等を通じ，仕事と生活の調和が図られ，男女がともに充実した職業生活その他の社会生活および家庭生活を送ることができる社会。④男女共同参画をわが国における最重要課題として位置づけ，国際的な評価を得られる社会。

＊病気休暇

欧州諸国の中でも保障の手厚いドイツの病気休暇制度は，６週間にわたり賃金を100％保障している。フランスでも最長90日の期間，最初の30日は賃金の90％，それ以降は３分の２の金額が支払われる。なお，日本では，病気休暇は法定外休暇の扱いであり，一部の企業が導入するのみとなっている。

［3］　近年の動向

　最後に，年休に関する近年の2つの動向をみてみよう。

　年休の近年の動向の1つに，時間単位での取得がある。本来年休は1日単位であり，さらにいえばILOが定めるように2週間といった長期的に継続した単位での取得が，国際的には常識である。一方で，日本では，むしろ逆に，病院への通院や子どもの授業参観等，数時間で済む私用に対して，1時間単位での取得を求めるニーズが，一定程度ある。現状では，労使協定の締結等により，年5日の範囲内で，時間単位での取得が可能となっている。

　たしかに，年休取得のハードルは下がり，ワーク・ライフ・バランスの実現に一役買う可能性もあるが，年休の管理方法が複雑になることはもとより，年休本来の趣旨がおろそかになる可能性もある。

　近年の動向のもう1つに，年休の取得義務化がある。いわゆる政府の「働き方改革」の一環により，労働基準法が改正され，2019年4月からすべての企業において，年10日以上の年休が付与されている労働者に対して，そのうち5日については，付与した日（基準日）から1年以内に，使用者が時季を指定して取得させなければならなくなった。時季指定に当たっては，労働者の意見を聴取した上で，できる限り希望に沿えるようにしなくてはならない。このように，年休を労働者に取得させることが，使用者の義務となったのである。

　日本では，本来，労働者側に時季を決定する権利がある。ただし，その権利の行使をためらう傾向が強く，取得率が伸び悩んできたため，休暇の一部について労働者に取得させることを使用者側の義務とすることで，少なくとも5日は確実に休暇を取得してもらい，年休取得の促進を図るねらいがある。

③　国際比較からみた日本の実態

［1］　世界からみた日本の特徴

（1）　休暇に関する概念の違い

　国際的には，休暇は連続して取得するのが常識となっているが，日本では短期間でしかとれていない。そもそも，年休は週休と役割が異なり，労働者の健康のためには，仕事から解放された連続した休息が必要であるという発想から生まれており，だからこそ，ILOの132号条約は「少なくとも1回

は継続した2労働週」と定められているのである。小刻みに分割して取得する風習は前述したように，年休が取り入れられた際の戦後復興という時代背景が影響している。小倉（2009）は，この連続付与要件がないことが，その後の西欧と日本との決定的な休暇の違いに表れていると評している。

（2）　祝日が多い

意外かもしれないが，先進国の中で，日本は祝日が多い。2021年の祝日を比較すると，アメリカ12日，フランス11日，イギリス10日，ドイツ9日に比べ，日本は17日（振替休日含む）と群を抜いて多い（労働政策研究・研修機構『データブック国際労働比較2022』調べ）。年休が十分消化されていない分を，祝日が補っているかたちとなっている。日本の祝日は「国民の祝日に関する法律」（昭和23年法律178号）によって定められている。年間に16日が「国民の祝日」とされており，すべて休日となる。[*2]こうした状況には，戦後祝日を増やしていった歴史がある。1948年7月20日施行の「国民の祝日に関する法律」によって，9日の祝日（休日）が定められ，その後1966年法改正で3日追加され，12日となった。さらに，1989年，1995年，2005年，2014年にそれぞれ1日ずつ増え，16日までに増えていった。なお，2021年は振替休日が1つ増え合計17日となっている。

（3）　一斉休業の慣習

前述のように取得率が低迷し，国際的にも短期間となっている年休を補う意味でも，日本では祝日が一貫して増えてきた。このことは，個人の意思で自由に時季を指定して取得できる年休には，ためらいを感じる一方で，原則として全員が休みである祝日には，抵抗を感じない心理的要因が大きい。その結果として，年末年始，ゴールデンウィーク，お盆休みと，休暇は一斉に皆と合わせて取得するという慣習が定着してきた。しかしながら，この一斉休業の慣習は，観光業をはじめとした産業にとって，観光需要が一時期に集中してしまい，事業や業務の平準化ができなくなる悪影響を及ぼすことも事実である。それは翻って，観光業はじめ広くサービス産業に携わる従業員に対しても，大きな負担を及ぼすわけであり，従業員の働き方を考える上でも，こうした慣習に関して再考の余地があるであろう。

*2　祝日は国民の祝日に関する法律により休日となっているが，労務管理上は，必ずしも休日にする必要はなく，企業・事業所の判断に委ねられる。すなわち，休日とすることも，平日扱いにすることもできる。とはいえ，祝日を所定外休日としているのが一般的であろう。

2 フランスのバカンスから学ぶこと

日本の休み方の特徴を概観してきた中で，短く一斉に休暇をとらざるを得ないという日本の課題が浮かび上がってきた。そこで，長期休暇に関する各種制度が整備されたフランスを事例として，その実情や成り立ちを知るとともに，そこから得られるヒントを探ってみたい。後述するように，フランスは今でこそ「バカンス大国」として有名であるが，もともと，とりわけ庶民にとって長期休暇は無縁の存在であり，当時の休暇の取りづらさは，現在の日本の状況と通ずるところも多いだろう。したがって，フランスのバカンスからは，単に長期休暇制度の先進事例を学ぶのみならず，休暇制度の歴史的な浸透過程を追うことで，日本へのインプリケーションを得ることも可能となるであろう。

(1) バカンスの現状

フランスでは，5週間の年休が認められている。10日以上雇用されれば年休の権利が発生し，年休の計算期間は，一般的に産業別の**労働協約**により定められるが，夏のバカンスの伝統から，年休を取得する期間には少なくとも5月から10月末までを含まなくてはならない。年休の時季決定権は原則的に使用者が有しているが，組合代表の意見を聞き，労働者の家庭状況などにも配慮しなければならない。また，休暇の一部は最低連続した12労働日でなければならず，24日を超えることはできない。産業別あるいは企業別の労働協約では，こうした基準を上回ることが多い。最も代表的なものは，勤続年数に応じた休暇の加算で，20年あるいは30年勤続に対する報奨として，何日かの付加休日を与える企業が多い。さらに，専門職・管理職（カードル層）に対する加算も一般的である（鈴木，2012）。

(2) バカンス文化の民主化

しかしながら，もともとフランスではこうした風習・慣行が，今日のように幅広く根付いていたわけではない。19世紀後半，フランスへ避暑に訪れたイギリスの富裕層をまね，フランスの上流階級の間にも，ドービル，ビアリッツ，カンヌ，ニースに代表される避暑地の別荘，ホテルに長期滞在することが流行するようになる。この上流階級の慣習は，20世紀に入ると，次第に中流階級の上層まで広がっていき，1か月以上の夏休みを山や田舎で過ごすことがステータス・シンボルとなっていく（鈴木，2012）。

＊労働協約
労働組合と使用者側が結んだ労働条件等に関する取り決めのことを指す。労働組合と使用者側との契約であることから，一般的には非組合員に対して効力が及ばないが，フランスの場合は，産業別に締結されるため，組合員・非組合員にかかわらず，すべての労働者に拡張適用される。

　そうしたごく一部の層を除き，フランスの労働者はバカンスとは無縁の働き方をしていた。労働時間の規制が1日12時間と定められていた中，ようやく1906年に週休が導入され日曜日に休めるようになった。

　たしかに，公務員や一部の事務職員の間では，年休が導入されはじめ，労働組合も1907年の全国鉱山労働者連盟の大会を皮切りに次第に年休を要求しはじめたが，大多数の労働者は，余暇とは無縁の存在であった。

　一方で，1919年の第1回ILO総会において，年休の問題が提起されて以来，ヨーロッパの国々で立法ないし労働協約によって，次第に年休制度が普及していった状況の中で，フランスの労働組合も，年休に対する要求を強めていくようになる。こうした動きに呼応して，議会においても1925年を皮切りに，年休法案が相次いで上程されるようになるものの，使用者団体等の激しい反対や恐慌の影響もあり，いずれも廃案となった（廣田，1987）。

　1936年，人民戦線派の選挙勝利の結果，社会党主導の人民戦線政府が誕生した。首相となったブルムはもちろんのこと，当時の社会党内でも年休への理解ができていたことや，また国際的にも，同年，年休の制度化について勧告を採択していたこともあり，「年次有給休暇法」（バカンス基本法）が6月20日に制定された。これにより，すべての被用者に最低15日の年次連続休暇（バカンス）の権利が保障されることとなった。この法律で特筆すべきは，当初より連続取得を原則としており，取得期間（当時は7月から9月）のうちに完全消化しなければならず，翌年に繰り越すことはできなかった点である（廣田，1999）。

　第二次世界大戦後に3度の法改正がなされ，年休の付与日数が，1956年には3週間（18日）に，1969年には4週間（24日）にまで拡大した。1982年には5週間（30日）にまで拡大し，今日にいたっている。

　こうして年休が認められるようになったが，バカンスとは無縁の労働者に休暇を与えることに，それ以前から指導者層は皆不安を感じていたことも事実である。1919年の8時間労働法の施行によって，はじめて広範な労働者が，ささやかながらも余暇を享受できる時代が到来した当時，産業家や議員はもちろん労働運動指導者ですら，余暇の増大が酒場通いを増加させ，アルコール依存症を蔓延させたり，借金やヤミ労

＊余暇の組織化
増大する国民の余暇に対して効率的かつ有意義な活用を促すことであり，当時，社会的秩序を安定させるための社会政策として重要視されていた。

＊3　3大原則とは①国家が個人の選択を最大限度に尊重するという個人主義，②商業的企業よりも民間非営利団体の余暇活動を優先するという反商業主義，③既存の余暇団体の自治と主体性を保障しつつそれに依拠しようとする反国家管理を指す。とりわけ，ナチズムが台頭するドイツとは対照的に，個人の余暇に対する国家の介入は最小限にとどめ，国家は余暇政策の方向づけのみを行い，最終的な判断は個人に委ねる点は特徴的である。

＊ソーシャルツーリズム
すべての国民が観光へアクセスできるよう，政府や公的機関，非営利団体などを中心となって振興する観光あるいは観光政策のことを指す。

＊バカンス小切手
1982年に政府により設置されたバカンス小切手庁が，雇用主や企業委員会を通じて，労働者向けにバカンス中に使用できる小切手を発行する制度である。企業は労働者の積立金に加え20〜80％を拠出してバカンス小切手をバカンス小切手庁から購入し，これを労働者に支給する仕組みとなっており，小切手の購入企業に対しては社会保険料の一部減免措置が適用される。この小切手は，フランス国内の

働を助長してしまうのではといった心配をしていた。こうした課題に真正面から応えるため，政府や指導層によって提唱されたものが「**余暇の組織化**[＊]」であった。

　年次有給休暇法が制定されると，ブルム内閣では，余暇の組織化のもと，諸政策が行われた。とりわけ，余暇の組織化を任務とする新たな省として「スポーツ・余暇庁」の設置を決心した。長官に任命されたラグランジュは，余暇の組織化の3大原則[＊3]を定め，この原則のもと，①文化余暇，②スポーツ余暇，③観光余暇の3領域にわたり労働者の余暇の充実に務めた（廣田，1996）。

　バカンスに最も直接的にかかわる観光余暇については，民衆向けの観光振興をめざし，鉄道会社に年次休暇民衆切符（40％の割引）を新設させると同時に，とくに若年層に向け，自転車とユースホステルを利用した簡便で安価な旅行ができるよう，ホステルの建設を奨励した。さらに恵まれない家庭の子どもたちを対象に，いわゆる林間学校や臨海学校も普及させた。

　こうした**ソーシャルツーリズム**[＊]は，第二次世界大戦後もバカンス普及に大きな貢献を果たす。ドゴール率いる臨時政府は，レジスタンスで重要な役割を果たした共産党も加わったこともあり，労働者優遇の政策を打ち出した。その一環として，労働者のバカンスを享受できるよう「ツーリズムと労働」という官製団体が設立され，1948年には300万人にも及ぶ加盟者を誇ったという。その後，政治的分裂等で政府からの助成はなくなるものの，1960年代の前半には，同団体の施設であるバカンス村は，大いに繁栄したといわれている。このようにして，1960年代には，順調な経済成長による所得上昇やモータリゼーションもあいまって，バカンスは庶民のものとなった（鈴木，2012）。1982年には**バカンス小切手**[＊]の制度ができた。1999年には，低所得者を対象としたバカンス支援制度として，「**休暇連帯助成金**[＊]」制度がはじまった。

　（3）　バカンス文化から学べること

　以上のように，フランスのバカンスの発展をみてきた。日本の休み方を考える上で，参考になる点は多くあるが，とりわけ，3つの点を強調しておきたい。

　第1に，導入前は労働者に余暇を与えることに不安を覚え，労働者自身もバカンスの良さすらわからなかった中，法律により年休制度を導入したことである。もちろん，指導者

層など一部には広まっていたバカンス文化を，法律によって大衆にまで対象を拡大したことは，バカンス文化の礎を築いたという点で意義深い。

　第2に，法律によりバカンス制度をつくるのみならず，余暇の有意義な活用を政府が中心となって積極的に推進し，バカンスという習慣を一般大衆に普及させたことも重要な点である。法律を制定し制度を整えるだけではなく，余暇の組織化という大義名分のもと，政府が中心となり，観光を1つの社会政策としてソーシャルツーリズムを促進してきた。とりわけ，バカンスを庶民が身近に享受できるようインフラや各種助成制度が整備されていった。

　第3に，こうして定着したバカンス制度により，フランス人のワーク・ライフ・バランスに決定的な影響を与えているということである。それまでは「労働」一辺倒であった日常生活に「余暇」が加わり，「労働」と「余暇」という2つの軸を中心とした生活世界が，二元的に構成された。廣田(1996)は年次有給休暇法が制定された1936年を画期として，フランスは生産中心・労働本位の社会と決別し，余暇を勤労者の日常生活とライフ・サイクルにおける不可欠の要素として組み込んだ社会，換言すれば労働と余暇という2つの軸を中心として人々の生活世界が，二元的に構成されるような新しい社会へ向けての第一歩を踏み出したと評している。すなわち，労働者にとっては，休みを前提とした働き方が確立し，労働生活の中に休暇がしっかりと根付いていることを意味する一方で，使用者にとっても，休みを前提とした働かせ方や労務管理が必須となり，長期休暇を組み込んだ上で，年間の事業計画を作成することが当然となったことを意味する。さらには，社会全体として休暇を許容することも，重要な点であろう。

4　「休み方」とモチベーション・生産性

1　休暇の重要性

　前節でみたように欧米社会では，定期的な休暇は労働生活に不可欠な一部と考えられており，休暇は生活の質の重要な要素といえる。こうした休暇の重要性は，様々な研究により実証されている。実際，休暇は疲労の軽減はもちろん，睡眠障害などの健康上の不満の減少，それによる生活満足度の向上など，従業員の「健康や幸福（ウェルビーイング）」（以下，

宿泊施設，交通機関，飲食店，レジャー施設などでの支払いに利用できる。

＊休暇連帯助成金
経済的・社会的に困難な状況にある家庭や個人が，わずかな金額で最長1週間の休暇を過ごせるようにする制度。低所得の家庭や若年層，年金生活者，失業者，障害者などが対象者となっている。

*回復
回復とは，仕事上の要求や
職場でのストレスにより引
き起こされた身体的・心理
的な緊張状態を解きほぐ
し，軽減するプロセスであ
る。

*努力―回復理論
回復理論の最も有力な理論
の１つ。勤務中は，仕事上
の要求を満たすために個人
がもっている資源が費やさ
れる一方で，勤務後はそう
した要求から解放され，勤
務中に費やされた資源が補
充されるという考え方であ
る。

*「DRAMMA」モデル
Detachment and Recov-
ery（ディタッチメントと回
復），Autonomy（自律性），
Mastery（習熟），Meaning
（意味づけ），Affiliation
（所属）のそれぞれの頭文
字が DRAMMA の由来と
なっている。

H&W）にプラスの影響を与えている。反対に長期間休暇を
とらないと，心臓発作，心血管疾患等のリスクが上昇すると
の報告もあり，ワーク・ライフ・バランスを保ちながら長期
的に労働生活を送るためにも，休暇は欠かせない。

　休暇のどのような効果が，どのようなメカニズムで労働者
の H&W に寄与し，また，彼らのモチベーションや生産性
にも影響を与えると考えられるのであろうか。

　労働衛生学の観点からみると，休暇を疲労から回復*するプ
ロセスとみなす。この「回復」に関しては，従前より「努力
―回復理論*」をはじめとした様々な理論が発達してきた。も
ちろん，仕事からの回復は，通常，終業後や週末に規則的に
起こることもあり，なにも休暇に限ったことではない。しか
し，休暇は夜間や週末よりも強力な回復の機会となる可能性
が高い。実際，休暇は単に義務からの解放という受動的なメ
カニズムのみならず，価値ある自由時間を能動的に経験する
こと（例えば，家族との余暇活動や趣味など）によって，仕事から
の回復に貢献しうる（Bloom, 2012）といわれている。

　さらに，休暇に関し様々な回復アプローチをもとに包括的
な心理的メカニズムを提唱したのが Newman らである。彼
らの「DRAMMA」モデル*は，余暇と幸福感との心理的メカ
ニズムを明らかにしたもので，余暇による①ディタッチメン
ト体験，②自律体験，③習熟体験，④意味づけ体験，⑤所属
体験の５つの回復体験がなされることで，最終的に当人の
H&W につながっていくという説である（Newman et al., 2014）。

　１つ目のディタッチメントとは，仕事から物理的にはもち
ろん，心理的にも離れている体験を指す。余暇によって，物
理的にも心理的にも仕事から離れることにより回復が起こ
り，それが労働者の H&W につながる。２つ目の自律体験
については，余暇は自らが進んで好きなことを好きなだけ行
う意味できわめて自発的な体験といえる。こうした自律性や
主体性に関する効果として，余暇中の内発的動機づけがスト
レスを軽減したり，自らの意思で活動を選択するといった自
律的動機づけは，仕事中よりも休暇中の方が幸福につながる
ことがわかっている。３つ目の習熟体験に関しては，余暇活
動は学びの機会を提供し，成長を促す。研究においても習熟
体験をもたらす余暇活動は，より高い幸福度につながる可能
性が高いことが実証されている。４つ目の意味づけ体験につ
いては，余暇は人生の意義や目的を見つめ直す機会となり，

人生の満足度を促進するとされている。5つ目の所属体験に関しては，人とのつながりを感じられる社会的な余暇活動ほど，より高い幸福感をもたらすとされている。

2　モチベーションや創造性との関係

　以上のように，休暇には労働者のH&Wの向上に資することが実証されてきた。それでは，仕事へのモチベーション，パフォーマンス，創造性に対して休暇はどのような影響を及ぼすと考えられるだろうか。

　休暇のとれない状態が続いた場合，**ワーカホリック**になりやすくなり，さらには**バーンアウト**にまで発展することになり，モチベーションの低下や生産性の低下を招くことにもなりうる。心身ともに健康であることが優れたパフォーマンスを出す前提でもあり，そのためにも休暇は欠かせない。

　とりわけ，先述のDRAMMAモデルを引き合いに出すと，「ディタッチメント」体験はストレスを解消するための重要なメカニズムであり，ストレスの解消は，モチベーションの向上や，パフォーマンスの上昇をもたらす可能性が高い。また，物理的にも心理的にも離れることにより，職務や職場を文字通り客観的にみることができ，種々の気づきを与えることにより，生産性や創造性の向上に貢献する可能性も大いにある。

　また，休暇中の「自律性」の向上によって，職務に対してより主体的に取り組むようになり，パフォーマンスや生産性の向上につながる可能性が考えられる。

　「習熟」体験は挑戦的な状況に直面したときに生じる成功や達成の経験であり，**自己効力感**を高める結果となる。こうした休暇による自己効力感の向上は，業務に対するモチベーションを向上させたり，新たなことへのチャレンジ精神を育むことにもつながる可能性が十分あるといえる。

　「意味づけ」については，休暇は，様々な学びを通し視野を広げ，これまでの日常や人生を振り返り，現在の仕事や職場における自身の役割について意味づけを行うことにより，モチベーションを高めることにつながるといえよう。

　最後に「所属」に関しては，家族やパートナーとの関係を強化したり，とりわけ社会的な余暇活動では，他者との親和性を高めることにもなる。こうしたことは，一方で自己肯定感を高めたり，「習熟」体験同様，自己効力感を高めること

＊ワーカホリック
「仕事中毒」とも呼ばれ，私生活や自身の健康を犠牲にしてでも，過度に働かなければならないという強迫観念をもっている状態やそうした人を指す。

＊バーンアウト
「燃え尽き症候群」とも呼ばれ，それまで熱心に仕事に邁進していた人が，突然労働意欲を失い，なにもしたくなくなる状態を指す。

＊自己効力感
自分がある目標を達成するための能力をもっているという認識のことを指す。自己効力感の高い人は「自分ならできる」と考え，困難に直面しても目標に向けて努力し続ける傾向がある。
➡第13章「タレント・マネジメントとワーク・エンゲイジメント」❷ 2

により，業務に対するモチベーションを向上させることが考えられる。他方で，職場とは違うコミュニティに属することにより，業務や職場を客観視することができ，新たな視点を見出すことも可能かもしれない。

　今後の人材にますます求められる創造性については，重要な研究がある。創造性とは「斬新で有用なアイデアや問題解決策を生みだすこと」と定義される。先ほどの DRAMMA モデルは，休暇が H&W に対して与える影響を研究したものであるが，休暇が創造性に及ぼす影響について，このモデルを援用して検証した実験がある。これによると，休暇後職場に戻って 2 週間後に，創造性が急上昇することが明らかとなった。また，DRAMMA のうち，習熟体験が創造性と有意に相関していたことから，休暇中のチャレンジ経験や学習機会が従業員の感情資源や認知資源を補充し，創造性を高めることが示唆された（Syrek et al., 2021）。

　また，休暇中の旅行に関していえば，創造性を発揮するために欠かせない思考の柔軟性である「認知的柔軟性」を高めることがわかっている。この「認知的柔軟性」は，通常の思考パターンを破り，機能的固定性を克服し，従来のアイデアや解決策への依存を回避する能力を指す。旅行から帰った被験者は，休暇前に比べて高い認知的柔軟性を示し，休暇後のアイデアは休暇前よりも多様で，より幅広い概念を含んでいた。このことは，旅行による多種多様な経験や，そうした経験を通して生まれたポジティブな感情が，創造性の前提となる認知的柔軟性を高めた可能性がある（Bloom et al., 2014）。

⑤　今後の展望と課題

　本章では，ワーク・ライフ・バランスの観点から，ライフに位置する休暇・休日をはじめとした「休み方」に着目した。これまでみてきたように日本での現状の「休み方」には，多くの課題が見受けられた。世界的に祝日が多く，年休消化がされていないことは，主体的に休暇をとっていない，あるいは，労使双方にとっても，休暇は労働生活やライフ・サイクルの重要な部分にいまだに組み込まれていないことを示している。フランスの事例からも学べるように，使用者のみならず消費者も含めた休暇に対する社会の理解が欠かせない。

　そもそも，本来休暇とは長期でとるものである。今後は取

得率の向上はもとより，いかに長期で取得できるかについて
も，議論していく必要がある。

　長期休暇の話題は，今の日本にとっては「夢物語」のよう
にも聞こえる。だが，バカンス大国であるフランスでも，庶
民にバカンスが浸透する前は，余暇は労働生活のごく一部に
すぎず，今日のように重要視されることもなく，むしろ，弊
害をもたらす「悪」とすら考えられていた。そうした中から
でも，政府主導の政策のもと，社会的な「実験」を繰り返す
中で余暇や休暇の良さや効用が，フランス人の中で実感され
たからこそ，今日のバカンス文化がかたちづくられたといえ
よう。

　また，学術的にも，余暇や休暇に関する効果が徐々に実証
されてきた。余暇や休暇は労働者のH&Wにとって有意義
な効果をもたらすことが明らかになるとともに，モチベー
ションや生産性，創造性といった観点からも，その重要性が
示唆された。今後当該分野でのさらなる研究が望まれる。

　こうした研究などにも注視しながら，さらなる「働き方改
革」を推進する上でも，その"カウンターパート"となる
「休み方改革」についても，議論していく必要があるだろう。

引用参考文献

小倉一哉，2001，「年次有給休暇制度——歴史・国際比較・現状」
　　『日本労働研究機構研究紀要』第21号。
小倉一哉，2009，「なぜ年次有給休暇の計画的付与があるのか」
　　『日本労働研究雑誌』第585号。
野田進，2000，「労働時間規制立法の誕生」日本労働法学会編
　　『立法史料からみた労働基準法』日本労働法学会。
鈴木宏昌，2012，「フランスのバカンスと年次有給休暇」『日本労
　　働研究雑誌』第625号
廣田明，1996，「両大戦間期フランスにおける余暇の組織化——
　　フランス余暇政策史における有給休暇法の意義」権上康男・廣
　　田明・大森弘喜編著『20世紀資本主義の生成——自由と組織
　　化』東京大学出版会。
廣田明，1999，「フランスにおけるヴァカンス法制の発展」村串
　　仁三郎・安江孝司編『レジャーと現代社会——意識・行動・産
　　業』法政大学出版局。
廣田功，1987，「フランス人民戦線の〈文化革命〉の一側面——
　　有給休暇と〈余暇の組織化〉」中央大学人文科学研究所編『希
　　望と幻滅の軌跡——反ファシズム文化運動』中央大学出版部。
Bloom, J., 2012, *How do vacations affect workers' health and*

well-being ? Vacation（after-）effects and the role of vacation activities and experiences.

Bloom, J., Simone, R., Jana, K., Jennifer, R., and Sabine, G., 2014, "Vacation from Work: A 'Ticket to Creativity'?: The Effects of Recreational Travel on Cognitive Flexibility and Originality," *Tourism Management,* Vol. 44.

Newman, D. B., Louis, T., and Ed, D., 2014, "Leisure and Subjective Well-Being: A Model of Psychological Mechanisms as Mediating Factors," *Journal of Happiness Studies,* Vol. 15, No. 3.

Syrek, C. J., Bloom, J. and Dirk, L., 2021, "Well Recovered and More Creative? A Longitudinal Study on the Relationship Between Vacation and Creativity," *Frontiers in Psychology,* Vol. 12.

（五十畑浩平）

III

少子高齢・グローバル社会における課題

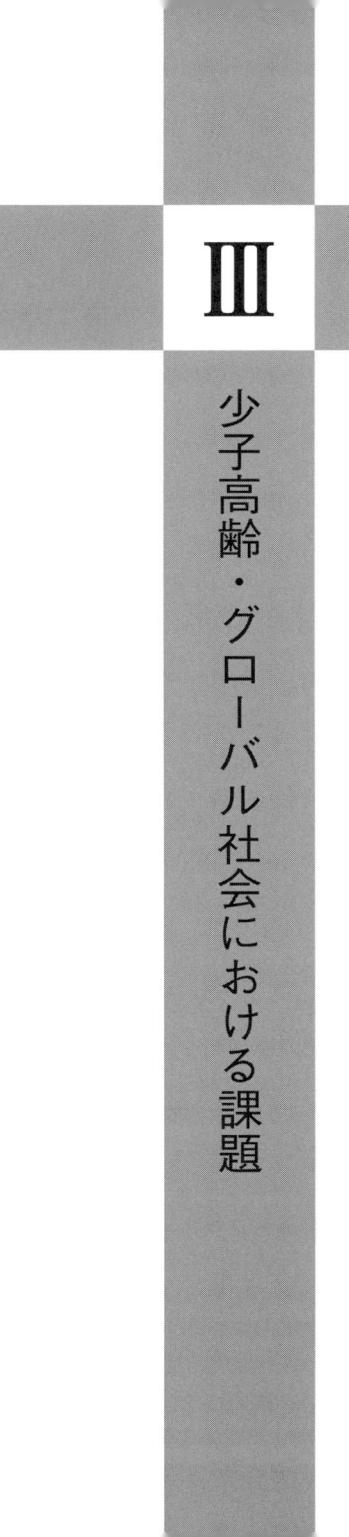

第11章

労働力不足と外国人労働者

　　　　外国人労働者は，自動車産業などの製造現場，コンビニエンスス
　　　トアや居酒屋などのサービス産業，農業や縫製業などの地場産業な
　　　どで働いている。少なくない外国人労働者は，生活における日本人
　　　との格差や，母国へ帰国することを前提とした制度設計などから，
　　　労働者として，あるいは，生活者として，その権利が脅かされてい
　　　る。なぜ外国人労働者は，労働者として権利制限が伴うのか。本章
　　　では，主として外国人技能実習生の働き方を中心に，外国人労働者
　　　の権利制限が生ずる背景について考察したい。

1 移民労働者と外国人技能実習生

1 少子化・高齢化と外国人労働者

　日本では**少子化・高齢化**を背景として，労働力人口が減少
している。**労働力人口**の減少に対して，ここ数年は，女性労
働者の活用，高齢者雇用の促進などが注目されている。ま
た，人手不足の領域を中心として外国人労働者の活用も進ん
でいる。外国人労働者は，国際的には移民（migration）と呼
ばれるが，日本政府は，高度人材以外の外国人労働者を，移
民として受け入れることに慎重な立場をとっている。ところ
が，日系人や外国人技能実習生などをみると，彼ら・彼女ら
は労働現場に欠かすことのできない存在として働いている。
このように，高度人材以外の外国人労働力を，正面（フロン
トドア）から受け入れるのではなく，横側から受け入れる方
法は，**サイドドア**からの不熟練外国人労働者の受け入れ
（side door mechanism for importing unskilled foreign labor）と呼
ばれる（Tsuda and Cornelious, 2004, p. 452）。

　厚生労働省によれば，日本で働く外国人労働者は，2023年
時点で204万8000人を超える。外国人労働者数は，2020年以
降，コロナ禍でやや減少しながらも，長期的には増大傾向に
ある。労働力不足対策として注目されている外国人労働者
は，どのような働き方をするのだろうか。あるいは，外国人
労働者を必要とする事業主はどのような業種が多いのだろう

＊少子化・高齢化
出生率の低下で若年者人口
が減少すること（少子化）
と，人口に占める高齢者の
割合が増えること（高齢
化）が同時進行すること。
日本では，女性が生涯に子
どもを産む数の平均である
合計特殊出生率が伸び悩ん
でいる。2020年の合計特殊
出生率は1.34である。ま
た，人口に占める65歳以上
人口の割合（高齢化率）も
高くなっている。2020年の
高齢化率は29.1％に達す
る。

＊労働力人口
15歳以上人口のうち，就業
者と完全失業者を合わせた
人口のこと。総務省統計局
によれば，就業者とは，従
業者と休業者を合わせたも
のである。完全失業者と
は，①調査期間中に少しも
仕事をしなかった，②仕事
があればすぐに就くことが
できる，③調査期間中に仕
事を探すなどの準備をして

いた，の３条件を満たす人である。

＊サイドドア

外国人労働者を，本来の在留資格の目的とは異なるかたちで受け入れること。日系人の場合，日本人と血のつながりのある子孫が母国で文化を学ぶこと，また，外国人技能実習生の場合，送り出し国の技能実習生が，受け入れ国での技能や技術を学ぶことに目的があるとされる。ただし，日系人も外国人技能実習生も，実態としては出稼ぎ労働の１つである。こうした政策上の建前と実態上のズレを表現する言葉がサイドドアである。

＊身分に基づく在留資格

出入国管理及び難民認定法（以下，入管法）が指定する在留資格。法務大臣から定住許可を受けた「永住者」，日本人の配偶者・実子・特別養子である「日本人の配偶者等」，特別永住者の配偶者，永住者の配偶者，日本で出生し引き続き在留している実子である「永住者の配偶者等」，日系三世，インドシナ難民，条約難民等の「定住者」が該当する。

＊専門的・技術的分野

入管法における「各在留資格に定められた範囲で就労可能なもの」から外交，公用，技能実習を除いた在留資格。具体的には，教授，芸術，報道，高度専門職，経営・管理，法律・会計業務，医療，研究，教育，技術・人文知識・国際業務，企業内転勤，介護，興行，技能，特定技能が該当す

か。

　以下，本章では，日本の外国人労働者における外国人技能実習生の位置を確認した上で，移民労働者の理論，一時的移民労働者をめぐる議論を整理する。そして，外国人技能実習制度が有効に機能しうる最低限の条件として，職場移動をできる権利に注目する。本章では，移民労働者と外国人労働者という２つの言葉を用いるが，実態として，両者はほぼ同じ意味として用いている。ただし，便宜的に，国際的な文脈で論じる場合は移民労働者，日本社会の議論を念頭に置く場合には外国人労働者というかたちで使い分ける。

２　移民労働者の概念

　外国人労働者は，国際的には移民と呼ばれる。移民とはいったい誰を指すのか。移民とは，一般的に，行政的な境界線を越えて，居住地を変化させることを指す。あるいは，人々が，別の行政区分で生活するために，境界線を移動する状態が移民である。国連の定義によれば，合法的であるか，非合法的であるかを問わず，ある人が通常居住する国を変更することを指す。具体的には，３か月から12か月の間移動する場合は，短期移民（short-term migration）とされ，１年を超えて居住する国を変える状態は，長期移民（long-term migration）とされる。

　移民の定義は，その国の政府がもつ移民への見方を反映する。例えば，移民が実際に，数十年にわたり目的地で仕事をし，生活し続けている場合であっても，受け入れ国の政府はしばしば，低技能の移民をゲストワーカー（guest worker）あるいは，一時的な労働者（temporary worker）という枠組みで認識する（Haas et al., 2020, pp. 21-25）。このように，移民をいかに定義するのかという問題は，移民をどのようにみなしているか，という判断と関係している。

３　日本の外国人労働者と外国人技能実習生

　厚生労働省「『外国人雇用状況』の届出状況」によれば，日本の外国人労働者総数は，2008年から2023年の間で，48万6000人から204万9000人へと4.2倍に増加した。2023年の外国人労働者総数に占める割合をみると，日系ブラジル人などが該当する**身分に基づく在留資格***が30.1％（61万5000人），外交，公用，教授，芸術など**専門的・技術的分野***が29.1％（59

資料 11 - 1 在留資格別の外国人労働者数（2023年）

（出所）厚生労働省 HP「『外国人雇用状況』の届出状況」
（2023年10月末時点）をもとに筆者作成。

万5000人），技能実習が20.1％（41万2000人），留学生によるア
ルバイトなどを意味する**資格外活動**が17.2％（35万2000人）
である（**資料11-1**）。

外国人労働者の受け入れ事業所を，事業所の企業規模別で
みると，従業員30人未満が61.9％（19万7000か所），30人〜99
人未満が17.4％（5万6000か所）である。従業員数99人未満が
全体の79.3％（25万2000か所）を占める。このように，日本で
働く外国人労働者の多くは，日本人を集めることが相対的に
難しい，**中小企業**・零細企業で働いている（**資料11-2**）。

外国人技能実習生は2008年から2023年の間で4.4倍に増え
ている。そこで，以下では，外国人技能実習制度に注目しよ
う。**外国人技能実習制度**（foreign technical intern system）は，
送り出し国（sending country）の技能実習生が，受け入れ国
（host country）である日本での技能実習を通じて，日本の技
能・技術を学ぶことを目的としている。制度の趣旨は，国際
的な人材育成事業という位置づけであるが，実態としては，
人手不足の中小企業が，一定期間，労働力を確保する手段と
して機能している（**資料11-3**）。

外国人技能実習制度には，主としての2種類の受け入れ方
法がある。海外に子会社をもつ企業が単独で受け入れる企業
単独型と，公的機関の支援を受けた団体を第一次受け入れ機
関とする団体監理型である。団体監理型の多くは，海外に子

る。日本では，これらの外
国人労働者は，日本の経済
社会の活性化などの観点か
ら，受け入れを積極的に推
進すべきとされる（1999
年，第9次雇用対策基本計
画）。

＊**資格外活動**
本来の在留資格の活動を阻
害しない範囲内で認められ
るもの。留学生のアルバイ
ト等の場合，1週間28時間
以内，教育機関の長期休業
中は1日8時間以内で就労
が可能である。

＊**中小企業**
従業員数や資本金などが少
ない企業のこと。日本で
は，中小企業基本法で中小
企業や小規模企業者の定義
がなされている。中小企業
とは，製造業その他の場
合，資本金3億円以下もし
くは従業員数300人以下を，
サービス産業の場合，資本
金5000万円以下もしくは従
業員数100人以下を指す。

資料11-2　企業規模別にみた外国人労働者受け入れ事業所数（2023年10月末時点）

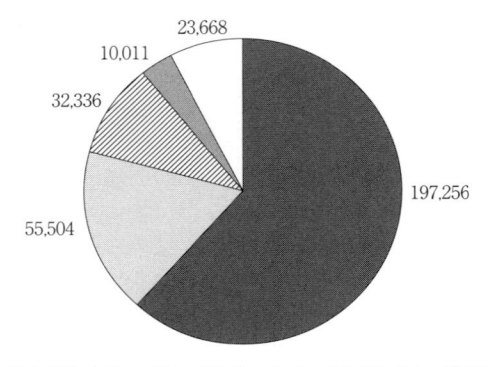

23,668
10,011
32,336
55,504
197,256

■30人未満　□30～99人　▨100～499人　■500人以上　□不明

（出所）厚生労働省HP「『外国人雇用状況』の届出状況」（2023年10月末時点）をもとに筆者作成。

資料11-3　技能実習生と特定技能の推移（2008年, 2009年は特定活動）

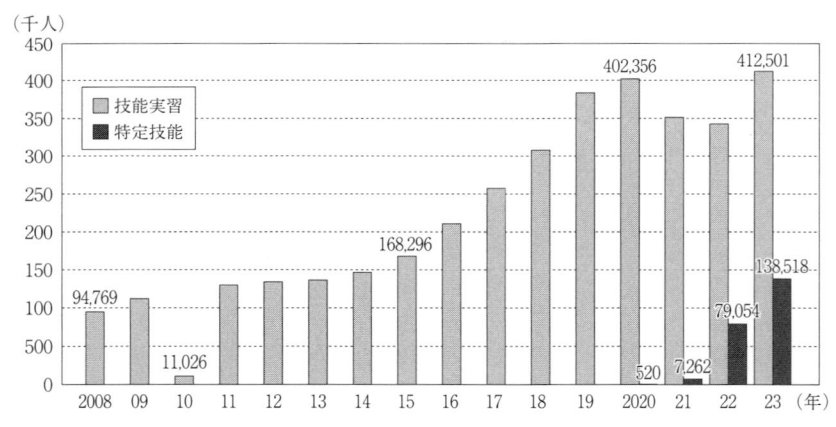

（出所）厚生労働省HP「『外国人雇用状況』の届出状況」（各年10月末時点）をもとに筆者作成。

また，小規模企業者とは，製造業その他では，従業員数30人以下を，商業・サービス業では従業員数5人以下を指す。

＊外国人技能実習制度（foreign technical intern system）
送り出し国の技能実習生が，受け入れ国である日本で技能・技術を学ぶことを目的

会社をもたない中小企業が中心である。例えば，農業の場合，農協が第一次受け入れ機関となる。農協に加盟する各農家は，事業規模などに応じて外国人技能実習生を受け入れる。外国人技能実習機構（The Organization for Technical Intern Training：OTIT）によれば，技能実習認定件数に占める団体監理型の割合は，2022年に98.2％（24万2000件）に達する。中小零細企業の多くが外国人技能実習生を受け入れていることがわかる。

　外国人技能実習機構業務統計（2023年10月発表）によれば，

資料11-4　職種別技能実習計画認定件数（2022年度）

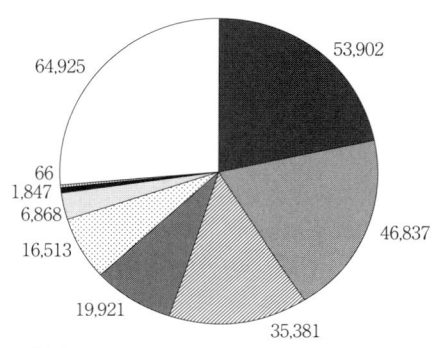

- ■ 建設関係
- ■ 農業関係
- ■ 漁業関係
- ■ 食料品製造関係
- ⊞ 繊維・衣服関係
- ▥ 主務大臣が告示で定める職種
- ▨ 機械・金属関係
- □ 移行対象職種・作業以外の取扱職種
- □ その他

(注)　「その他」の職種は，家具製作，印刷，製本，プラスチック成型，強化プラス
　　チック成型，塗装，溶接，工業包装，紙器・段ボール箱製造，陶磁器工業製品
　　製造，自動車整備，ビルクリーニング，介護，リネンサプライである。
(出所)　「外国人技能実習機構業務統計（2023年10月発表，2022年4月～2023年3月
　　集計）」をもとに筆者作成。

2022年度の外国人技能実習生は24万6000人である。2020年度の25万6000人と比較して，1万人減少している。これはコロナ禍で海外からの入国が厳格に制限される中，技能実習生の一部が，「**特定技能**[*]」などの別の在留資格に切り替わったことなどが背景にあると考えられる。技能実習の対象職種・作業は，農業関係，漁業関係，建築関係，食料品加工関係，繊維・衣服関係，農業関係など87職種159作業（2023年3月31日時点）である。内訳（割合）をみると，建設関係21.9%（5万4000人），食料品製造関係19.0%（4万7000人），機械・金属関係14.4%（3万5000人），農業関係8.1%（2万人），繊維・衣服関係6.7%（1万7000人）の順である。建設業や製造業など，日本人の若年層が集まりにくい職種，農業や繊維・衣服など，日本の地方都市における地場産業などが多い（**資料11-4**）。

[4]　**外国人技能実習制度の展開**

　外国人技能実習制度は1993年に創設された。当初は，1年間の研修で技能等を習得した後，技能等を習熟するための活動として，技能実習が位置づけられた。1997年からは，技能実習期間が2年間に延長され，研修と合わせて3年間日本に

とした国際的な人事材育成事業。講習，実習，実技・学科試験から構成される。技能実習生の技能等は，習得，習熟，熟達というかたちで広がっていくことが想定されている。そのため，技能実習の中身は，同一の作業の反復のみによって修得できるものではないこと，という条件がつけられている。

＊特定技能
入管法が指定する在留資格のうち，各在留資格に定められた範囲で就労可能なものの1つ。特定技能1号と特定技能2号がある。特定技能1号は，建設業，介護業，外食業，農業など12分野で，通算5年を上限に当該職種での就労を認める。特定技能2号は，建設業，

造船業の2分野であった
が，2023年から介護業を除
く11分野に対象を拡大した。
就労に期間制限はなく，家
族の呼び寄せも可能である。

＊最低賃金法
企業が支払うべき賃金水準
の最低額を定めた法律のこ
と。日本では，各都道府県
別に定められた「地域別最
低賃金」と，特定の産業ご
とに定められた「特定最低
賃金」の2種類がある。日
本の最低賃金法は，労働者
の生計費と事業主の賃金支
払い能力を考慮して賃金水
準を決めるべきとしてい
る。

＊労働基準法
労働者が雇用されるに当
たって，労働条件の最低限
度の基準を定めた法律のこ
と。1日8時間，週40時間
を原則とする労働時間規
制，法定労働時間を超えた
場合の割増賃金規定（時間
外労働25％以上，休日労働
35％以上，22時から5時ま
での深夜労働25％以上），
中間搾取（業として他人の
就業に介入して利益を得る
こと）の禁止などがある。

滞在することが可能になった。

研修生は労働者でないため，**最低賃金法**＊など日本の労働法が適用されない。そのため，研修生と技能実習生が併存していたかつての制度の下では，研修生が時給300円で働くなどの現実が，社会問題化した。こうした問題を解決するため，2010年には研修制度を廃止し，技能実習制度に一本化した上で，入国1年目から雇用契約を結ぶようになった。すなわち，技能実習生に対して**労働基準法**＊や最低賃金法が適用されるようになった。

2016年には技能実習法が成立し，新たな在留資格「技能実習3号」が新設された。技能実習3号の下では，技能実習1号（1年目），技能実習2号（2・3年目）を終え一旦帰国した後，さらに2年間（4・5年目）技能等の熟達を目的として日本で実習することが可能である。技能実習修了後の技能検定などの試験合格率は，基礎級の実技試験が99.3％，学科試験が98.8％，3級の実技試験が92.5％，2級の実技試験が64.0％である。こうして，現在の技能実習制度の下では，途中帰国の期間を除いて，最大で5年間，日本で就労することが可能である（**資料11-5**）。

外国人技能実習生は，国連の定義に基づけば，1年を超えて居住する国を変える長期移民に該当するが，滞在期限に上限があるだけではなく，家族呼び寄せは禁止されている。また実習先の変更は，実習実施者から人権侵害等を受けた場合など，やむを得ない事情がある場合に限られる（技能実習の適正な実施及び技能実習生の保護に関する基本方針）。外国人技能実習生が，「不自由労働者」と呼ばれることがあるのは，こうした理由による。

2019年から，労働力不足の業種を対象として，将来的に日本での定住化も可能となる「特定技能」という新たな在留資格の運用がはじまった。「特定技能2号」の場合，家族の呼び寄せや定住化も可能であるが，外国人技能実習生は，そうした別の在留資格に変更しない限り，日本で長期的に滞在し，仕事をすることはできない。このように，外国人技能実習制度は，母国へ帰国することを前提とした移民受け入れ制度である。言い換えれば，外国人技能実習制度とは，諸外国でいうところの，一時的移民労働者の受け入れシステム（temporary migration system）の1つである。

資料11-5　技能実習の流れ

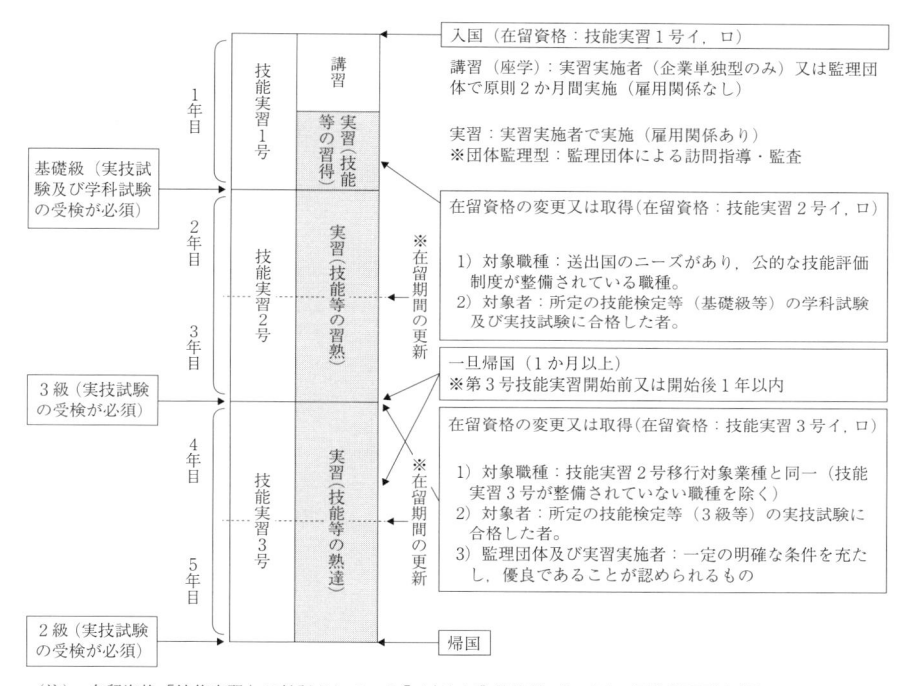

（注）　在留資格「技能実習」に付記されている「イ」は企業単独型，「ロ」は，団体監理型を指している。
（出所）　法務省出入国在留管理庁・厚生労働省人材開発統括官，2022,「外国人技能実習制度について」(2022年4月25日改訂版），5頁をもとに筆者作成。

2　移民労働者の理論

1　プッシュ・プル理論と新古典派移民理論

　外国人労働者は，どのような理由で母国を離れ，受け入れ国へ移動するのであろうか。また，受け入れ国側の企業が外国人労働者を必要とする理由は何か。こうした問題を考える場合に，移民労働者の理論を検討することが避けられない。主要な移民労働者の理論として，プッシュ・プル理論，新古典派移民理論，歴史構造理論，二重労働市場論がある（Haas et al., 2020）。

　第1に，プッシュ・プル理論（push-pull theory）は，人々が元の土地を離れて，押し出される経済的，環境的，地理的要因を検証している。プッシュ要因として想定されているのは，人口増大，人口過密，経済的機会の欠如，政治的後退などである。それに対してプル要因として想定されているの

は，労働需要，土地の利用可能性，経済的機会，政治的な自由などである。

　プッシュ・プル理論は，移民労働者が押し出され，引き寄せられる要因を列挙している。ただし，移民に関する諸要因それぞれの役割や，相互関係を特定していない。そのため，同じ条件であっても，ある人にとっては移民要因になるが，他の人にとっては母国に残る要因になる理由を，十分に説明できない（Haas et al., 2020, p. 45）。

　第2に，**新古典派**移民理論（neo classical migration theory）は，労働供給と労働需要における地理的不均衡という機能を重視する。地域間の賃金格差は，低賃金で労働者が過剰な地域から，高賃金で労働力不足の地域への，人々の移動を促進する。新古典派移民理論は，こうして，地域間の賃金格差を基軸に移民労働者の移動を説明する。

　新古典派移民理論は，移民の選別的性格（selective nature of migration）を理解する上では有益である。ただし，その理論が前提とする仮定が非現実的であるとの批判がある。例えば，①人々が所得向上のために合理的にふるまうという仮定，②移民が目的地の賃金や雇用に関する完全知識をもつという仮定，③貧困者が自由に金融市場にアクセスできるという仮定が果たして現実的なものなのか，という点である（Haas et al., 2020, p. 46）。

② 歴史構造理論と二重労働市場論

　第3に，移民を経済的搾取の機能としてみるのは歴史構造理論（historical-structural theory）である。歴史構造理論は，新古典派移民理論における移民の最適化機能の代わりに，移民を経済的搾取の機能として把握する。歴史構造理論では，移民は，安価な労働力を資本へと移動させる手段として理解される。移民は，賃金を下落させ，企業の利潤を増大させる。こうして目的地における経済成長を促す。

　歴史構造理論は，移民が，地理的な所得格差，階級的な所得格差を生み出すものとして把握する。他方で，移民を通じて，移民の当事者が，自分たちの生活水準を改善させている，という事実を見逃している。移民の経験において，労働市場における経済的搾取は重要な要素である。だが，なぜ，移民労働者がこうした差別や搾取があるにもかかわらず，移民に強い関心をもっているのか。このことについて，歴史構造

資料11-6　移民労働者の理論

理　論	概　要	課　題
プッシュ・プル理論	元の土地を離れて，押し出される経済的，環境的，地理的要因を論証。	同じ条件であっても，ある人にとっては移民要因が，他にとっては母国に残る要因を十分に説明できない。
新古典派移民理論	賃金格差は，低賃金で過剰な地域から，高賃金で労働力不足の地域への移動を促す。	合理的経済人，目的地の完全知識，金融市場への自由なアクセスなどの仮定への疑問。
歴史構造理論	移民は，安価な労働力を資本に移動する手段。	移民が自分たちの生活水準を向上させているという事実を見逃している。
二重労働市場論	先進国経済における生産遂行労働者に対する構造的，かつ恒常的な需要。	一時的移民労働者受け入れの場合，欠員補充がどのようになるのか，十分に説明されていない。

（出所）　Haas et al., 2020, pp. 45-54 をもとに筆者作成。

理論は十分に説明を行っていない（Haas et al., 2020, pp. 49-52）。

　第4に，**二重労働市場論（dual labor market theory）**[*]は，なぜ移民が受け入れ国の人々がやりたがらない仕事に積極的に関与するのかを説明する。国際的な移民は，先進国経済において生産を遂行するための，労働者に対する構造的，かつ恒常的な需要によってもたらされている。低技能の労働力に対する需要は，女性の労働市場への参入，若年層の教育期間の長さなどによって，劇的に減少する（Piore, 1979）（**資料11-6**）。

　労働市場は第一次労働市場（primary labor market）と第二次労働市場（secondary labor market）に分かれる。移民はたいてい，3D ジョブ（dirty, dangerous, difficult）と呼ばれる不安定な仕事に従事する（Haas et al., 2020, pp. 53-54）。こうして，二重労働市場論は，移民が，国内労働市場が撤退して空席となった，あるいは，国内労働市場では埋めることのできない副次的労働市場（第二次労働市場）に入り込むと理解する。これは，移民労働者が，地域労働市場の穴埋めの役割を果たすことを意味する。また，移民労働者の流入を，外生的な労働供給の増加と把握し，労働需給バランスに悪影響を及ぼすと理解する伝統的労働市場論とも異なる（**資料11-7**）。

　二重労働市場論は，移民労働者がもつ欠員補充的性格を明示している点で，一定の有効性をもつ。他方で，外国人技能実習制度のように，滞在期限の上限や職場移動の制限などを特徴とする，一時的移民労働者を分析する場合には，さらなる論点の整理が必要である。

＊二重労働市場論（dual labor market theory）
労働市場が，安定的で労働条件のよい第一次労働市場と，不安定で労働条件の悪い第二次労働市場に分かれていくこと。労働市場の階層性が固定化することを強調して，分断的労働市場（segmented labor market theory）と呼ぶこともある。アメリカでは，1970年代に白人と黒人との間の労働条件格差の問題などを切り口に，二重労働市場論の議論がはじまった。

資料 11-7　欠員補充型モデル

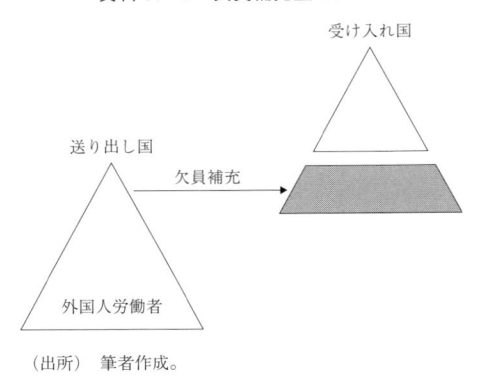

（出所）　筆者作成。

3　一時的移民労働者と経済的権利

1　一時的移民労働者の権利制限

　少なくない一時的移民労働者は，労働力不足対策として受け入れ国の事業主に歓迎される一方，母国での多額の借金をもとに入国するため，職場内でのハラスメントや人権侵害を我慢する傾向にある。また日本の技能実習制度においても，度重なる制度改変にもかかわらず実習生の失踪数は減少していない。[*1]なぜこうした労働問題が生ずるのだろうか。

　移民労働者は，受け入れ国で仕事をする際，通常であれば付与される労働者としての権利が制限されることが多い。これは，移民労働者の数と権利のトレードオフ（trade-off between numbers and rights）という言葉で説明される。移民労働者に多くの権利を付与すると，雇い主にとっての労働コストの負担増をもたらす。労働コストの増大は，長期的にみて，雇用者数そのものの減少に帰結する可能性が高い。そのため，移民労働者を数量的に多く受け入れるためには，移民労働者の権利を一定程度制限する必要がある（Ruhs and Martin, 2008, p. 251）。

　母国への帰国を前提とした移民労働者は，一時的移民労働者，あるいは，ゲストワーカー（guest worker）と呼ばれる。ゲストワーカー制度は，雇い主にとっては空席となった仕事を穴埋めする役割を果たす。移民労働者にとっては母国を上回る賃金を得る手段となるとともに，送り出し国にとっては，移民労働者の送金や，新たな技能を身につけた移民労働者の帰国で，利益がある。さらに，受け入れ国にとっては，

移民労働者が定住することに伴う，**財政的・社会的負担**を軽減する効果が見込める（Ruhs and Martin, 2008, p. 251）。

2　経済的搾取の議論

　一時的移民労働者制度は，送り出し国や受け入れ国のみならず，移民労働者や雇い主にとってもメリットがある。このように Win-Win の関係で説明されるとき，少なくない一時的移民労働者が，雇い主によるハラスメントを受けている理由をどのように理解すべきであろうか。一時的移民労働者が被る労働問題は，偶発的なものであろうか。それとも，制度がもたらす不可避的な帰結なのであろうか。この問題を考える上で参考になるのが，移民労働者の経済的搾取に関する議論である。

　経済的搾取の議論は，ゲストワーカーが経済的に搾取されている根拠として，彼らの経済的権利（economic rights）の剥奪，という点をあげている。この経済的権利とは，団体交渉のために組織化する権利，**ストライキをする権利**，職業選択の自由などを指す。移民労働者が経済的に搾取されている状態とは，不平等な交換（unequal exchange）を強いられることである。そして，交換が不平等となるのは，ある人が提供する財・サービスに対する見返りが，想定したよりも低い場合である（Attas, 2000, pp. 74-75）。

　ゲストワーカーの場合，奴隷ではないので，労働力（あるいは労働能力）を保有する人間そのものを，雇い主に売り渡すわけではない。ゲストワーカーには，雇用契約において，労働力を交換する自由が基本的に認められている。これは他の雇用契約と同じ特徴である。他方で，ゲストワーカーは，労働力交換における自由が，特定の雇い主に限られている。また，受け入れ国における滞在期限の上限もある。そのため，彼らの賃金水準は，限界生産性以下の水準に下落せざるを得ない。移民労働者は，もっと望ましい条件があれば受け取ることが期待される賃金を下回る水準で，賃金を受け取ることになる（Attas, 2000, p. 91）。こうして，経済的権利が制限されたもとでは，移民労働者は，対等な交渉を実現するのが難しくなる（**資料11-8**）。

3　耐えうる搾取をめぐる議論

　経済的搾取の議論は，一時的移民労働者に対する経済的権

＊財政的・社会的負担
移民労働者が定住化することで発生する財政的な負担のこと。日本では，合法的に滞在する外国人で，在留期間が 3 か月を超える者は，日本国内に住所を有することを被保険者の条件とする。国民健康保険法，国民年金法，介護保険法において，日本人と同じ用件で被保険者となる。合法的滞在者であっても，生活保護法は適用されないが，永住者など一定の外国人は，任意の行政措置として事実上，生活保護の対象となっている（新田秀樹「外国人労働受け入れ拡大の論点（下）社会保障，内外平等原則に」『日本経済新聞』2018年11月28日付）。

＊ストライキをする権利
労働者が，経営者と対等な交渉をするために行う争議行為のこと。日本では憲法第28条で，労働者の団結権，団体交渉権，団体行動権（争議権）を保障する旨が規定されている。ストライキをする権利は，団体行動権の一環であり，団結権，団体交渉権と並んで，労働三権（労働基本権）の1つである。➡第5章「労働組合と労使関係」❷　1

資料 11 – 8　経済的権利と不平等な交換

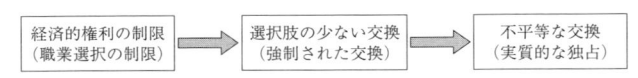

（出所）　Attas, D., 2000, pp.74-75 をもとに筆者作成。

＊ブラセロ制度（Bracer program）
アメリカの農場に，メキシコ人移民労働者を一時的に導入することを目的とした制度。1942年から1964年までに延べ460万人のメキシコ人移民労働者が導入された。送り出し国のメキシコと，受け入れ国のアメリカとの間で，政府間協定ないし交換公文によって短期の移民労働者を受け入れる枠組みである。

＊ガストアルバイター制度
（Gastarbeiter program）
第二次世界大戦後に，労働力不足を補うためドイツで開始された一時的移民労働者の受け入れ制度。送り出し国はドイツと２国間協定を締結する。1960年代以降に受け入れが本格化し，多くのトルコ人労働者がドイツで働いた。母国へ帰国することを想定していたが，トルコ人労働者はドイツに定着し，家族呼び寄せなども行ったとされている。

＊同 一 労 働 同 一 賃 金
（equal pay for equal work）
同じ仕事をしていれば，同一の賃金を支払うべきだという原則，あるいは考え方。正規労働者，非正規労働者といった雇用形態別の賃金条件格差，男性労働者，女性労働者といった性別賃金格差を是正するために用いられる。日本では，

利の制限が，労働力の取引価格である賃金の下落を不可避的に伴う点を指摘している。だが，なぜ，一時定期移民労働者は，不平等な取引関係を積極的に選択するのかという疑問に対して，十分な解答を与えていない。この点は，すでに紹介した歴史構造理論に対する批判とも重なる。

　一時的移民労働者が移民を選択する理由は，過去の制度設計の国際比較を通じて，明らかにされている。各国の代表的なゲストワーカー制度として，アメリカの**ブラセロ制度**（Bracero Program）[＊]やドイツの**ガストアルバイター制度**（Gastarbeiter Program）[＊]があげられる。

　第１に，アメリカのブラセロ制度は，メキシコ人の移民労働者を受け入れるため第二次世界大戦中にはじまった。メキシコ人移民労働者の多くは，住宅・乗船・保険などの不合理な控除やアメリカ人農家の平均を下回る賃金，厳しい生活条件などを抱えている。メキシコ人移民労働者の受けとる賃金は，メキシコ人が許容できる水準以下の支払いであり，搾取の程度が大きい（Mayer, 2005, pp. 323-325）。

　第２に，1960年代に本格化したドイツのガストアルバイター制度は，トルコ人労働者とドイツ人労働者の間で，実質的な**同一労働同一賃金**（equal pay for equal work）[＊]を提供している。トルコ人労働者の収入は，ドイツ人労働者の収入を10％程度下回っていたが，生活費の少なさで，貯蓄が可能である。また，トルコ人労働者は母国にとどまることを選択したトルコ人の６倍程度の収入を稼ぐことができる。こうして，同制度のもとで，トルコ人労働者が経済的に搾取される程度は弱められている。これは，移民労働者にとって許容可能な搾取，すなわち，耐えうる搾取（acceptable exploitation）であるとされる（Mayer, 2005, p. 330）。

　「耐えうる搾取」の議論は，ゲストワーカーが移民を選択する理由を，搾取の程度の問題として理解する。すなわち，送り出し国と受け入れ国との間の経済的格差が広範に存在し，かつ受け入れ国での同一労働同一賃金などの処遇改善の制度設計が進めば，移民労働者が収入を引き上げる根拠となる。

　ただし，この議論では，移民労働者の受け取る賃金がどの水準まで引き下がると「耐えがたい搾取」となるのか，わからない。労働者が受け取る賃金も含む職場の労働条件は，集団としての労働者の発言力に左右される。そのため，移民労働者が，労働組合を結成したり，経営者と団体交渉したりすることなどを通じて，労働条件を改善できれば，経済的搾取の程度は緩和されることになる。

2021年4月施行の短時間労働者及び有期雇用労働者の雇用管理の改善等に関する法律（パートタイム・有期雇用労働法），2020年4月改正の労働者派遣法で，非正規労働者等に対する差別的取扱いの禁止が明記された。

4　外国人技能実習生の基幹労働力化と権利保障

1　外国人技能実習生の基幹労働力化

　日本の中小企業では外国人技能実習生が中心的な戦力となっている。これには，以下の2つの側面がある。

　第1に，量的な**基幹労働力化***である。外国人技能実習生の受け入れ人数には上限がある。外国人技能実習生が技能を身につけるためには，技能を教える指導者の存在が不可欠だからである。法務省入国管理局と厚生労働省人事開発統括官によれば，実習実施者の常勤職員が30人以下の企業の場合，技能実習生の受け入れ人数の上限は3人である。ただし，1年目の技能実習生（在留資格「技能実習1号」）が，2年目以降「技能実習2号」に移行した場合，常勤職員としてカウントされる。すなわち，3年間の実習過程であれば，技能実習1号（3名）と，技能実習2号（上限6名）を合わせて，最大で9名の技能実習生を受け入れることができる。

　こうして，3年間の技能実習の場合，従業員数が30人以下の企業であっても，9名の技能実習生を受け入れることができる。従業員総数に占める外国人技能実習生の割合は，中小零細規模で大きくなる傾向にある。これは職場の従業員全体に占める外国人技能実習生の割合が，量的に増大するという意味で，量的な基幹労働力化である。

　第2に，質的な基幹労働力化である。外国人技能実習生は，中小零細企業の中核的業務の一部を担う存在である。1990年代の最も早い段階から，外国人技能実習生を活用してきた縫製業の例を見てみよう。日本国内の縫製業は，海外生産を主軸とする**ファストファッション***の台頭で，生産規模が先細りしている。中国，ベトナム，バングラデシュなどで海外生産をする場合は，単品種大量生産の縫製業が多い。それに対して，日本国内で縫製する場合，多品種の小ロット，変種変動生産が主流である。こうした，日本国内の縫製業にお

＊基幹労働力化
非正規労働者などが，当該事業所にとって必要不可欠な労働力となること。一般的に，正規労働者は基幹的な業務，非正規労働者は周辺的な業務に従事することが多い。しかし，職場における非正規労働者の量的割合が増えるにつれて，非正規労働者が，正規労働者が行う仕事の一部を代替する，あるいは基幹的な業務の一部を担うという現象が生まれる。これが基幹労働力化である。

＊ファストファッション
最新の流行のデザインを，安価な価格で提供するアパレル産業のブランド戦略，あるいはアパレルブランドのこと。日本のユニクロ，アメリカのGAP，スウェーデンのH&Mなどが代表的なブランドである。アパレルブランドの多くは，生産機能を直接保持せず，他社に外注する製造小売（SPA: specialty store retailer of private label apparel）の形態をとる。縫製現場は，ベトナム，バングラデシュなど相対的に人件費が安い国が多い。

資料11-9　縫製現場の外国人技能実習生

ジーンズの縫製作業

（出所）　筆者撮影（2015年2月3日）。

左右でポケット等の色の違うジーンズ

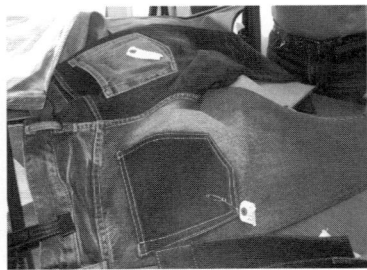

（出所）　同左。

＊変種変動生産
市場での需要に応じて，製品を必要な量だけ生産すること。変種変動生産の下では，製品1種類当たりの生産量が少なくなる（小ロット生産）ため，生産単価は上がる傾向にある。他方で，例えばファッション分野では，規格化された量産品を好まない人，ファッション性の高い製品を好む人など，価格帯の高い製品に対しても一定のニーズがある。

＊同一の人事制度の適用
パートタイム労働者などの非正規労働者に対して，正規労働者と同じ人事制度を適用すること。正社員の初任格付けランクとパート社員の初任格付けランクは異なるが，途中から，同じ社員格付け制度に合流していく運用が想定される。2000年代に，生活雑貨販売業のロフトや，洋菓子の製造販売業のモロゾフなどが，先行して取り入れた（今野，2012，274-278頁）。

＊無期雇用への転換
同一の使用者との有期雇用契約が更新され，2つ以上

ける**変種変動生産**[*]を支えるのが外国人技能実習生である。

　外国人技能実習生が担う縫製作業は，基本的には分業に基づく協業であるが，他の工程でトラブルがあった場合，積極的に介入する。前後工程にトラブルがあると流れ生産が滞るので，その流れを止めないような配慮が求められる。前後工程に介入するためには，例えば，学生服ズボンのすそ縫いといった単一の工程を繰り返し作業するだけはなく，股下縫いといった，それ以外の工程にも習熟している必要がある（**資料11-9**）。

　下級生から上級生になると，新たに入ってきた技能実習生に対して，上記の作業プロセスを教育し，習熟させる仕事も増えてくる。このように，外国人技能実習生は，①変種変動生産，②前後工程への介入，③下級生への技能指導というかたちで段階的に技能の幅を広げている。これらの作業の多くは，繰り返し性の強い定型的側面をもつが，当該企業にとっては必要不可欠の基幹的業務である。外国人技能実習生を，「経営体の恒常的な業務の遂行に必要な労働力」（佐藤，2021，194頁）と理解するならば，外国人技能実習生の技能習得過程は，質的な基幹労働力化そのものである。

2 機能面と制度面の矛盾

　日本人のパートタイム労働者の場合，質的な基幹労働力化によって，処遇改善の動きがみられる。例えば，パート労働者の基本給の引き上げ，正規労働者と**同一の人事制度の適用**[*]，有期雇用から**無期雇用への転換**[*]などである。それに対して，外国人技能実習生は，実習過程で技能の幅を確実に広げ

ているにもかかわらず，賃金は，各都道府県別に定められた地域別の最低賃金水準に張り付いている。依然として一人前の労働者として扱われず，技能の習得，習熟，熟達に見合った処遇改善はみられない。外国人技能実習生は，機能面からみれば基幹労働力化しているものの，外国人技能実習制度では，滞在期限の上限が規定されているため，労働条件を改善する主体とはみなされていない。

　こうして，外国人技能実習生の機能面での役割（基幹労働力化）と，制度面での前提条件（短期労働力，滞在期限の上限）との間にズレが生じている。このズレは，どのようにして埋められるべきなのだろうか。以下，まず一時的移民労働者一般がもつべき経済的権利を指摘し，次に特定技能制度との違いをふまえつつ，外国人技能実習生がもつべき経済的権利に焦点をあてる。

［3］　一時的移民労働者の経済的権利

　一時的移民労働者が保持すべき権利として，雇用を自由に選択する権利，家族再結合の権利，永住的な居住権の3つがあげられる。

　第1に，雇用を自由に選択する権利とは，移民労働者に対して実質的な保護を与えることである。これは具体的には，少なくとも，一時的に仕事を移動することを許容すること（some portability of temporary work permits），あるいは，移民労働者が必要なときに，雇い主を変更できること（change employees whenever necessary）を指している。

　第2に，家族再結合（family reunion）の権利とは，移民労働者に家族と一緒に生活することを認めることである。例えば，移民労働者の所得が，家族の構成員が生活するのに十分な水準であることが証明され，国家にとっての財政的負担とならないことが証明された場合，家族再結合の権利を与えられる。これは，移民労働者の最低限度の所得を条件とする，家族再結合の権利である。

　第3に，永住的な居住へのアクセス（access to permanent residence status）とは，一定の条件を満たした移民労働者が，受け入れ国で永住することを認めることである。すべての一時的移民労働者に対して，最終的に永住する権利を付与することは，受け入れ国のインセンティブを下げるだろう。そのため，例えば，4年などのように滞在期限を区切った後，受

の有期労働契約の契約期間通算が5年を超えた場合に，労働者が行使できる権利のこと。無期雇用転換申し込み権とも呼ばれる。2013年改正の労働契約法第18条で規定された。期間の定めのない労働契約に移行した後も，無期雇用転換前の労働条件を引き継ぐことが前提とされる。

＊市民権
国民（市民）として行使す
ることのできる権利のこ
と。政治活動に参加するこ
とや，選挙権などが想定さ
れる。諸外国では外国人が
国籍を取得し，国民になる
ことが可能な帰化制度を設
けている。市民権を得る方
法は，当人が生まれた土地
の国籍を付与する「出生地
主義（law of the soil）」と，
当人の親の国籍を継承する
「血統主義（law of the
blood）」の２つがある。各
国は，出生地主義か血統主
義のどちらか，あるいは，
出生地主義と血統主義の組
み合わせなどの対応をと
る。日本は，伝統的に血統
主義の立場をとる。

け入れ国が一時的移民労働者に対して，永住的な居住か，帰国かの判断を委ねることが考えられる。

　これらの経済的権利は，一時的移民労働者固有の権利保障であり，**市民権**の付与とは区別される（Ruhs, 2013, pp. 175-177）。

［4］　外国人技能実習生の職場移動

　すでに述べたように，特定技能制度では，外国人労働者が特定技能１号，特定技能２号へと移行する過程で，家族の呼び寄せや，日本で永住的に生活することが認められている。すなわち，特定技能では，家族再結合の権利や永住的な居住権へのアクセスが認められている。

　技能実習２号を良好に修了した外国人技能実習生は，日本語検定試験や技能検定なしで，特定技能に移行することができる。法務省統計によれば，2022年12月末で13万人の特定技能労働者がいるが，そのうち技能実習からの移行が73.6%にのぼる（旗手，2023，21頁）。特定技能へ移行した技能実習２号修了者に，家族再結合の権利や永住的な居住へのアクセスが認められるとすれば，外国人技能実習生が独自に保障されるべき経済的権利は，雇用を自由に選択する権利に絞られる。

　雇用を自由に選択する権利とは，労働者が職場を移動することを認めることである。職場移動には，耕種農業から畜産農業への移動のように，移動範囲を同一の職種内に限定する場合がある。また，もう少し移動範囲を広げて，農業関係から漁業関係への移動のように，職種をまたいだ移動も含まれる。外国人労働者にとって選択肢が広がるのは，職種をまたいだ職場移動の容認であろう。外国人技能実習生にこうした職種間移動をする権利が認められた場合，彼ら・彼女らはよりよい労働条件を求めて，職場を移動するだろう。基本給が低かったり，長時間労働が続いたりするような職場で彼ら・彼女らが定着することを期待するのは難しい。

　外国人労働者の移動が容認されれば，母国での借金などを理由として，表立って口にすることが難しかった事柄も，はっきりとみえやすくなるかもしれない。外国人労働者が他の職場への移動する権利をもつことは，職場でなんらかの問題が起こった際，我慢したり，泣き寝入りしたりすることを減らす作用がある。さらに，外国人労働者が労働条件などに納得した上で技能実習を続ければ，将来的に，特定技能への移行などを通じて，外国人労働者を戦力化したい事業主に

とってもメリットがある。[*2]

　職場を移動する権利の容認は，外国人技能実習生に対する経済的搾取をなくすわけではないが，外国人技能実習生が，対等・平等な関係で雇い主と労働条件を交渉する主体となりうることが想定されている。機能面での基幹労働力化と制度面で想定される短期労働力というズレは，制度面が機能面に近づくかたちで修正されることが望ましい。その点で，外国人技能実習生が実態として，基幹労働力化しているのであれば，職場移動の権利を認めるべきとの議論（上林，2015，241頁）は，一定の合理性がある。

付記：本章は JSPS 科研費 23K01412 の助成を受けたものである。

引用参考文献

上林千恵子，2015，『外国人労働者受け入れと日本社会——技能実習制度の展開とジレンマ』東京大学出版会。

今野浩一郎，2012，『正社員消滅時代の人事改革』日本経済新聞社。

佐藤忍，2021，『日本の外国人労働者受け入れ政策——人材育成指向型』ナカニシヤ出版。

旗出明，2023，「技能実習＆特定技能制度見直し」外国人人権法連絡会編『日本における外国人・民族的マイノリティ人権白書』2023年版。

Attas, D., 2000, "The Case of Guest Workers: Exploitation, Citizenship and Economic Rights" *Res Publica*, 6.

Haas de, H., Castles, S., and Miller, M. J., 2020, *The Age of Migration: International Population Movements in the Modern World sixth edition*, the Guilford Press.

Mayer, R., 2005, "Guest Workers and Exploitation" *Review of Politics*, 67(2).

Piore, M. J., 1979, *Birds of Passage*, Cambridge University Press.

Ruhs, M., 2013, *The Price of Rights: Regulating International Labor Migration*, Princeton University Press.

Ruhs, M. and Martin, P., 2008, "Numbers vs. Rights: Trade-offs and guest worker programs" *The International Migration Review*, 42(1).

Tsuda, T. and Cornelious, W. A., 2004, "Japan: Government Policy, Immigrant Reality" in Cornelious, W. A., Tsuda, T., Martin, P. L. and Hollifield, J. F. Eds., *Controlling Immigration: A Global Perspective, second edition*, Stanford University Press.

（永田　瞬）

*2　中小企業における労働力確保上の難しさは，日本における企業規模別の労働条件格差も背景にある。規模別の労働条件格差を是正するためには，大企業と中小企業との間の取引関係の透明化，下請代金遅延の防止，社会保険料負担の一時的軽減，最低工賃規制などの政策を行う必要がある。ただし，これら中小企業が抱える不利を是正するための施策は，中小企業政策固有の課題として扱われるべきであり，外国人技能実習生の権利保障の問題とは，区別される必要があると考える。

第12章

ダイバーシティ・マネジメントと
ワーク・ライフ・インテグレーション

　日本は他国に比して均一的な文化・政策に基づいた人的資源管理を行ってきた。しかし，グローバル社会の進展に伴い，より多様な「ダイバーシティ・マネジメント」が重視されるようになっている。その対象は多岐にわたるが，現在の日本では特にジェンダー面の推進が喫緊の課題となっている。そのため，本章ではジェンダー面に焦点を当てて現状と課題を考察する。また，ワークライフバランスよりも包括的な「ワークライフ・インテグレーション」についても理解を深める。

1　人的資源管理とダイバーシティ・マネジメント

ダイバーシティ・マネジメントとは

　「ダイバーシティ」とは多様性の意である。多様な人々が公平に共存できるよう，人種，肌の色，出身，宗教，信条，性別，年齢，障害などに配慮した経営管理を行い，多様な側面に配慮した人的資源管理を**ダイバーシティ・マネジメント**（以下，DM）と呼ぶ。DM の意義はきわめて大きく，グローバル競争時代に生き残るために無視できない重要不可欠な要因である。

　DM では募集採用，昇進昇格，およびコミュニケーションでの偏見排除に配慮され，公正で開かれた雇用機会の増大につながるよう促される。そうすることにより多様な人材を有することができ，協働による相乗効果やイノベーションが生まれる。DM を考察する上では移民国家アメリカが参考になる。アメリカは国家の成り立ちゆえに人種等の課題が大きく，社会全体で多様性を重視してきた。日本の状況や課題をより明確にし，解決策を見出すには，そうした他国との差異や独自の特徴を知ることができる比較考察が有効である。そこで，本章ではアメリカの DM の進展や背景を考察し，DM の意義について理解を深め，日本での今後の政策や戦略がどうあるべきかへのヒントとしたい。

＊ダイバーシティ・マネジメント
多様性を認識して行う組織管理。DM 議論の契機となった以下の文献では，労働力鈍化や必要な高度技術に関する政策問題を提起している。Johnston, W. B. and Packer, A. E., 1987, *Workforce 2000: Work and Workers for the 21st Century*, Hudson Institute.。

② アメリカにおける DM の動向

1 法制度面での DM

DM を理解する上では，法制度面の理解が必要である。移民社会アメリカは人種やジェンダー面での課題を多く抱え，ダイバーシティへの歩みは試練と挑戦の積み重ねであった。法制度はその実態を反映する枠組みといえる。

アメリカが雇用差別で依拠し礎とする重要法律に，**公民権法第 7 編***がある。同法は奴隷制度以降も続く差別によって，長期にわたる反対や議事妨害を経て1964年に成立した。これにより人種，肌の色，宗教，性別，出身国を理由とした雇用差別を禁止する DM の礎が構築された。また，公民権法に続き年齢差別禁止法（1967年）も施行され，年齢についても（40歳以上を対象に）雇用上差別禁止対象とされて配慮されるようになった。

1970年代には，公民権法改正，雇用機会均等法の改定，**教育改革法第 9 編***により実質的なダイバーシティ制度が整っていった（後述）。また，**アファーマティブ・アクション***（以下，AA）を推進し，人種や性別によらない登用を推進してきた。しかしその一方で AA 関連の訴訟も増加し，企業はその対策として DM をとらえるようになった。それが人的資源管理での DM の重要性を浸透させた。

1980年代後半になると，女性の社会進出やアメリカの景気後退によって，DM は企業には戦略としてとらえられ，より一般的になっていく。その後1991年には**ガラスの天井***委員会がアメリカ労働省により設置され，男女格差問題等の研究調査・報告がなされて，女性登用の重要性が一層認識されていった。

そうした法制度の整備を経て，アメリカの女性登用は進展をみてきた。2020〜21年ごろはコロナ禍の影響を受けながらも，女性管理職・専門職関連の割合は52％，そのうち管理職は40.9％（経営，金融部門では45.3％）を占めている（US. BLS, 2022）。さらに，**S&P500***の女性役員の割合は約31.1％にいたっている。しかし，それでも十分ではないとして，ジェンダー公正を積極的に推進する運動は今も継続し，DM を前進させている。

＊公民権法第 7 編
アメリカの雇用差別を禁止する法律（1964年成立）。人種，肌の色，宗教，性別，出身国を理由とする差別を禁止する。通称「タイトルセブン」。

＊教育改革法第 9 編
同法により，入学，奨学金，科目履修，進路指導，カウンセリング等，学校教育の場における性別固定観念の排除や性差別の禁止が行われた。

＊アファーマティブ・アクション（Affirmative Action: AA）
積極的是正措置。1961年にジョン・F・ケネディ大統領の大統領令10925で導入され，「人種，信条，肌の色，または出身国を理由に従業員または雇用申請者を差別してはならない」こと，および「申請者が雇用され，従業員が雇用中に扱われることを保証するために積極的な行動をとる」ことを定めた。

＊ガラスの天井
女性やマイノリティがキャリアの階段を登っていくと，ある段階で昇進が停まってしまい，それよりも上に進めなくなる組織内の障壁をこう呼ぶ。ガラスの天井のように上は見えているのに見えない障壁に阻まれてそこからは上がれないことを例えた表現。

＊S&P500（S&P500 種 指数）
世界的な信用格付け会社「スタンダード＆プアーズ社」が算出しているアメリカの株価指数。アメリカを代表する三大証券取引所に

上場している企業の中から500の銘柄を選出し，その株価をもとに算出される。ここではその約500企業における女性役員の割合を示した（BoardEx, 2022）。

*1　1985年までの男性取得者数を超えた1986〜87年（女性14万9470人，男性14万7060人）以来，一貫して女性が上回る。今後も（2023〜24年では女性56万4000人，男性34万8000人）女性が男性を上回り増加する見込みである（Statistica）。

*STEM
Science（科学），Technology（技術），Engineering（工学），Mathematics（数学）の教育分野の総称。STEM教育はこの4分野を強化し，IT・グローバル社会に適応できる国際競争力のある人材を輩出する教育システム。また，テクノロジーのみでなく，クリエイティビティ面のA（Art〔芸術〕もしくはArts〔リベラルアーツ，教養〕）を加えたSTEAM教育も提唱されている。

*リサーチ大学
リサーチ・ユニバーシティと呼ばれる研究型大学。アメリカの高等教育機関には，ユニバーシティ（4年制総合大学），リベラルアーツカレッジ（教育に焦点を当てた学部課程で教育を行なう4年制大学），コミュニティカレッジ（准学士号を取得できる2年生大学）などがある。リサーチ大学は通常規模が大きく，学術研究と研究者養成を主たる目的とする。

2　教育研究環境における取組み

　ダイバーシティを考える際には，教育現場での取組みにも言及しておく必要がある。多様な学生が学ぶアメリカの教育現場には課題が多い。高等教育機関では入学試験での合否について根拠をめぐる訴訟も少なくなく，人種の偏り是正については慎重に留意・検討されている。

　学校教育の場では，上述の教育改革法第9編により，固定観念の排除・禁止が規定され，差別のない教育が意図されている。それにより高等教育での男女格差が縮まり，大学院修士号授与数では女性が1986年に男性を上回り，以来一貫して上回り続けている[*1]。アメリカでは早期からSTEM[*]教育が奨励され，コンピュータ教育が導入されている。また，ハイスクール時代からのインターンシップや，高等教育機関での専門的な教育研究の実践により競争優位性を高めてきた。

　2000年代以降，長年にわたる女性教員のジェンダー研究や平等化への取組みにより，リサーチ大学[*]の経営層のイニシアチブが誘発され，高等教育機関で教授陣のDMが前進をみた。その背景には研究時間を確保し，生産性を高める必要性があった。高等教育機関では人種やジェンダーなどの属性の偏りをなくすべく，教育・研究環境の充実が一層意図されるようになっている[*2]。

3　アメリカの科学技術産業界

　アメリカはデジタル社会で即戦力となる次世代を育成し，世界に誇るIT大国へと成功を遂げてきた。多様な教育・研究をベースにして人材に注力するアメリカの人材確保は秀逸で，海外からの留学生を積極的に奨励し，大学院卒業後に採用する一方で，インド，中国，韓国などアジア諸国からエンジニアなどの高度IT関連従事者を誘致するビザ優遇政策[*]を実践している。

　それとともに多くの企業や研究機関が報酬待遇や働きやすさを重視し，人材への投資を惜しまない。特にシリコンバレーをはじめとするソフトウェア・AI産業の先端地域では，高報酬と働きやすい雇用環境を用意して技術や能力を有する優秀な人材を獲得し，かつジェンダード・イノベーション[*]を推進して競争力のあるグローバル雇用を展開している。このような状況からもDMの意義は裏付けられているといえる。

資料12-1 平等と公平性

（出所） Froehle, 2016, より引用。

3 平等と公平性

1 平等か公平か

　DM の取組みを考える上での人的資源管理上の重要な考え方に平等か公平か，という視点がある。**資料12-1** のイラストは，野球場の観客を描き，**平等と公平性** をわかりやすく表現している例である。

　このイラストでは，3 人の子どもらしき人物が踏み台を使って球場の試合を見ている。左のイラストでは，それぞれが踏み台を1つずつ「平等に」使っているが，背丈の低い子には試合が見えない。一方，右のイラストでは中央の子には踏み台を1つ，そして右側のまったく見えなかった背丈の子には2つの踏み台が，それぞれの必要に応じて提供されて，平等ではないが，全員が試合を「公平に」見ることができている。

　このように平等と公平には相違点がある。平等な対処では個々人の違いは考慮せず同じように対処する一方，公平な対処では個々のニーズに合わせてパフォーマンスを発揮できるようにしている。どこに焦点を当てるかが企業戦略として重要であるが，DM の観点からは誰もが活躍できるようにするには，平等よりもむしろ公平性に着目して施策を行うことになるだろう。平等か公平かという着眼点は，人的資源管理施策の重要な中心概念であるといえる。

＊2　近年では，性的指向や性自認を含む性差別のない教育保障について大統領令（2021年3月8日）が発令されるなどして，一層の差別撲滅をめざした取組みが強化されている。性差別やセクシャルハラスメント，性暴力のない環境保証のための措置がとられ，教育上でも様々なダイバーシティの取組みが進展している。

＊ビザ優遇政策
アメリカは高度専門職従事者を受け入れてきたが，2003年の IT 不況時の国内人材大量解雇時には移民雇用による失職の危機感から，「非移民ビザ（高度専門者用 H-1，専門知識者用 L-1B）問題」が社会問題化した（中村，2017，39-50頁）。

＊ジェンダード・イノベーション
主にロンダ・シービンガー（スタンフォード大学教授）が提唱する科学技術研究。例えば，男性仕様の自動車

内装（シートベルトや座席）の女性への不適合，手洗いセンサーの濃い肌の色への非反応や AI 顔認証の肌の色や顔の特徴への非認識，AI の音声・翻訳の偏りなどの課題を組み込み解決・開発している。

＊平等と公平性
「平等」の概念については，英語では equality と equity がある。equity は公平性と訳される。平等とは，個人やグループに同じリソースや機会が与えられることを意味する。一方，公平性は，それぞれが異なる状況にあることを認識して，必要なリソースや機会を割り当てて平等な結果に到達する状況を指す。

＊ダイバーシティ＆インクルージョン（D&I)
多様性と包摂の意。その他ダイバーシティ・エクイティ＆インクルージョン（DE&I/DEI：diversity, equity & inclusion）やダイバーシティ・エクイティ・インクルージョン（diversity, equity, inclusion, & accessibility（DEIA.））などの呼び方がある。

＊インターセクショナリティ（交差性)
キンバリー・クレンショー（UCLA/コロンビア大学）の提唱する理論。

＊LGBTQI⁺
初期に一般的であった「LGBT」に代わり，アメリカなどで用いられている。アメリカでは人口の7.1%を占める（JEFFREY M. JONES, 2022. *LGBT Identification in U. S. Ticks Up to 7.1%*, Gallup)。日本

［2］　多様な人材の包摂

マイノリティを含め多様な人材を包含する概念・体制は「**ダイバーシティ＆インクルージョン（D&I)**」（多様性と包摂）と呼ばれて世界的に認識されている。

多様な人材の包摂においては，一つひとつの属性のみならず，**インターセクショナリティ（交差性)** にも留意しなければならない。インターセクショナリティの理解を深めるための好例として「ドゥ・グラフェンリード対ゼネラルモーターズ（DeGraffenreid v. General Motors）裁判」がある。これは原告エマ・ドゥ・グラフェンリード（Emma DeGraffenreid）ら5人のアフリカ系女性が，雇用主の自動車メーカー，GM を相手取り，アフリカ系女性への雇用差別があるとして訴えたケースである。

同社では1964年以前はアフリカ系女性を雇用しておらず，1970年以降に雇用されたアフリカ系女性は，その後の不況期に年功序列に基づきレイオフ（一時解雇）された。GM はアフリカ系女性を事務職等で雇用し，アフリカ系男性を工場勤務で雇用していたため，原告請求は，「性差別にも人種差別にも当てはまらない」として棄却された。

ここで注目すべきは，女性差別や人種差別という単独の属性の領域では生じない差別が，複数属性が交差する領域で生じたことである。事務職女性は白人のみ，工場職のアフリカ系人員は男性のみで，アフリカ系女性はいずれにも包摂されず差別を被るという問題が生じたのである（**資料12-2**）。

そのような観点では **LGBTQI⁺**（Lesbian, Gay, Bisexual, Transgender, Questioning, Intersex）の状況も類似している。LGBTQI⁺ の社会認識は1990年代以降拡大傾向にある。日本経済団体連合会の「ダイバーシティ・インクルージョン社会の実現に向けて」（2017）では，多様性に基づくイノベーション創出・生産性向上の重要性を「LGBT」の例もあげて報告している。

また不利益を排するために，パスポートなどの公的身分証明書において性別欄記載の M (Male)，F (Female) に加えて「X」表記を選択可とする国が増加傾向にある。DM では，不利益がないよう，制度・環境等の改善に努め，その上で生産性の向上を促していくことが重要である[*3]。

資料12-2　交差性のイメージ

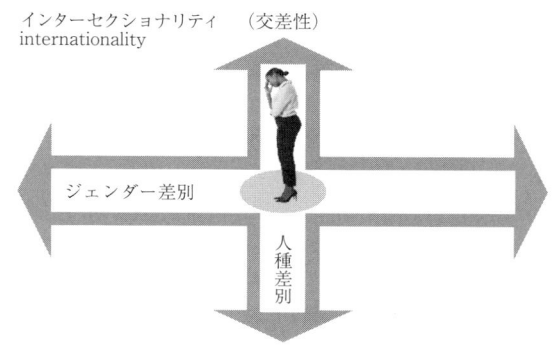

インターセクショナリティ　（交差性）
internationality

ジェンダー差別

人種差別

（出所）　筆者作成。

3　アンコンシャス・バイアス（無意識の偏見）

　公平性やD&Iを阻む要因とはなにか。その1つが**アンコンシャス・バイアス***である。例えば，性別や人種・国籍などによる思い込みや異なる社会でのものの見方，考え方，捉え方や対応が異なるときに無意識のうちに偏見が生まれ，その偏見が差別にいたることがある（**資料12-3**）。それゆえ，人的資源管理では，アンコンシャス・バイアスを回避・是正する支援・制度や考え方が必要になる。

　次に，採用時に起こりうるアンコンシャス・バイアスを考えてみよう。アンコンシャス・バイアスを変えた研究事例の1つとして，「**母親ペナルティ***」が知られている。この研究によると，親であることでの負の影響は男性には少ないが，女性は採用率が低くなり，「母親であるから」採用しないという企業の偏見が示されている。

　日本では男女雇用機会均等法施行以前は，採用面接時には一般的に女性には「結婚しても仕事を続けますか」という質問がなされたり，企業によっては面接会場も男女別といったケースがあったりした*4。また，**履歴書**には「家族構成」，「出身地」，「性別」，「配偶者の有無」，「配偶者の扶養義務」欄があった。これらはすべて雇用上アンコンシャス・バイアスを生じる元凶となっていた。そのためアメリカの履歴書には，居住地や婚姻状況の記載，写真の添付がない。それは，居住地や婚姻状況，写真により読み取れる人種，性別，年齢によるアンコンシャス・バイアスや生じうる差別を回避するためである。

では約10％（株式会社LGBT総合研究所HP，2019，「LGBT意識行動調査2019」；電通HP，2021）。

＊3　用語もジェンダー中立な用法（例：看護婦→看護師，営業マン→営業部員など）が男女雇用機会均等法で規定されている。表現でも例えば飛行機の搭乗時のアナウンスでは"Ladies and gentlemen"から"All passengers"へと変更されている。また偏見の固定化を防ぐため，AI音声・翻訳や案内でもジェンダー中立な音声導入や女性・男性名詞への翻訳などに関する配慮がなされている。

＊アンコンシャス・バイアス（無意識の偏見）
無意識で何気ない発言や行動が相手への中傷や差別につながりうるため，DMでアンコンシャス・バイアスの知識や対処法を身につけさせることは，人的資源管理の必須要件であり，多くの企業が研修を実施している。

＊母親ペナルティ
シェリー・コレル（スタン

資料12-3　アンコンシャス・バイアス（無意識の偏見）による性別
や人種・国籍などによる思い込み例

- 女性は仕事で長続きしない（統計的差別）
- お茶を出すのは女性
- 子育て中の女性に営業や負荷のかかる仕事は無理
- 女性より男性が仕事に向いている
- 外国人にこの国の文化は理解できない
- 定時で帰る社員はやる気がない
- 上司は部下よりも優秀
- 女性に理系は無理
- 若い人にはこの仕事は無理
- 高齢者にITは無理
- 女性には管理職は無理
- 実力や能力があるのに「私にはリーダーや管理職は無理」と言って断る

（出所）　筆者作成。

フォード大学教授）などの研究が知られる（Shelley, J. C., Benard, S. and Paik, I., 2007, pp. 1297-1338）。

＊4　面接・採用時に仕事と直接関係のない個人情報への言及は同法に抵触し，訴訟対象になりうる。差別につながる不適切な質問内容には以下のようなものがある。「本籍」，「住居やその環境」，「家族構成や家族の職業・地位・収入，資産」，「婚姻状況や予定」および「思想・信条，宗教，尊敬する人物，支持政党」など。

＊履歴書
日本でもようやく2020年7月にJIS規格の履歴書から性別欄，顔写真欄が削除され，2021年4月から厚生労働省推奨の履歴書のテンプレートでは「扶養家族」，「配偶者」の項目が削除された。しかし，就職活動の履歴書には写真添付の慣習は現在も残っており，改善が必要である。

上記の研究例では，女性へのアンコンシャス・バイアスによって雇用面での偏りが示された。このような偏見は誰もがもちうるものではあるが，差別や偏った制度につながりうるため，排除する工夫や努力がなされなければならない。人的資源管理で前提となる考え方とは，「いかなる」人材に対しても公平になるよう配慮することである。そのため，ハラスメントや差別が起こらぬよう，使用者には就業規則や研修，働きやすい雇用環境の整備とともに，対人配慮が求められている。

4　日本における人的資源管理情勢の変化

人的資源管理におけるジェンダー・ダイバーシティ

（1）ジェンダー・ダイバーシティ

DMの範囲は広範囲で多岐にわたる。そのためDMを考察するには，本来ならば属性すべてを網羅して考察すべきである。しかしながら，日本社会では少子化が主要先進国中，最も早いスピードで進行し，労働力人口の減少が著しく，その一方で，アメリカのような移民社会に比して移民流入が少ない。そのため，日本の人的資源管理策では女性や高齢者の労働力化に力点がおかれてDMの課題に取り組んでいる。

現段階での日本のダイバーシティは，特に経済面での人材獲得と**競争優位性**の増加を念頭に置いている。競争優位性の面においては，ダイバーシティ推進はCSR，環境問題と並行して人材を重視した人的資源管理として掲げられている。

中でもグローバルスタンダード，国内の労働力不足，そして社会保障政策面から，女性に焦点をおいた DM は重要な位置にある。

　このようなダイバーシティの考え方が日本において一般的になったのは，日経連の「日経連ダイバーシティ・ワーク・ルール研究会」発足後であろう。同研究会の報告書（2001）では「ダイバーシティは，既存の価値観や方法論にとらわれることのない発想を起点とした人材活用戦略である」とされている。また次のようにも記されている。「これまで企業においては，一定の型にはめた人材活用を行ってきた。具体的には，社会にある『男は仕事，女は家庭』といった性別役割分担意識や，皆と同じ所定労働時間は働くべきといったような『○○でなければならない』という発想に基づいて，日本人男性を主な対象にした終身雇用・年功序列を中心とする画一的な人事制度を整備してきた」（日本経済団体連合会，2001）。

　ダイバーシティの推進においては，性別役割分担意識に基づいた画一的な人事制度にとらわれない人的資源管理戦略がめざされ，女性労働を優先したジェンダー・ダイバーシティを官民学で推進している。そこでの女性活躍は，企業が生き残りをかけた生産性を意図した戦略としてとらえられ，重要課題の1つとして取り組まれている。

(2)　ハキム（Hakim）の選好理論

　グローバル化，労働力不足，そして女性活躍推進の中で，日本における女性就労意識は大きく変化してきた。有職女性の職業意識をソニー生命保険株式会社の調査[5]でみると，「今後（も），バリバリとキャリアを積んでいきたい」と思う仕事重視の女性割合は「2017年37.0％→2019年43.3％→2020年34.2％」，「管理職への打診があれば，受けてみたい」という項目については「2017年19.8％→2019年31.0％→2020年18.7％」といずれも下降している（資料12-4）。

　上記意識調査からは女性の職業意識は景気や新型コロナ感染症にも影響されやすく，コロナ禍により，管理職をめざそうという気持ちが半減していることが示唆される。また，「本当は専業主婦になりたい」について「そう思う」と回答した割合は，「2017年39.2％→2019年36.7％→2020年29.8％」と，2015年の調査開始以来最も低くなっていることも注目すべき点である。

　ハキム（Hakim）の選好理論[*]では女性が選ぶライフコース

競争優位性
ある事業が競合他社などの事業よりも有利な状況になる性質・状況をいう。競争優位性を高める上で DM は効果的であると考えられている。

*5　全国の20～69歳の有職女性を対象としたインターネット調査。この調査における管理職希望意識の激減は新型コロナ感染症の影響があり，専業主婦志向の低下は，景気との連動や男女共同参画の教育効果，女性活躍推進風潮が影響している。

ハキムの選好理論
この理論の「職業重視型」は継続フルタイマー，「適応型」は労働市場参入・離脱をする主にパートタイマー，「家庭重視型」は労働市場を離脱した専業主婦タイプである（Hakim, C., 1998, pp. 137-143）。

資料 12 - 4　有職女性の生活や仕事に関する意識

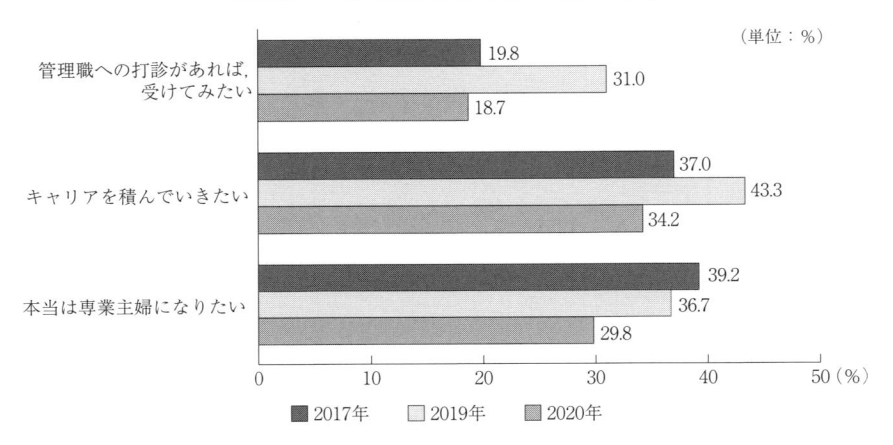

（単位：%）

（出所）　ソニー生命保険株式会社 HP「女性の活躍に関する意識調査」2017, 2019, 2020年より筆者作成。

＊非正規雇用
パートタイマー，派遣社員，契約社員，アルバイトのような一定期間のみの雇用形態。一般にフルタイム雇用に比して低賃金での雇用で，基本的に手当，賞与，退職金がない。また，限定期間での雇用であるため，昇進昇格につながりにくい。

＊性別職務分離
近年では政治的に中立な言い回しの "occupational gender segregation" などを用いる（Hartmann, Heidi, 1976, pp. 137-169）。

＊クリティカルマス
特定の結果を生成するのに十分な大きさ，数，または量のこと。1990年ナイロビ将来戦略勧告で「指導的地位に就く婦人の割合を，1995年までに最低30％に増やす」とし世界的に取り組まれてきた。日本では2003年以来，2020年までに目標値を達成すべく「202030」

は①職業重視型②適応型③家庭重視型の３つのタイプに分類される。女性は受けてきた教育や社会風潮により意識的あるいは無意識的に社会的・歴史的制約を受け，補助職的立場の**非正規雇用**[*]を選択する傾向にある。近年では男女共同参画の推進により，男女格差は縮小傾向にあり専業主婦の家庭重視型は減少しているが，依然として統計上，非正規雇用に従事するのは男性よりも女性の割合が高く，DM での課題とされている。

(3)　性別職務分離とクリティカルマス

　上記のような状況での課題は「**性別職務分離**[*]」が生じていることである。性別職務分離には水平分離と垂直分離と呼ばれる２方向での分離がみられる。水平分離では職業があり，性別分業を反映した女性が多い職業（かつて「女性職」と呼ばれた職業）と男性が多い職業（かつて「男性職」と呼ばれた職業）との分離があるというものである。垂直分離には階級があり，スキルや専門性が高い職や管理職など管理能力を要する上位に男性が多く，女性はその下位の補助的職に従事することが多い。

　男女の賃金格差や成長格差は，垂直分離をみると明らかである。グローバル社会・人口減少社会の日本であらゆる人々が活躍できる社会を構築するためには，このような性別職務分離を打破する必要がある。

　その方法の１つに**クリティカルマス**[*]効果による改善があ

る。ある属性の人々が影響力をもつためには，30％以上を占めることが必要である。欧州では**クォータ制**[*]により女性登用が促進され，管理職・役員割合を高めている。それにより業績向上やコミュニケーションの円滑化が促進され，男女比率や男女間賃金格差が改善されてきた。

　日本では政府が2003年に指導的立場に立つ女性の目標割合を2020年までに30％と定めて推進してきた。しかし2020年での達成にはいたらず，2030年までの継続課題とされた。役員に占める女性の割合は14.7％，管理職に占める女性の割合は15.9％で（内閣府男女共同参画局，2021），クリティカルマスの達成にはかなりの時間を要している。

　ただし，重要なのは数値達成のみではなく，実質的な働き方の改善や環境の充実である。企業にとっても働く側にとっても良好な状況をつくりだすためには，女性の就業意識を高め，働き方と働かせ方の有効な戦略が必要である。中間管理職あるいはその候補者が若いうちから着実にキャリア形成できることが不可欠である。

　企業が育成視点を重視してDMの中でジェンダー要因を理解しつつ，意識改革と新しい働き方を確立していく必要がある。そのため，組織は人的資源管理に自己啓発やモチベーション向上につながるグローバル研修や**エンパワメント研修**[*]などを組み込むことが奨励される。また，職場環境や条件を改善し，働きやすさを追求することが必要である。次節ではその実質的課題について考察する。

⑤　ワーク・ライフ・インテグレーション

1　生き残るための方策

　ダイバーシティ推進は生き残るための方策である。アメリカのDM研究結果では「**カルチュラル・ダイバーシティ**[*]を管理することで，6つの競争優位（①コスト，②資源獲得，③マーケティング，④創造性，⑤問題解決，⑥システムの柔軟性）を獲得する」ことができ，「転職率，欠勤率を低下させる」とされている（脇，2009）。

　アメリカの経緯をみても，初期の人権から平等待遇，公正といった観点を経て，その初期概念を根底に包摂を意図し，生産性を向上させ，イノベーション創造のためにDMを行っている。そのような比較でみると，日本はDM面では明らかに後発国である。人材の活躍レベルについてみても，

と呼んで取り組んだが，2015年には下方修正され，未達成で今日にいたる。

＊クォータ制
クォータ制の発祥国であるノルウェーでは，1978年に制定された男女平等法で「公的機関が4名以上の構成員を置く委員会，執行委員会，審議会，評議員会などを任命または専任するときは，それぞれの性が構成員の4割以上選出されなければいけない」とされている。

＊エンパワメント研修
日本の女性エンパワメントに有効な効果がみられる研修例として，アメリカ国務省のIVLP（International Visitor Leadership Program）を組み込んだ，関西経済連合会の「女性のエンパワメントのための『米国派遣プログラム』」がある。プログラムの詳細については以下を参照されたい。Hirasawa, K., Nakamura, T. and Takakubo, Y., 2022, pp. 199-218。

＊カルチュラル・ダイバーシティ
ここでは人種，性別，宗教，国籍などの文化的なアイデンティティを形成する多様性を指す。職場においては，多言語のチームをもち，様々な背景の人々が一緒に働くため，文化的な側面に配慮することが求められる。

＊失われた30年
1990〜2022年ごろの約30年にわたる日本の経済低迷期。1990年代初頭から2010年は「失われた20年」と呼ばれ，その後も景気が低迷し「失われた30年」と呼ばれる。日本の世界競争力は1990年代前半は上位であったが2020年には34位へと下落し，実質賃金も1990〜2022年はほぼ上昇していない（三菱総合研究所〔MRI〕，2020，「IMD『世界競争力年鑑2020』からみる日本の競争力」）。

＊日本型雇用管理制度
終身雇用制度・年功賃金制度・企業別組合という「三種の神器」と呼ばれる制度に基づいている。低離職率，低失業率や強い組織内のチームワークという長所がある一方，長時間労働，若年層のモチベーション低下や正規・非正規雇用の格差という課題がある。

＊ワーク・ライフ・バランス（Work-Life Balance）
仕事と生活の両立を意味する。日本政府では「仕事と生活の調和」として訳している。

国際共通語ともいえる英語コミュニケーション能力は概して低く，グローバルランキングの下位に位置している。多様性を欠く慣行により ITC，デジタル分野でも遅れをとっている。自国の様式や方法に固執し，ガラパゴス化が生じ，世界潮流から遅れをとった。日本はグローバル競争力の下降で行き詰まり，経済成長が伴わずに報酬の抑制によって生き延びてきた。そうして「失われた30年」を経験し，経済後進国となる道のりさえたどりつつある。

　この状況には複数の要因が関係しているが，その1つに画一的な**日本型雇用管理制度**の行き詰まりと生産性の停滞があげられる。長時間労働を強いた仕事一辺倒の働き方は，心身を疲弊させ生産性向上には直結しない。日本が生き残るためには，効果的な戦略，DM，そして新しい働き方と生き方が不可欠である。日本は画一的な日本的雇用制度から脱し，多様な人材が活躍できる社会をつくっていかねばならない。その実際的な生き残りをかけた戦略を以下にあげたい。

2　ワーク・ライフ・バランスからワーク・ライフ・インテグレーションへ

　ワーク・ライフ・バランス（以下，WLB）というフレーズを耳にしたことはあるだろう。2000年ごろはほとんどの人になじみがなかったこのフレーズも，政府や企業の WLB 政策推進によっていまや9割以上の人に認知されて日本社会に定着している。ダイバーシティを推進するには，社会的なダイバーシティの認知やコンセンサスに加えて，実際の職場における制度や労働環境の整備が必要であり，特に職業生活と家庭生活や個人生活をトータルにコントロールするための支援が必要である。その方策は以下のように多岐にわたる（**資料12-5**）。

　しかし WLB から大きな転換をせまられることになる。2020年，不可抗力ともいえる新型コロナ感染症による「コロナショック」が起こり，ホスピタリティビジネス，特に飲食，宿泊，流通業界では閉鎖や倒産によって，多くの人々が休業・失業を余儀なくされた。日本はそれまでも自助努力や企業の WLB 政策推進を行ってきたが，この多大な影響によって経済的・物理的な四面楚歌の中で大きな限界があることを思い知らされることになり，新しい考え方と働き方へのシフトを余儀なくされることになった。そこで再構築されたのが

資料12-5　ワーク・ライフ・バランスの形態

育児支援 企業内保育所・R＆R （Resource & Referral：保育 情報提供）・保育料補助	**フレックス形態** フレックスタイム・フレックス プレイス（在宅勤務等）・労働 時間（週）の短縮・裁量労働制 ・時短勤務・ジョブシェアリング	**休業制度** 休業有給化・休業期間・ 長期休暇制度・有給休暇 ストック制度
転勤時支援 家族への配慮（家族に 近い配属先・転勤先での 職場の紹介）・転勤先での 生活情報	**EAP（Employee-Assistance Program）：社員支援制度** フレックスタイム・フレックス キャリアプラン相談・ 家庭生活上のカウンセリング	**介護支援** 介護情報の提供・介護支援 団体の紹介・経済上の援助
養子縁組サポート	健康・保険等の福利厚生	教育支援

（出所）　平澤・中村編著，2021 より筆者作成。

ワーク・ライフ・インテグレーション[*]（以下，WLI）である。
　WLI は，WLB の進化形である。WLB は仕事と生活とい
う2領域が対峙する中で2つのバランスをとる概念である
が，WLI はより包括的な仕事と生活の統合を意味している。
WLI は2000年代初期に一旦日本企業社会に紹介されたもの
の，WLB の概念が優勢であったためあまり一般には認識さ
れなかった。
　しかし，コロナ禍により新しく進化したかたちで日本社会
での必要性が高まった（平澤・中村，2021）（**資料12-6**）。2020
年からの新型コロナ感染症の蔓延により，人々は外部との接
触もままならず，職場へ通勤することも難しい状況が突如と
して起こった。リモートによる業務を余儀なくされたが，リ
モートワークの普及は満足いく状態ではなかった。このよう
な危機下では WLB は機能停止となってしまい，救済措置も
ままならない状況に陥った。例えば，子育てについては保育
所等の休園が相次ぎ，働く親がやむを得ず在宅で仕事をしな
がら子どもの世話を余儀なくされた。特に2022年2月に起
こった相次ぐ保育所の休園は，ベビーシッターへの依頼を急
増させた（これを筆者は「オミクロンショック」と名付ける）。
　このような危機においては WLB には限界がある。そのた
め，政府および企業のより強固なバックアップが必要になっ

***ワーク・ライフ・インテ
グレーション**（Work-Life
Integration）
イギリスので用いられて以
来，欧米を中心に一般化し
ている。

資料 12-6　ワーク・ライフ・インテグレーションへの流れ

1970年代後半〜1980年代前半	1980年代後半	1990年代〜
ワーク・ファミリー work and family work・family	work-and-life balance work-life balance ファミリー・フレンドリー family-friendly	ワーク・ライフ・バランス work/life balance work-life balance

2000年代
Work-Life Integration
ワークライフ・インテグレーション（2005）
日本へは2007年頃：経済同友会提言（2008）
ワーク＆ライフ　インテグレーション

2020年コロナ禍
New Work-Life Integration
新ワークライフ・インテグレーション

（出所）　平澤・中村編著，2021，38頁より筆者作成。

た。仕事と生活という 2 領域だけで働く人々の生活を支える
にはリスクや限界があり，支援を行う政府の方針や改善メカ
ニズムという社会的支援が必要となる。政府のコロナ感染症
対策補助金の支給や職場における福利厚生制度上の配慮が進
められ，内容も従来の WLB 形態から，より充実し包括的な
かたちでの仕事と生活の統合が不可欠となった。

３　ワーク・ライフ・インテグレーションで拓く未来

　WLI のあるべき姿とは，個人のみの努力では成し得ない
部分を，政府や企業による補塡・支援によって，一層包括的
な様態・体制を充実させることである。そうして多様なニー
ズに応えて，異なる環境の中でいままでにみられなかった新
しい働き方が模索されていくことになる。

　例えば，そのような一例に NTT のリモートを基本とした
新しい制度があげられる。それは勤務場所を自宅として（居
住地は不問）出社は出張扱いとするリモート型の働き方で，
煩雑な手続きもない未来型の働き方である（**資料12- 7**）。

　コロナ禍での政府の助成金申請の際には，未曾有の事態に
おいて組織経由での申請が煩雑で機能しないケースが多くみ
られたが，上記の NTT のケースでは「手続き不要」で実現
可能な WLI のかたちが提供された。このような人中心の
ニーズにあったかたちこそが，これからの未来を拓くための

資料 12 - 7　リモートワークを基本とする新たな働き方の導入について

（2022年 7 月 1 日実施）

	旧ルール	新ルール
勤務場所	事業所に出社	自宅　リモートを基本
手続き	社員の申し出・上長承認	手続き不要
出社の扱い	通勤（通勤費支給）	出張（旅費支給）
居住地	事業所の通勤圏内	居住地不問

（出所）　NTT「リモートワークを基本とする新たな働き方の導入について」2022年 6 月22日（https://group.ntt/jp/newsrelease/2022/06/24/220624a.html）（2022年 7 月 1 日アクセス）より筆者作成。

新たなる日本型 WLI 雇用形態である。このような WLI が浸透すれば，政府のリモートワーク支援にも拍車がかかることだろう。それによって WLB のみでは成し得なかった社会的枠組みを整えていくことが可能となる。

　WLI は DM によって多様化した組織における多様な人材のニーズに応える実質的な戦略である。これからの時代，日本では少子高齢化と人口減少の課題に対処するため，多様な人材登用によって競争力の維持・向上をして生き残らねばならない。社会の多様性を認め，ダイバーシティを一層推進していく必要があり，そのためには，①採用・キャリア支援などの人的資源管理面での改善を図り，②やりがいが感じられる環境・条件を整えてニーズに合致した支援を行うことが求められている。

　また，「失われた30年」を打開して，日本が経済成長を遂げるためには，この WLI が不可欠である。過労死を生じるような長時間労働や，休日のサービス出勤，あるいは意に反した単身赴任が当然視されて，がむしゃらに働く日本型雇用は，現代の働き方にはもはやなじまない。柔軟性を欠いた限界寸前の働き方は離職，生産性の低下，モチベーションやエンゲージメントの低下を招くものであり，グローバル時代の競争には勝ち残れない。「失われた30年」の日本経済を再建するには，エンゲージメントや生産性を高めていかねばならない。そして，その推進には「政府のイニシアチブ」と母体となる「企業のサポート」のある WLI が必要なのである。

　本章では，DM と WLI について考察した。DM は法制度の枠組みを整備した上で多様性を包摂し，優秀な人材を確保するための管理手法である。そして人材を惹きつけ，皆がフ

ルに能力を発揮できるよう，新しい働き方や支援を組み込んだ従来の WLB から進化した，より包括的な WLI が不可欠である。そうして国籍や性別などを越えた多様な人材が仕事の生産性を高めていくことができれば，われわれは「失われた30年」やコロナ禍のような危機を超えて，未来を切り拓いていくことができるであろう。そして，産官民が一体となるビジョンの中での WLI こそが，そのような多様な人材が活躍するための新たな未来を切り拓く実質的戦略なのである。

謝辞：本章は日本学術振興会科学研究費基盤研究（C）課題番号 21K01892 の研究成果の一部である。記して感謝申し上げたい。

引用参考文献

内閣府男女共同参画局，2021，「独立行政法人等女性参画状況調査報告書」。

中村艶子，2017，「グローバル時代におけるソフトウェアエンジニアの働き方──生産性向上のための諸要因」『ハリス理化学年報』58巻1号。

平澤克彦・中村艶子編著，2021，『ワークライフ・インテグレーション──未来を拓く働き方』ミネルヴァ書房。

守屋隆司・中村艶子・橋場俊展，2018，『価値創発（EVP）時代の人的資源管理 Industry4.0 の新しい働き方・働かせ方』ミネルヴァ書房。

文部科学省「『日経連ダイバーシティ・ワーク・ルール研究会』報告書の概要　原点回帰──ダイバーシティ・マネジメントの方向性」http://www.mext.go.jp/b_menu/shingi/chousa/shougai/008/toushin/030301/02.htm（2022年7月1日アクセス）。

脇夕希子，2009，「米国におけるダイバーシティ・マネジメントの取り組みによる効果──雇用者のリテンションを中心に」『阪南論集　社会科学編』Vol. 45 No. 1。

BoardEx, 2022, "Global Gender Diversity 2022".

Froehle, C. M., 2016, The evolution of an accidental meme, Medium. com.

Hakim, C., 1998, "Developing a sociology for the twenty-first century: Preference Theory," *British Journal of Sociology,* Vol. 49, No. 1 (March, 1998).

Hartmann, H., 1976, "Capitalism, Patriarchy, and Job Segregation by Sex," *Women and the Workplace: The Implications of Occupational Segregation* Vol. 1, No. 3 (Spring, 1976).

Hirasawa, K., Nakamura, T. and Takakubo, Y. Eds., 2022,

Transforming Asian Economy and Business Administration: Excellence and Human Resources, Books on Demand.

Shelley, J. C., Benard, S. and Paik, I., 2007, "Getting a Job: Is There a Motherhood Penalty?" *American Journal of Sociology,* Vol. 112, No. 5 (March, 2007).

Statistica, "Number of Master's degrees earned in the United States from 1949/50 to 2030/31, by gender".

（中村艶子）

第13章
タレント・マネジメントとワーク・エンゲイジメント

　人的資源管理は，ヒトがモノ・カネ・情報を動かす中心であるという点で他の経営資源のマネジメントに比べ重要性が高い。それに加え，急激な少子高齢化により人手不足が深刻化しており，ヒトという資源の希少性が増している。そのため，画一的なマネジメントよりも個人に焦点を当てたマネジメントであるタレント・マネジメント（TM）とワーク・エンゲイジメント（WE）が近年注目されている。本章では，TMとその効果としてのWEについて学ぶ。

1　タレント・マネジメント

1　タレント・マネジメントとはなにか
(1)　なぜタレント・マネジメントを取り扱うのか

　なぜ，本章でタレント・マネジメント（TM）を取り扱うのであろうか。TMの起源は，アメリカに本拠を置く大手コンサルティング会社であるマッキンゼー・アンド・カンパニーが1997年に提唱したウォー・フォー・タレント（人材をめぐる獲得競争）の概念にはじまる。ウォー・フォー・タレントとは，タレント（有能なマネジャー人材）の獲得競争が企業の命運を握ると考える概念である。この概念はそれまでアメリカの主流であった職務に注目する視点から人に注目する視点への転換を促すものであった。

　また，新型コロナ感染症の流行によりテレワークが普及するなど，どこでも働ける柔軟な働き方ができる会社に人材が移動する傾向も示されるようになってきた。特に世界的にも，デジタル人材の不足は深刻で，欧州ではデジタル人材を中心として，住む場所を転々と移っていく**ノマド・ワーカー**が国家間を移動する現象もみられる。このようにITテクノロジーの進歩によりどこでも働ける時代が到来し，地理的な制約が少なくなることで，タレント人材の獲得競争は企業間だけでなく国家間でも激しさを増すことになる。グローバルにどこででも働ける時代に人材を惹きつける人材マネジメントがTMである。

＊ノマド・ワーカー
特定の職場をもたず，移動しながら仕事をする労働者を意味する。ノマド（nomad）とは放浪の民を意味するが，近年は「デジタル・ノマド」という住む場所を転々としながら働く場所を変えるIT人材に対する獲得競争が欧州各国で繰り広げられている。エストニアが「ノマド・ビザ」を2020年に導入したことを皮切りに，ハンガリー，ルーマニア，クロアチアなども導入し，在宅勤務の外国人に半年から1年間の滞在許可証である「ノマド・ビザ」を発給している。

(2)　タレントとはなにか

そもそも，タレント（talent）とはどう意味なのか。即座に思い浮かべるのは TV タレントすなわち TV に出る芸能人のことであろう。芸能とはお笑い，音楽，歌舞伎などの娯楽を意味するがもともとは技能を意味する言葉であった。ここから，タレントも技能のある人と読み替えることができる。英語の talent は，才能そのものや才能がある人を意味しているが，もともとは古代ギリシャやローマ時代の重さや秤が語源であり，お金の単位として使われていた。

新約聖書（マタイ25 14-30）の「タラントのたとえ」をみると，タレントの意味が通貨から才能へと移行したことがわかる。この寓話の主人は旅行するに当たって，3人の下僕に，それぞれの能力に応じて5タラント，2タラント，1タラントを預けて財産管理をさせた。5タラント，2タラントを預かった2人の下僕は預かったお金を元手としてそれぞれお金を2倍に増やした。一方，1タラントを預かった下僕はリスクをおそれ，預かった1タラントを地中に埋め，増やしも減らしもしなかったため，主人はこの怠け者の下僕を怒り1タラントを取り上げた。この寓話の主人はイエスのことである。

タラントという通貨は神様からの贈り物であり，才能を象徴している。この寓話の意味するところは，人はそれぞれ天から異なる才能を与えられており，天から与えられた才能を磨き最大限活用すべきであるということである。この寓話から，タレントには天から与えられた才能（ギフト）を努力し熟達していくものという意味が込められていることがわかる。能力には先天的なものと後天的なものの両義性があることがわかり，そこからさらに，能力には顕在能力と潜在能力があることがわかる。

話を現代に戻すと，じつは，現在 TM で議論されているタレントには，学術的にも実務的にも多様な定義があり，一様に定まったものはない。タレントには能力そのものを指す場合と，その能力をもっている人材を指す場合の2つの意味がある。そこで，本章では，TM の議論の端緒となったマッキンゼー・レポートからタレントの定義を検討する。マッキンゼー・レポートによれば，タレントは，「マネジメント・タレント（経営管理能力）」を指し，企業の目標達成や業績向上に資するリーダーやマネジャーを意味する。具体的には，

「戦略的思考，リーダーシップ，精神的成熟，コミュニケーション能力，有能な人々を引きつけその意欲を引き出す能力，進取の気性，実務能力，結果を出す能力を組み合わせたもの」を意味する。これをかみ砕くと，タレントとは企業の組織目標の達成に資する能力やコミットメントとなる。能力は，その人がもっている技術や経験などを含むものであり，コミットメントは組織目標を達成しようとする意志を意味する。

(3)　タレント・マネジメントの定義

では，TMとはなにか。タレントの定義に定まったものがないため，TMも一義的なものはなく，多種多様な定義がある。マッキンゼー・レポートを読み解くと，TMとは，有能なリーダー・マネジャー人材を増やすための施策と言い換えることができる。また，TMは，「卓越した能力をもつ個人に，いかにして自社の発展のために尽くしてもらうか」ということであり，「組織における個人ひとりひとりの能力とリーダーシップを最速で開花させることによって，組織内のリーダーシップの総量を極大化させ，より高いビジネスゴールを達成することを目的とした，上司・本人・人事による成長促進のためのプロセスである」（石原，2013，109頁）とする定義もある。

TMの定義には一義的なものはなく，多種多様な定義があるが，その多くは戦略的タレント・マネジメント（Strategic Talent Management: STM）の流れに沿ったものが多い。その代表的なものとして，「組織の持続的競争優位に貢献するキー・ポジションを体系的に特定し，高い潜在能力を持ち，高業績を上げる人材のタレント・プールを開発し，キー・ポジションにふさわしい人材を充足する仕組を構築し，有能な人材の組織への継続的コミットメントを確保する活動とプロセス」というコリンズらによる定義がある。

STM論では，トップ・マネジメントだけを対象にするのではなく，TMの対象を全従業員まで広げた議論を行っている。柿沼・土屋（2020）はこの考えを取り入れ，TMを「組織レベルの成果の向上を目的として，戦略や目標の達成にとって重要度の高い職務に対する適切な人材の定常的な配置を可能にするための人事管理の仕組みとその実践」（68頁）と定義している。すなわち，TMとは，企業の戦略や組織目標の達成に貢献するキー・ポジションに，適切な人材を絶え

間なく配置する人材マネジメントと読み替えることができる。この定義の特徴は，戦略的に価値の高い人材，あるいは組織目標に貢献する人材といった戦略的な側面を重視していることである。さらには，人材獲得競争の激化により，絶え間なくタレントを配置するために全従業員のキャリア開発が重視されていることも特徴としてあげられる。

　そもそも，TM の定義が多種多様なのは，タレントとはなにか，誰か，タレントにはどのような価値があり，タレントをどのように活用するのかといった TM 哲学が多様であるからであるが，端的に表すと，高い業績を上げる資質を有する人材を長期的，戦略的に選定かつ育成する仕組みが TM といえる。

2　タレント・マネジメントの目的と効果

(1)　タレント・マネジメントの目的

　では，TM の目的はなにであるのか。TM の当初の目的は，グローバル競争に勝ち抜く人材を育成すること（石原，2013，113頁）であった。学術的には，TM の目的は，「最大のパフォーマンスを発揮する高い機能を有する特定の個人をつくりだすことであり，そうした最大のパフォーマンスを発揮する特定の個人が，学び，成長し，成果をあげる環境をつくりだすことにある」（守屋，2020，139頁）。

　柿沼・土屋（2020）によると，TM とは「能力開発」と「適材適所」を有効に行うための施策であり，この「能力開発」と「適材適所」の最終ゴールは企業の利益の伸長にある。「能力開発」の考えは「適材開発」につながり，「適材適所」の考えは「適所適量」につながる。

　近年，従来の長期雇用，無制限な働き方，遅い昇進といった日本型雇用制度と呼ばれる人事慣行の限界が露呈しつつある。特に，人材の流動化，国際化，あるいはダイバーシティの促進が日本型雇用制度の限界を顕著にさせている。このような労働市場の変化に伴い，従来の「適者生存」では人材の確保が難しくなっており，それに代わる人材マネジメントとして「適材開発」としての TM が効果をもつという点が，日本企業の文脈での TM の導入の意義となる。必要なタレントを主体的につくり込んでいく適者開発が企業の人事の現場で必要となってきている。

　TM には，経営戦略に規定される才能や能力（タレント）

資料13-1　タレント・マネジメント・サイクル

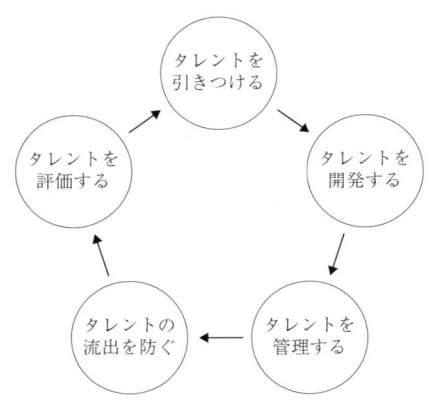

（出所）　ホアー, S., レイ, A. ／SDL Plc 訳, 2012,
　　　　35頁, 図 3.1。

を有する人材を，選別・採用・配置・能力開発するなどいくつかの側面があるが，簡略化すると，**資料13-1**で表すことができる。TM とは，タレントを引きつけ，開発し，管理し，流出を防ぎ，評価する人材マネジメント・サイクルである。

（2）　**タレント・マネジメントの効果としてのワーク・エンゲイジメント**

TM によって，すべての従業員に目を向けることにより，従業員のタレントが発見され育成される。そのような過程で経験を積むことによって，従業員からの組織への信頼が高まり，仕事への愛着も高まる。その結果，WE が高まっていくことになる。

過去の研究の成果から，TM により従業員のモチベーションやコミットメントが上がり，さらには TM により従業員の WE が高まることが知られている。具体的には，従業員が人事制度の運用が公正だと認知し，従業員の人材育成に力を入れていると認識することが WE を高める。あるいは，従業員の間に事業戦略が浸透していくことで WE が高まることが実証されている（石山，2020）。

その他，TM は従業員に挑戦を促すことにつながり，従業員の成長マインドセットを促すことができる。TM は，従業員の主体的なキャリア開発を支援しタレント人材に成長の機会を与えることができる。その結果，人材と**職務**のマッチングが図られ，タレント人材の**リテンション**効果を高めること

＊職務
職務とは，組織の構成員一人ひとりが担うべき仕事のことを指す。

＊リテンション
もともとは保持，保留という意味であるが，人的資源管理論では従業員の組織への定着を意味する。優秀な従業員を引きつけ，引き留めるための人的マネジメントをリテンション・マネジメントという。

資料13-2　戦略的タレント・マネジメントのメカニズム

（出所）　石山, 2020, 23頁, 図表1-4。

になる。もともとTMは，優秀なマネジメント人材の流出防止のためにアメリカではじめられた施策であったので，TMはリテンション・マネジメントともいえる。

　資料13-2にSTMのメカニズムを表しているが，これによると，TMが**ワーク・モチベーション**[*]や**組織コミットメント**[*]，そして**役割外行動**を高めることで結果として組織の業績の向上に寄与することがわかる。

　TMの効果として期待が大きいものは，従業員のタレント＝才能が開花することで，新たなイノベーションや成長事業の創出が可能になることである。企業がもともと保有している既存のビジネス資産（人材，技術，設備，情報）を用いて新たな事業へ転換することをバリュー・トランスフォーメーションというが，TMにより全従業員のタレントに着目することで，バリュー・トランスフォーメーションや新たな事業価値の創出を促す効果が期待されている。

３　日本企業におけるタレント・マネジメント

　日本企業におけるTMの浸透は，アメリカに比べまだまだ遅れているが，グローバルに事業を展開する企業とIT企業においてTMが進みつつある。日本企業の初期におけるTMは，2010年代前半にグローバルに事業を展開する大企業において，グローバル人材の確保のためにTMを導入するケースが相次いだ。具体的には，海外現地法人のリーダー，

*ワーク・モチベーション
働く現場におけるモチベーションのことであり，ワシントン大学のミッシェルによると，「目標に向けて行動を方向づけ，活性化し，そして維持する心理的プロセス」と定義される。ワーク・モチベーションには，方向性，強度，持続性の3つの要素がある。仕事そのものだけでなく，例えば報酬なども発生源となる。

*組織コミットメント
組織と従業員の確固たる関係を表す心理状態を意味する。所属する組織への帰属意識や愛着を表す概念であるが，近年は多次元として把握されることが多い。組織への愛着に基づくコミットメントである情緒的コミットメントと，損得勘定に基づく功利的コミットメントの2次元説や情緒的コミットメント，継続的コミットメント，規範的コミットメントの3次元説が

ある。

＊役割外行動

個人が自己裁量で，組織の利益のために自発的に起こすもので，かつ公式の職務の範疇を超えた行動を指す。役割外行動の代表的な概念に，オーガンが提唱した組織市民行動がある。

＊ERP システム

ERP は，Enterprise Resource Planning の略であり，企業の経営資源であるヒト・モノ・カネ・情報の流れを一元管理する概念である。ERP システムは，もともと企業の製造，財務，人事など異なる職能ごとで断片的に処理された情報を統合する基幹系情報システムである。

マネジャーへの適任者の配置が困難であることから TM を導入することになった。海外現地法人のマネジャーは知性，精神面，体力面でタフでなければならないが，当時の企業の現場ではそのようなタレントを育成できずにおり，かつ外部からの採用も困難な状況があった。そこでタレント人材の内部育成と外部調達の両面から海外現地法人のマネジャー人材を充足できる可能性を秘めた TM を導入することになった。

次に，IT 企業での TM の導入が進みつつある。もともと IT 業界は，個人のアイデアで新たなサービスや事業が創出されることが多く，事業そのものが個人のタレントに依存する側面もあり個人の人材マネジメントが必要であった。さらには，IT 企業が提供する製品やサービスに，TM のアプリケーションソフトや人材管理，TM を組み込んだ **ERP システム**[＊]などがあるため，自社で TM を導入することになった。

しかし，職務主義のアメリカ企業の概念である TM をそのまま属人主義の日本企業に持ち込むには，多くの課題がある。日本企業においては，職務主義のアメリカ企業で開発された TM を，日本企業の文脈にカスタマイズして段階的に導入することが必要となる。具体的には，属人主義的な人事システムに適合させたクラウド型人事統合システムを導入するなど，まずは，人事情報の見える化に取りかかることが必要となる。

日本企業における TM として，守屋（2020）は従来の日本企業の人事管理システムを踏襲したままで TM のアプリケーションソフトを導入することを提案している。この提案は TM による人事情報の見える化が目的である。人事情報のデータを民主化することにより人事情報の分析が進むとともに，採用・配置・育成・評価など従来ばらばらであった人事情報の統合も進むものと考えられる。

資料13-3 では，タレントを限定する選別アプローチかタレントの考えを全社員に広げる包摂アプローチか，そして，適者生存か適者開発かの 2 軸により人事管理を 4 分類に分けている。今後は，「適者生存」の日本型人事管理が TM を受容することで「適者開発」の人事管理へ移行していく可能性が示唆されている（石山，2020）。

資料13-3　適者開発日本型人事管理の位置づけ

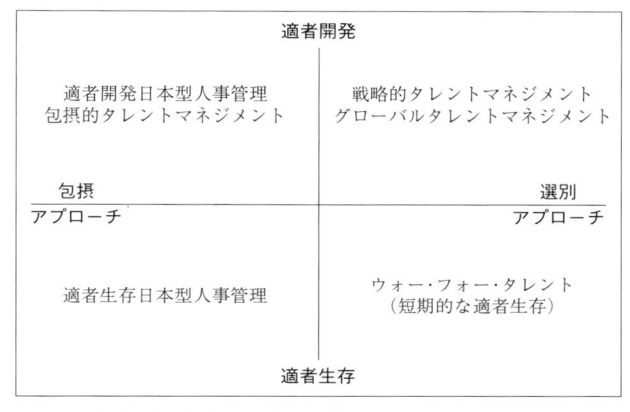

適者開発

適者開発日本型人事管理 包摂的タレントマネジメント	戦略的タレントマネジメント グローバルタレントマネジメント

包摂
アプローチ　　　　　　　　　　　　　　　選別
　　　　　　　　　　　　　　　　　　　　アプローチ

適者生存日本型人事管理	ウォー・フォー・タレント （短期的な適者生存）

適者生存

（出所）　石山，2020，205頁，図表9-2。

2　ワーク・エンゲイジメント

1　ワーク・エンゲイジメントの定義

(1)　なぜワーク・エンゲイジメントが着目されるのか

　近年，経営の現場において健康への着目が重要視されている。これは少子高齢化の進展により，経営にとって人材の希少価値が増していることが背景にある。日本は深刻な労働力不足に直面しているが，この労働力不足は量的な側面だけでなく質的な側面も問題となっている。女性や高齢者の労働参加が促進し，共働き世帯や単身世帯が増えている。その結果，家事や育児，そして介護と仕事を両立できる多様で柔軟な働き方が必要となってきている。このような両立を前提とした働き方においては，以前にも増して労働者への健康面での配慮が経営に求められるようになってきている。

　2017年に経済産業省が**健康経営優良法人認定制度**を設けるなど，徐々に健康経営の考え方が浸透してきている。健康経営とは従業員の健康管理を経営的な視点でとらえ実践することであるが，近年，健康経営からウェルビーイング経営へと進化しつつある。この背景には，健康という概念のとらえ方が変化していることがあげられる。近年，産業保健心理学や多くの経営現場においては，健康に対する考えが，身体の健康を表すヘルスから，身体的にも精神的にも社会的にも満たされた状態を意味するウェルビーイングへと変化してきてい

＊健康経営優良法人認定制度

経済産業省が2017年度より開始した優良な健康経営を実践している法人を顕彰する制度であり，大規模法人部門と中小規模法人部門に分かれて健康経営優良法人として認定され，それぞれの上位500社にはホワイト500，ブライト500の冠が付加されている。

資料13-4　ワーク・エンゲイジメントと関連する概念

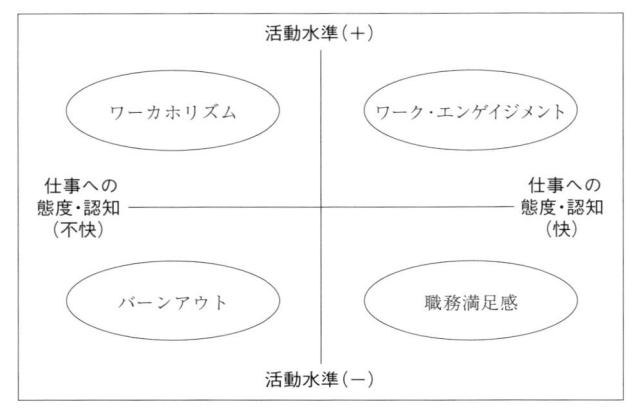

（出所）　島津，2022，37頁，図10。

る。そのウェルビーイングの中の精神的・社会的な側面に注目した概念がワーク・エンゲイジメント（Work Engagement: WE）である。

　WE は，仕事にやりがいを感じて充実している状態のことを意味する。WE が高いということは働きがいをもっていきいきと働いていることであり，すべての社員がいきいきと働くことで，個人はストレス反応を避け健康を維持向上させることができる。一方，組織にとってみれば，労働生産性の向上や社員の定着率の向上が見込めるため，WE の高い社員がいる組織は，組織目標の達成が期待できる。

（2）　ワーク・エンゲイジメントの定義

　WE はオランダのユトレヒト大学のシャウフェリらが提唱した概念で，シャウフェリらによると「仕事に関連する，ポジティブで充実した心の状態であり，かつ活力，熱意，没頭を特徴とする」と定義される。WE は，一時的な状態ではなく，仕事をしているときの持続的で全般的な感情と認知であり，バーンアウトの反対概念とされている。**資料13-4** は，WE と関連する概念を「活動水準」と「仕事への態度・認知」の2つの軸で分類したものである。

　WE と対極にあるバーンアウトとは，燃え尽き症候群ともいわれるが，過度のストレスにさらされた結果，心身の極度の疲労により燃え尽きたように意欲を失い社会へ適応できなくなる現象である。資料13-4によると，WE は活動水準が

資料13-5　日本語版ユトレヒト・ワーク・エンゲイジメント尺度

> **活力**
> □仕事をしていると，活力がみなぎるように感じる
> □職場では，元気が出て精力的になるように感じる
> □朝に目がさめると，さあ、仕事に行こう，という気持になる
>
> **熱意**
> □自分の仕事に，誇りを感じる
> □仕事に熱心である
> □仕事は，私に活力を与えてくれる
>
> **没頭**
> □私は仕事にのめり込んでいる
> □仕事をしていると，つい夢中になってしまう
> □仕事に没頭しているとき，幸せだと感じる

（出所）島津，2014，68頁，表5より筆者作成。

　高く，仕事への態度・認知が肯定的であるのに対し，バーンアウトは活動水準が低く，仕事への態度・認知が否定的である。

　次にワーカホリズムは，過去の研究において WE と弱い正の相関があることが知られており，WE と同様に活動水準が高いが，仕事への態度・認知が否定的である。ワーカホリズムは「過度に一生懸命に働く傾向」を意味しており，罪悪感や不安を避けるために仕事をせざるを得ない心理状態にある。一方，WE は仕事が楽しくてしょうがないといった心理状態にある。

　職務満足感は仕事や職場環境への評価がポジティブな感情を意味しており，WE と混同されやすいが，WE と同様に仕事への態度・認知は肯定的であるが，活動水準は必ずしも高くはない。そのため，職務満足感は WE よりも認知的な概念であり，WE は，認知的な側面に加え，行動的な側面の活発性を含めた概念となる。

　なお，上述のとおり WE は活力，熱意，没頭の3次元で構成される。仕事から活力を得たりいきいきとしている状態が活力であり，仕事に対して熱心であったり，誇りを感じている状態が熱意であり，仕事に夢中になってのめり込んでいる状態が没頭である。**資料13-5** に，WE の状態を調査する際の質問項目を表す。

[2]　ワーク・エンゲイジメントの効果と促進要因

（1）　ワーク・エンゲイジメントの効果

　　高い WE を有している従業員，あるいはその従業員が働く部門では，業績が高いことが知られている。例えば，WE の高いホテルスタッフは，顧客へより親しみをもった接客を行うために，顧客によるホテルのリピート率が高くなる結果も出ている。あるいは，ファストフード店では，WE の高いスタッフは低いスタッフよりも売り上げが高くなる。このようなオフェンシブな結果（攻めの効果）だけではなく，仕事上で仕損じることも少なく，事故を起こすことも稀であるといった仕事上のディフェンシブな側面（守りの効果）においても WE は良い結果をもたらす。

　　また，WE の高い従業員は組織に忠実であり，組織コミットメントも高まることがいわれている。このような従業員は辞めようと思わなくなるため離職率が下がる効果もある。彼・彼女らは上司や同僚のために自発的に働くなどの利他的な行動を起こすことも多く，その結果，自らが仕事をより楽しくできるようになり，やりがいのある仕事に従事できるようになる。WE の高い従業員は，自分の仕事に満足しており，より楽しんで仕事をしているために，上司からの評価も高くなる。なによりも，彼・彼女らは心身の不調を訴えることが少なく，ストレスにも強く陽気であるため，健康状態が良いとされている。

　　WE は，別の個人へも伝播するという**クロスオーバー***効果も有している。人の感情や態度は，夫婦間，上司と部下間，同僚間で伝播するが，それはネガティブなものだけでなく，はつらつやいきいきといったポジティブな感情や態度も伝播する。WE の研究においても，共働きの夫婦間で WE が伝播することや，上司から部下へ WE が伝播することが実証されている。

　　総じて，WE という概念は，仕事のパフォーマンス，組織コミットメント，健康を増進するものとしてとらえられている。そして，離職を防止する効果もある。ただし，多くの物事には正の側面の他に副作用などの負の側面もあり，WE も例外ではない。WE の要素である没頭の要素は，仕事に夢中になるあまり休息をとることを忘れたり，個人的な人間関係への配慮を忘れるなどの問題を引き起こす可能性を秘めている。このように，WE と健康の関連性については，今後さら

＊クロスオーバー
ある人の感情や態度が同じ環境におかれた別の人に伝染する現象。家族や職場の人など，ともに過ごす時間が長い関係性においてクロスオーバー現象が起きやすいといわれている。

資料 13-6　仕事の要求度－資源モデル

（出所）　島津，2022，62頁，図17より筆者作成。

なる研究が必要となっている。

　(2)　ワーク・エンゲイジメントの促進要因

　WE を高める要因として，仕事の資源と個人の資源の2つがある。仕事の資源とは，個々の従業員へ資源を与える仕事の側面であり，物理的・社会的・組織的な側面がある。もう少し詳しく説明すると，業務負担から精神的な負担を軽減し，仕事上の目標達成を促進し，個人の成長を促進し助勢するものである。具体的には，上司・同僚のサポート，仕事の裁量権，パフォーマンスへのフィードバック，自律性やパフォーマンスのフィードバック，コーチング，課題の多様性，トレーニングの機会などがある。

　個人の資源とは，個人の内部にある心理的な資源であり，ストレスを軽減し仕事の意欲を高めるものである。具体的には，**自己効力感**＊，組織での自尊心，楽観性，**レジリエンス**＊などがある。

　この WE を高める要因を説明するモデルに仕事の要求度─資源モデル（**資料13-6**）がある。資料13-6をみると，仕事の資源と個人の資源とはお互いに影響を及ぼしあって WE を高めていることがわかるだけではなく，ストレス反応（バーンアウト）の低減に寄与している。この仕事の要求度─資源モデルでは，健康障害プロセスと動機づけプロセスの2つのプロセスが喚起されることを仮定している。健康障害プロセスでは，仕事の要求度（仕事のストレッサー）がストレス反応（バーンアウト）を高め，健康・組織アウトカムを低減

＊自己効力感

個別具体的な課題を遂行できる可能性を認知している状態を意味する。バンデューラが提唱した社会的学習理論の中で中心となる認知的要素である。行動の先行要因としての予期には，自分の行動がどのような結果をもたらすかの結果予期と自分が適切な行動をできるかどうかの効力予期の2つがある。この効力予期のことを自己効力感と呼ぶ。

＊レジリエンス

複雑かつ多くの概念を包含した概念であるため，定義も多種多様であるが，本章では「とりわけ精神的，感情的，行動的な柔軟性と外界や自己の要求への適応を通し，困難や困難な人生経験にうまく適応するプロセスおよびその結果」というアメリカ心理学会の定義を紹介する。この定義では，困難なことが起きてから元に戻るまでの過程であり，

資料13-7　ワーク・エンゲイジメント得点の国際比較

（出所）　島津，2022，73頁，図20。

結果を意味する。他の定義
では，その回復する能力を
意味することもある。

させる。一方，動機づけプロセスでは，仕事の資源と個人の
資源が WE を高め，健康・組織アウトカムを高める。仕事
の要求度とは，従業員の適応能力を超えた際に，精神的スト
レスを引き起こす可能性がある仕事の特性を意味する。

3　日本におけるワーク・エンゲイジメントの状況

　日本の WE は，諸外国に比べ，特異的に低いことが報告
されている（**資料13-7**）。この WE が低いことは他の多くの
調査でも同様の結果であり，例えばアメリカの調査会社であ
るギャラップ社が2017年に実施した従業員エンゲイジメント
の調査でも日本は139か国の中で132位という結果であった。
従業員エンゲイジメントとは，従業員と組織の間の信頼関係
を表す概念である。

　これらの結果の解釈として，ポジティブな感情や態度を表
出することは望ましくないとされ，集団の調和を重視する日
本の文化が影響しているとする説もある。しかし，資料13-
7のように際立って低いスコアには，日本の文化の他にも要
因があると考えるのが自然である。従業員が自らの仕事の内
容や勤務地を選ぶことが困難であることや長時間労働に慣ら
されているといった個人が組織に服従する姿勢が，欧米企業
に比べ日本の企業では強いことが，従業員の自主性や創意工

夫を奪い，その結果として WE が低くとどまっているという日本企業の人事慣行にその要因を求める説もある。**年功序列**や**権威勾配**の強い組織文化があるため，組織が硬直的になりがちで自由な発想が生まれにくいといったことも指摘されている。

　WE を高めるには，大きく 2 つの手段，すなわち仕事の資源を高めることと個人の資源を高めることがある。仕事の資源を高める方法として次の 2 点があげられる。第 1 に，定期的な 1on1 ミーティングを行うことで仕事量の調整や負担の軽減を図れるだけでなく，上司からのフィードバックを得ることができる。第 2 に，DX（デジタル・トランスフォーメーション）などを活用して，無駄・無理・ムラを排除するなどの業務の効率化を進めることである。日本の企業の現場には，過剰品質などと揶揄されるように業務上の非効率な側面が多々散見されるので，この面での改善余地は大きい。これらの施策により，仕事の資源が高められ，結果として WE も高まるといえよう。

　次に，個人の資源を高める方法も 2 点あげられる。第 1 に，ストレスチェックや保健師・産業医による面談などのメンタルヘルスケアを施すことで，従業員のレジリエンスや楽観性を高めることにつながる。第 2 に，近年脚光を浴びつつあるジョブ・クラフティングである。ジョブ・クラフティングとは仕事のやりがいを高めるために従業員が自ら主体的に仕事のやり方を工夫する手法である。大学や人材研修会社が提供する，ジョブ・クラフティング研修を活用する企業が広がりつつある。自らジョブ・クラフティングを行うことにより，やらされ感のある仕事をやりがいのある仕事につくり変えることができる。その結果，従業員の自己効力感や自尊心が高まるので，個人の資源を高め，WE を高めることができる。

　このように，WE は，働くすべての人が健康でいきいきと安全に過ごせる職場を創るための鍵概念である。少子高齢化により女性や高齢者などの多様な労働者が働く世の中になったことで，育児や介護あるいは病気療養と仕事の両立が求められるようになり，その結果としていつでもどこでも働ける柔軟な働き方が必要となってきた。これが一連の働き方改革を推し進める背景となっている。このいつでもどこでも働けることは，いつでもどこでも働くことを強要されることにつ

＊**年功序列**
年齢や勤続年数に応じて昇進や賃金を決定する人事制度のことである。現在，日本の多くの企業で採用されている職能資格制度では，昇格にかかわる標準年数が定められているケースが多いため，昇給が年功的となりやすい。

＊**権威勾配**
組織の中のリーダーとその他のメンバーとの力関係を意味する。権威勾配がきつい場合には率直な対話を妨げるといわれている。2003年に起きたスペースシャトルのコロンビア号の爆発事故の原因の 1 つに NASA の組織内部の権威勾配がきついことがあげられている。組織内部の権威勾配により，安全配慮における率直な対話が阻害されたことが知られている。

ながりかねない。そういった観点からも，攻めのメンタルヘルス・マネジメントとして，WE の考え方が健康経営に取り入れられている。じつは，働き方改革は WE を高めることを目的としているともいえる。

　本章の前半で概説した TM をすべての従業員に施すことで，WE を高めることができる。すなわち，すべての従業員を対象とする包摂型 TM は，すべての従業員がいきいきと仕事をし能力を最大限に発揮できる組織づくりを可能にする。その結果，労働生産性の向上と従業員の定着率の向上につながり，結果として企業の組織目標の達成に寄与することになる。

　さらには，人手不足が加速化している現代においては，人手不足が企業の成長の足かせとなっている。そのため，一人ひとりのタレントに注目し，一人ひとりを最も活躍できるポジションに配置する包摂型 TM の必要性が増している。一人ひとりに寄り添う人材マネジメントである包摂型 TM を導入することで，活躍する人材を増やすことが企業の競争優位につながり，企業の成長の源泉となる。

引用参考文献

石原直子，2013，「タレントマネジメントの本質――日本企業が学ぶべきポイントに着目して」『Works Review』Vol. 8，100-113頁。

石山恒貴，2020，『日本企業のタレントマネジメント――適者開発日本型人事管理への変革』中央経済社。

柿沼英樹・土屋裕介，2020，『タレントマネジメント入門――個を活かす人事戦略と仕組みづくり』ProFuture。

島津明人，2014，『ワーク・エンゲイジメント――ポジティブ・メンタルヘルスで活力ある毎日を』労働調査会。

島津明人，2022，『新版ワーク・エンゲイジメント――ポジティブ・メンタルヘルスで活力ある毎日を』労働調査会。

ホアー，S.，レイ，A.／SDL Plc 訳，2012，『マネジャーのためのタレントマネジメント――最高の人材を開発し，維持するためのヒント』ピアソン桐原。

守屋貴司，2020，『人材危機時代の日本の「グローバル人材」の育成とタレントマネジメント――「見捨てられる日本・日本企業」からの脱却の処方箋』晃洋書房。

（岸田泰則）

第14章

グローバル人材の確保と活用

　グローバル企業（海外進出企業・海外事業部をもつ日本法人，または海外に本社がある日本支部など）で活躍するグローバル人材には，国内のHRMと異なる配慮が必要となることを中心に，リテンション・マネジメントにつながるHRMについて述べる。読者が就職活動をする際に，世界で活躍するチャンスがあること，また労働市場は世界規模で，語学力や現地の文化・組織文化を理解しているグローバル人材が求められており，厳しい競争環境に置かれていることも意識してほしい。

1　グローバル人的資源管理が求められる背景

1　事業のグローバル化／海外展開

　1990年代以降の急速なグローバル化の進展と，国内経済の停滞と需要と消費力の低下など，ビジネスを取り巻く環境が変化し日本企業もグローバル展開への対応が急務になっている。予測困難なVUCA* 時代に国内経済がシュリンクしているため，市場を世界に広げて環境に対応し，あらゆるチャンスを積極的に取り込んで生き残ろうとする企業が海外進出し，現地ニーズを取り入れた製品・サービス開発を行うなど，ビジネスのグローバル化が進んでいる。そこで活躍が期待されるのがグローバル人材であることから，本章ではその人的資源管理（人的資源の開発と管理のシステム）を扱う。

2　グローバル人的資源管理とは

　本章ではグローバル人的資源管理（グローバル人材マネジメント，Global Human Resource Management：GHRM），または国際人的資源管理（International Human Resource Management：IHRM）と呼称される両類似分野の観点からグローバル人材のマネジメントに触れる。両分野の領域は対象や管理手法等が重複することが多いため，以降両者を含んでGHRMと呼ぶ。ここで対象となるのは高度なタレント（才能）をもつがゆえに国際的に活躍する人材である。高度なスキルをもつ人

＊VUCA
世界規模で社会あるいはビジネスの不確実性が高く将来予測が困難な状況を示す造語。Volatility（変動性），Uncertainty（不確実性），Complexity（複雑性），Ambiguity（曖昧性）の4つの頭文字からなる略語で，2010年代以降ビジネス業界でも使われるようになった。

＊デモグラフィック・ダイバーシティ（表層的ダイバーシティ）

性別・年齢・国籍など、「属性」として目に見えやすい外見的な多様性のこと。従来の社会的マイノリティの就業機会拡大や働きやすい環境づくりを意図した施策は、デモグラフィック・ダイバーシティを指す場合が多く、外国籍の社員や、LGBTなどの多様な価値観や特性を認めたり、男女の雇用機会の均等化、外国人労働者の積極的な受け入れが行われている。年齢の多様性に対応し、年功序列廃止や中途採用の積極採用、新卒要件の緩和などが行われている。

＊タスク・ダイバーシティ（深層的ダイバーシティ）

職務経験や教育経験、スキル（能力や資格）、業務／業界知識、価値観・仕事観など目に見えない内面の多様性のこと。自分とは異なる他者を認め、受け入れる組織風土が必要なため、デモグラフィック・ダイバーシティが進んだ後に意識されることが多い。これをもつ組織は、多様な視点で物事を捉え、解釈し、多様な経験を活かすことができるため、イノベーションを生み出しやすいなど組織パフォーマンスの向上につながる。

＊オピニオン・ダイバーシティ（意見の多様性）

価値観や考え方、ものの見方の多様性のこと。生まれ育った環境や、過去の経験などから、仕事の進め方や同僚や上司の意見に対して

材の管理を行うことをタレント・マネジメントと呼ぶのに対し、活躍の場がグローバルに広がっている労働者の管理をグローバル・タレントマネジメント（第❷節参照）と呼び、2008年頃から研究が盛んになった。

　人的資源管理論の登場以前は、従業員は生産要素・労務費（コスト）の対象として管理が行われてきたが、HRMでは組織に価値をもたらし利益の源泉となる資源・資産・資本として教育の提供や良好な労働環境の維持、適切な報酬により自組織にとどめ、育成する対象とみなす。資源などの語感は誤解を招く恐れがあるが、労働者の人間性を否定するものではなく、従業員（ヒト）こそが企業にとって最も大切な要素であり、競争優位の源であることを示している。つまり、国内・グローバルを問わず、人的資源管理の目的や本質は、従業員の能力やモチベーションを引き出し、働きに見合った賃金や付加給付を提供するだけでなく、職場の良好な人間関係を保ち、仕事のやりがいや自己実現につながる職場環境を維持するためのマネジメントであり、国内のHRMとGHRMでもこの目的・本質は変わらない。

❷　グローバル人材

1　グローバル人材とダイバーシティ

　1980年代以降のグローバリゼーションの進展に伴い、職場や組織内で年齢、性別、人種、宗教など様々な属性をもった個人が集まり、HRMでは、リスクマネジメントの一環としても、人材獲得戦略としても、人材、働き方、考え方のダイバーシティ（多様性）への配慮や対応が行われることとなった。HRMをグローバル企業で実現していこうとするとき、従業員が多国籍からなる構成であるがゆえに、従来から考慮されてきた、性、年齢、国籍などの属性における差異である「デモグラフィック・ダイバーシティ＊」だけでなく、従業員の知識、能力、経験の個人間における差異に起因する「タスク・ダイバーシティ＊」、さらには文化的コンテクスト、経済的背景の違いや、労働市場や法制度の違い、ビジネス慣行の違いへの対応、価値観などの多様性を指す「オピニオン・ダイバーシティ＊」、への対応も求められる（「ダイバーシティ・マネジメント」については第12章を参照）。これらを包摂し、適応してグローバル人材の能力を最大限に引き出して活用する点がGHRMの課題となる。

2　グローバル・タレント・マネジメント

　グローバル・タレント・マネジメント（GTM）とは，グローバルに活躍できるタレントをもち，ダイバーシティの幅広い「人財」のマネジメントにより高いパフォーマンスを引き出すことが企業の競争力の源泉であると考え，採用から配置，人材育成，キャリア形成といった一連のプロセスを効果的に管理・支援する仕組みをいう。

　少子高齢時代で人材難の時代に入り，女性労働者や外国人労働者への期待が高まる一方，グローバル競争下で多くの企業が成果主義と組織のフラット化を導入し，コスト抑制にも拍車がかかった。近視眼的なコスト削減の結果，人材育成がおろそかになり，ミドル層の疲弊や，将来を担うマネジャー候補者層の**サクセッションプラン**が失敗するなど，企業自ら人材難を招いてもいる。こうした中，ハイパフォーマーの獲得や育成，リテンション・マネジメント（Retention Management：RM）が喫緊の課題となっている。

3　2割のハイパフォーマー

　TM の HRM 方針決定にあたり，イタリアの経済学者ヴィルフレド・パレートの「パレートの法則」から派生したといわれ，従業員を能力別に分けた「2：6：2の法則」を用いることがある。どのような組織においても，優秀な2割が成果の大部分を担い，平均的な6割は優秀な人のサポートを受けながら働き，貢献度の低い2割は成果にほとんど貢献していないという人材構成比率である。特に2割のハイパフォーマーに当たる非凡な才能をどう確保し，能力を向上し，組織内に留めるかが TM の焦点となってきた。この法則は生産性や利益への貢献度にとどまらず，従業員のエンゲイジメントにも当てはまり，能力活用とモチベーション管理の両面から活用される。

　近年では2：6：2のそれぞれに適した業務割当が推奨されている。パレートの法則は働きアリで例えられることが多く，働かない2割を巣から隔離してよく働く8割だけにしても，残った8割を全体とした新しい巣でいずれ働かない2割の役割が配分されていくことが観察されるという。つまり，優れた成果を上げる2割だけを集めてチームを作っても組織構成員全員がハイパフォーマーで居続けることはなく，平均的な人や怠ける人が生まれ，2：6：2の比率に分かれてい

異なるやり方や異なる意見をもつことが前提で，個性的で多様な見方・意見を表明し，相乗効果を生み出したり意思決定に活かしていこうとする考え方のこと。異なる意見を表明してもよいという雰囲気が醸成されている職場では心理的安全性が向上し，社員の働きがいやマーケティングにもつながる。

＊サクセッションプラン
（Succession Plan）
元来は「後継者育成計画」のことで，経営層など重要ポジションの後継者を見極めて育成することを指していた。最近では VUCA の中でビジネスチャンスに即時対応したり，思いがけないリスク対応をするための人材育成施策全体を指す。客観的な人材アセスメント，組織力分析，次世代人材プールの育成，活性化，リテンション（定着）戦略まで含んだプロセス。

く。そのため，各層をなくすことはできないことを前提と
し，自ら課題を発見し，提案し，解決できるハイパフォー
マーには「チャレンジングな仕事」，すなわち難易度が高く，
高く設定した目標に向かって邁進することで**モチベーション**[*]
を高めたり，マネジャーやリーダーとなる将来を見据えてマ
ネジメント能力をアップさせたりするための教育や研修を提
供し，チームを牽引するスキルを身につけさせる。さらに，
優れた人材に力点を置くだけでなく，それぞれの層に適切な
対応を行い，大多数の中位層の中からタレントを見つけ，活
躍してもらうことで組織全体の底上げを図っていくという考
え方になってきている。

＊モチベーション
➡第13章「タレント・マネ
ジメントとワーク・エンゲ
イジメント」❶ 2 ⑵

　2015年にはシーハンとアンダーソンが GTM を 2 つに分類
した。多国籍企業で働く従業員を対象とする「インクルーシ
ブアプローチ」（Inclusive Approach）と，多国籍企業の競争
力となっているハイポテンシャル人材・ハイパフォーマーを
対象とする「エクスクルーシブアプローチ」（Exclusive Ap-
proach）である。どちらも HRM の一分野を形成しており，
主力となる従業員を惹きつけ，選抜し，育成し，維持するこ
とを狙っている。エクスクルーシブアプローチによる TM
のほうがよりエリート主義的で，組織の**競争優位**[*]性を高める
ことに主眼が置かれている。「優秀な人材」はスキル，経験，
知識，意欲，自ら学習し成長する能力などの特性を見極めな
がら選抜していくことになる。

＊競争優位
➡終章「あなたがキャリア
デザインと向き合うため
に」❶

4 　グローバル人材の国籍による分類と配置方針

　グローバル企業には多様な国籍の人材が所属している。
1980年代後半にはグローバル企業本社の国籍の本国籍人材
（Parent-Country Nationals：PCNs），子会社のある現地国籍人
材（Host-Country Nationals：HCNs），いずれでもない第三国
籍人材（Third-Country Nationals：TCNs）である。こうした多
様な人材を雇用することが国内の HRM と異なる部分であ
る。基本的には本社の HRM や戦略／方針を軸にするもの
の，グローバル組織が同一方向を向くための「統合」と，現
地でビジネス適応していくための感応性を発揮した結果「分
散」が起こるという（Prahalad and Doz, 1987）。

　バートレットとゴシャールはグローバル企業モデルの 4 類
型を示している。日米欧 9 企業の250名以上のマネジャーに
ヒアリングし，①グローバル組織（輸出型で現地に支店を設け

駐在員を置き，本国製品を輸入して代理店や問屋を介して現地販売する），②マルチナショナル組織（進出先マーケットのニーズに合わせた製品・サービスをカスタマイズするため，各国市場に合わせた採用や育成を行う），③インターナショナル組織（本社に権限を集中させたまま，本社戦略を世界的に展開しグローバルスタンダードにしていく。リーダーが現地に派遣され，エバンジェリストとして海外社員に企業理念を浸透させる）の3つの経営モデルに分類した。

その上で，3モデルの特徴をすべて備え，ローカル市場のニーズを汲み上げるための現地拠点をもつ新たなモデル④トランスナショナル組織（現地に権限委譲し，現地ニーズに合わせた製品・サービス開発を行う。その過程で得たナレッジを他国のオペレーションにも活かしていく。本社と現地子会社のパートナーシップが重要視され，ともに企業文化を醸成していくこと）が必要だという（C. A. Bartlett and S. Ghoshal, 1989）。それぞれの特徴に合わせた人材採用，人材育成が行われることになる。

一方，パールミュッターのEPRGモデルによると，グローバルビジネスのマネジメントはPCNs, HNCs, TCNs人材の組み合わせによって4つの人材配置方針をとる。①本国志向（Ethnocentric：海外子会社のトップや役職者としてHCNsを海外派遣する），②現地志向（Polycentric：海外子会社の運営をHCNsに任せ独立性や自律性をもたせる），③地域志向（Regiocentric：アジア，ヨーロッパなど，特定地域内に限り国籍を問わず人材配置する），④世界志向（Geocentric：海外子会社を含め，グローバル企業全体が統合された経営を行い，PCNs/HCNs/TCNに関係なく適切な人材を役職に配置する）の4パターンである。こうしたマネジメント方針に合わせて人材の**採用**[*]・**配置**[*]，最適化を行わねばならない（Heenan and Perlmutter, 1979）。

＊採用
➡第1章「日本における人的資源管理の構造と展開」
❷ 1
＊配置
➡第1章「日本における人的資源管理の構造と展開」
❷ 2

5 収斂理論と相違理論

GHRMでは，組織の競争戦略上，企業の主目的である利益獲得を世界市場で実現できる競争優位を高めるためのHRMが求められる。活躍の場がグローバル化する中でベストなHRMのあり方を考えるとき，主に2つの代表的枠組みが存在する。グローバル化によってHRMが標準的な方法に収斂していくと考える「収斂理論」（Convergence Theory）と，グローバル化が進展したとしても国や地域の特性によって望ましいHRMは異なるとする「相違理論」（Divergence

Theory）である。

　収斂理論の代表的な考え方がビアーの「ベスト・プラクティス・アプローチ」（Best Practice Approach），すなわちグローバル化や技術の発展により，業績向上において国や地域などの環境を問わずに最善で普遍的な HRM ＝グローバルスタンダードがあり，成果を上げるとするものである。時期を同じくして複数の研究者により提唱されたのが，「状況適合アプローチ」（Contingency Approach），すなわち理想となる HRM があり，国や地域の状況を考慮して修正＝戦略が適合されていき，全体としては収斂に向かうとする考え方である。

　一方，相違理論の代表的な考え方がホフステードらによる「文化的アプローチ」，すなわち国や文化の違いは長期間かけて形成されたもので，その場所に合った HRM のベストな方法は異なるとするものと，「制度的アプローチ」，すなわち国や地域によって法（規制），政治，経済，慣習，規範などの制度やしきたりが異なっており，現地の制度に合わせた HRM が必要であるとするものである。

　スタールら多くの研究者が指摘するように，いずれの理論においても，金銭的報酬などの HRM のベースとなる要素に加え，従業員が本社あるいは現地企業文化に理解と共感をもてるように促す取組み，学習機会を通した成長支援，やりがいと実現可能性のある具体的目標の設定，昇進をモチベーションにできるような自社・企業文化への共感といった HRM 施策も求められる。

③ グローバル企業の HRM 実施上の留意点

［1］　他国との差異に由来する留意点

　以上，みてきたように，グローバル企業が TM，HRM，RM を行う際に，一国内企業と異なって多国にまたがることから文化的差異，国ごとの労働慣行や労働者のダイバーシティがあるがゆえに留意しなくてはならない項目が多岐にわたる。ここでは特に日本のグローバル企業が国内労働市場での制度環境や慣習をもとにした HRM をベースとしている場合に，従業員の現地適応のために留意すべき施策項目を示す（**資料14-1**）。

　資料14-1はグローバル人材が日本以外の文化的背景や労働慣行をもつ国で就労することを考慮したマネジメントの観

資料14-1　グローバル人材に配慮が必要な HRM

文化・慣習・考え方	文化的コンテクスト，価値観・労働規範・競争の激しさの違い
労働市場・制度	フレクシキュリティ，内部労働市場／外部労働市場，終身雇用／転職・離職（ジョブホッピング*），年功序列・職能資格制度／職務（職責，役割）給・成果主義，労働時間，解雇規制，企業別労働組合／産業別労働組合，チーム・集団ベースの業績評価や報酬／個人の業績ベースの評価や報酬
人的資源計画（採用，配置など）	新卒一括採用／通年随時採用，グローバル採用とローカル採用，職務記述書*，ジョブ型雇用，海外ローカルマネジャーの育成
ダイバーシティ・マネジメント	海外でのダイバーシティの幅広さへの適応
WLB/WLI	ライフデザイン，家族の帯同，タイムゾーン，キャリアパス
モチベーション管理／リテンション・マネジメント	職場学習／個人主体のキャリア開発，能力開発，プロフェッショナル志向，エンゲイジメント，心理的安全性の高いチーム，サーバントリーダー，1on1，チームビルディング

（注）　左が検討項目で，右は具体的内容の例。
（出所）　佐藤飛鳥，2023，「グローバル人材と人的資源管理」『東北工業大学紀要　Ⅱ人文社会科学編』43号，51-61頁より筆者作成。

点と，ハイパフォーマーを自組織内に留める RM の２つの観点からなる。

　企業が事業をグローバルに展開しており，多くの国で製品やサービスが受け入れられているとしても，従業員の管理は収斂理論で語られるように同一手法でうまくいくだろうか。現地の労働市場や制度，文化，慣習などが従業員の考え方やライフデザインに与える影響は大きく，本国の方法をそのまま適用することが難しいと理解しておくほうが従業員フレンドリーな HRM 施策につながる。

　例えば，日本の労働市場と大きく異なるのが，福祉国家を基盤にしたデンマークで100年近くの年月をかけて政労使の三者合意により構築されたフレキシキュリティである。これは，Flexibility（柔軟性）と Security（安全性）を組み合わせた造語で「積極的労働市場政策モデル」とも呼ばれる。①柔軟な労働市場と，②手厚い失業給付，③実践的な公的職業訓練の３つを相互連携した雇用政策で，必要性が認められる場合の解雇条件を緩和した一方，解雇された労働者が再就職しやすくし，労働市場の柔軟性と流動性の確保を意図している。最長４年間，最大で失業前賃金の90％を保証するというこの方式は，直ちに他国に輸出できる制度ではない。デンマーク企業の労働市場は，日本のような内部昇進型ではなく，転職によりスキルアップや職位レベルのステップアップ

*ジョブホッピング（job-hopping）
次々と転職を繰り返すこと（人は job-hopper(s)）。ただし，能力やモラール不足，人間関係のトラブルや健康上の理由など労働者自身の問題で仕事が長続きしないケースもあり，転職が比較的多い国においてもネガティブにとらえられやすい。キャリアアップをめざして自らのスキルを武器に，より処遇の良い企業に転職をしていく転職者を「キャリアビルダー」（career builder）と呼び分ける。
*職務記述書（job description）
担当する業務内容や範囲，必要スキルなどをまとめた書類のこと。日本ではジェネラリスト育成のために求人票にはおおまかな職種や総合職一般職などの記述で採用を行うのに対し，ジョブ型雇用を行う国では，求

職時に明確に示された職務内容を元にスキルや経験がある人物を募集し雇用契約を行う。人事評価の際にもこれをベースにポジションごとの仕事の大きさを評価し（ジョブエバリエーション：職務評価）報酬を決める（職務等級制度）。

を図っていく（逆に同一企業内ではスキルアップ・ステップアップは一般的ではない）アメリカに類似した労働市場である。このように赴任国の労働市場の社会構造・制度・慣行を背景に形成されていることは無視できない。

　以下では相違理論を前提に，日本的 HRM に慣れた従業員が現地適応していく際に上司やマネジャーなど管理者側による配慮が必要な点を取り上げる。

２　異文化適応（文化的コンテクストへの配慮）

　日本ではスタンドプレイは好まれず，チームでの和を重んじる国民性といわれる一方，アメリカは「意見があれば声に出さないと気づいてもらえない・注目されない」という**ローコンテクスト文化**である。アメリカでは民族や宗教のダイバーシティの幅が広く，背景も価値観も様々であり，黙ったまま察してもらうことが困難なのは当然のことである。

　経済産業省の調査によると，日本企業の海外現地法人企業数は1979年の4000社から2016年には２万4959社に急増し，2021年時点の英語話者が世界で13億4800万人いることから社内公用語のおよそ７割を占める英語能力のニーズは一層高まっている。グローバルなビジネスの場面では意識的に文化に触れ，慣れ，臨機応変に適応する必要があることを前提に人材の選定および配置を行うことが求められる。意思疎通を図ることは，文法的に完全に正しくなくても意味が通じるように会話するという以上に，積極的に自己主張を行うことが求められる。英語の社内公用化で言語にとらわれず世界から優秀な人財獲得に成功しやすくなり，評価・査定も厳しくなることが容易に考えられる。

　また，使用言語が第二言語であるがゆえに，ミーティングで詳細な説明ができなかったり，ディスカッションの質が低下したりすることにも注意が必要である。語彙不足だけが問題ではなく，場の空気を読む日本的習慣が通用しなかったり，曖昧なニュアンスが明確さを求めるビジネス上の話題にそぐわなかったりという点で，言語理解を越えて，話し方，論理構成，明確さ，ビジネス慣行などへの理解も合わせて進めなければならないことがわかる。

３　海外駐在に伴うライフデザインへの配慮

　日本から海外に赴任する，または海外から日本に赴任する

＊ローコンテクスト・ハイコンテクスト

ハイコンテクストとは，日本（語）文化に見られる「行間を読む，空気を読む，多くを語らず間接的に伝える」など暗黙のルールに従う意思疎通を指す。「あの件」と一言でどの企業のどの取引かがわかる「あうんの呼吸」が効率的に作用することもある一方で，「あの件」に付いての認識が異なっていた場合にはリスクもある。ローコンテクストはハイコンテクストとは正反対のコミュニケーション方法で，文脈や事前情報に頼らず伝えるべきことをすべて言語化する。会話時に前後関係を把握していないことやカルチャーの理解を前提とせず，すべて言語化するため非効率が生じる事がある一方で，勘違いや思い込みと行ったリスクを回避できる。

　グローバル人材には現地での採用者以上に HRM 実施の上で配慮が必要となる。英語や中国語を始めとし，使用言語が堪能で意思疎通や職務遂行には問題が生じないとしても，他国の文化や制度，新しい人間関係への適応などのハードルが高いからである。

　海外での食生活は，食材や調味料，外食などの選択肢が充実している日本人にとっては体調にもかかわる問題である。外食文化が根づいている国ではキッチン周りの設備が貧弱だったり，自炊を前提としないため食材の価格が高いなどの影響がある。比較的高額な給与を得ていることから毎食外食に頼って栄養が偏り体調を崩すケースもある。数年単位の駐在期間中の食生活の好みや不便を考慮するにとどまらず，**QOL** や **WLB**，**Well-being** を含めた労働者の生活，健康状態，安全安心を確保する HRM を行わなければならない。優秀な人材であるほど離職・転職して，本人や家族が過ごしやすい環境に移る実力（エンプロイアビリティ）が高く，企業には人材流出を防ぐ RM の意味で労働環境，労働条件，生活環境，サポート体制を整える HRM が求められる。

　また，グローバル人材が家庭をもっている場合，一時滞在であれば単身赴任という選択肢を取るか，駐在の場合には家族を帯同するか否かによって家族の生活をも左右する。夫や妻が仕事を辞めるのか，赴任先で再就職や転職が可能か，学齢期の子どもを滞在国で学ばせることの影響はどうか，介護が必要な高齢者を日本に残すことができるか，など労働者自身とその家族に**ライフデザイン**の見直しを迫ることとなることを十分理解した上で，その労働条件や待遇の設定などを通して HRM を進めねばならない。

④　グローバル人材の採用と育成

［１］　グローバル人材の採用

　引き続き日本型 HRM が他国と異なる部分に触れながらグローバル化に対応していくときの注意点についても確認していこう。従業員との最初の接点は採用である。日本の労働市場は新卒一括採用で，４月入社であり，入社後にジョブローテーションを行いながら適材適所に配置して雇用を維持する**メンバーシップ型雇用**である。一方，諸外国のジョブ型雇用では**職務記述書**に職務内容，必要知識やスキル，資格，配属勤務地（職場），役職，責任が明記され（したがって海外勤務を

*QOL（Quality of Life）「人生の質」，「生活の質」。人が生きる上での満足度をあらわす指標のひとつ。第5章「労働組合と労使関係」④　②　の quality of working life も参照のこと。

*WLB
➡第12章「ダイバーシティ・マネジメントとワーク・ライフ・インテグレーション」⑤　②

*ウェルビーイング
➡第13章「タレント・マネジメントとワーク・エンゲイジメント」②　①

*ライフデザイン
➡終章「あなたがキャリアデザインと向き合うために」①

*メンバーシップ型雇用
➡第6章「雇用の流動化と多様な就業形態」③　②

*職務記述書
➡第6章「雇用の流動化と多様な就業形態」③　③

＊ヘッドハンティング
経営幹部や専門職など，事業運営に欠かせない優秀な人材を他社からスカウトする採用手法のこと。経験豊富な専門家やリーダーシップを持つ経営者，CxO（Chief x Officer：経営・実務など「x」〔その役職が入る〕の最高責任者）や事業責任者などのマネジメント層，エンジニアや研究職などの高度専門スキルを持った人材を積極的に探し出し勧誘する。ハイクラス・ハイポテンシャル人材は引く手あまたで，採用を検討している企業が独自に見つけることが難しく，自社サイトのみでは採用につながりにくい。そのため，専門のヘッドハンティング会社や転職エージェント，エグゼクティブサーチ会社に依頼して独自ルートで人材を探し出す。

＊終身雇用
➡第2章「雇用調整と退職管理」③□1

＊年功序列型賃金
➡第13章「タレント・マネジメントとワーク・エンゲイジメント」②□3

＊企業別組合
➡第1章「日本における人的資源管理の構造と展開」④□2

＊学習移転モデル・経験学習モデル
学習移転モデル（Learning Transfer Model）教育を受けて得た知識やスキルを実務，現場へ移転するステップ。研究者による知識の「創造」→講師による「伝達」→学習者による「修得」→学習者による修得知識の現場での「応用」。普

含む勤務地変更の可能性があれば記載した上，本人の同意が必要），遂行可能な者が通年／随時採用され，能力が高い者の採用には縁故や民間の有料職業紹介（Staffing Industry：スタッフィング企業）による**ヘッドハンティング**＊も用いられる。

□2 グローバル日本企業の人材育成方針と課題

日本企業の労働慣行の三種の神器である**終身雇用**＊，**年功序列型賃金**＊，**企業別組合**のうち，前者2つは非正規雇用や雇われない働き方・転職の増加，成果重視賃金化など，グローバル企業に類似した形に変化を遂げつつある。しかし，日本の生活に慣れ親しんできたグローバル人材が海外拠点で活躍する上では，言語，異文化理解価値観，コミュニケーション，**学習移転**＊，チームワークやモチベーションの維持など，人材育成上の課題は枚挙にいとまがない。

グローバル化するに当たっては，3つの戦略に類型化される。①地域適応（子会社の自律性）重視の「マルチナショナル戦略」をとるか，②海外子会社のコントロールに本国人材が果たす役割が大きいため本国で中核的能力開発を行い海外子会社に移転する「インターナショナル戦略」をとるか，③グローバル統合重視の「グローバル戦略」と現地適応の両方を追求する「トランスナショナル戦略」のいずれかを選ぶことになる。③の2つの戦略ではグローバル企業として統合されたHRMをめざし，世界志向に進んでいくこととなる。グローバル企業はいずれが自社に適合するかを戦略的に選び取る必要がある。

グローバル競争下ではコスト削減圧力から経営幹部候補の教育予算が軽視されがちなことや，国内で開発した教育訓練が異文化を背景として現地で機能不全に陥ることも指摘されている。文化的差異の大きさを考慮して地域適応を進めるか，本社のイニシアチブを重要視しつつも現地手法を取り入れたトランスナショナル戦略をめざすかなど，長期的視野に基づいた戦略が必要である。

⑤ グローバル人材の人事評価と報酬

□1 グローバル等級と人材要件

日本では，新卒一括採用後に一斉教育を行い，年功序列での人事評価や昇進を容易にしてきたが，海外では随時雇用・ジョブ型雇用である上，グローバル人材の海外（1拠点の）

赴任期間が３〜５年で，相対評価も馴染みにくい。このような課題を解決するために，グローバル企業では**職能資格制度**[*]ではなく，職責や役割を重視するポストグレーディングが主流となっている。さらに，世界中の同一企業グループ従業員を同一職務価値基準で等級格づけする「グローバル・グレーディング（等級）制度」の活用が進んでいる。

　世界9000社で導入されている**ヘイシステム**（職務評価結果に基づくグローバル共通の等級体系）は，インプットとしての「知識・経験」（Know-How），プロセスとしての「課題解決」（Problem Solving），アウトプットとしての「達成責任」（Accountability）の視点でホワイトカラーを主体に職務内容を分析しており，仕事のサイズを客観的に測っている。そこから導かれるヘイグレード（Hay Grade）により他社間の異なる役職であっても職務サイズを比較できるだけでなくデータベースを活用して，合理的に各国の報酬制度を設計できる。

　また，職務サイズを元に従業員の序列（等級）を定義すれば，グローバル共通の等級体系となる。これを用いて，「ヘイグレード24＝自社グローバル等級E2以上職務の従業員の配置や育成，サクセッションプランは社長も携わる本社のマネジメント対象にする」，「ヘイグレード21，自社グローバル等級M2の従業員はリージョン幹部候補として特別教育プログラム対象とする」など，グローバルでの職務評価と処遇体系の推進にとどまらず，グローバル人材活用の促進，従業員にグローバルなキャリアパスを明示することにも利用される。グローバル・グレードの導入と活用はグローバル人材マネジメントやその活用基盤としての様々な施策のベースとなる。ただし，男性の多い管理職を高く評価するように設計されているなど，**ジェンダーバイアス**[*]を内在したデータベースであることも指摘されていることから，利用にあたっては他の評価基準と組み合わせて用いるなどの工夫が必要である。

２　グローバル企業による評価と報酬

　戦後日本の大企業男性正社員の処遇として，三種の神器の２つ，終身雇用，年功序列が用いられてきた。結果として人事評価も昇進も給与アップも年と功に従い，バブル崩壊により年々増大する人材ピラミッド通りの労務費・労働費用が負担になってきた1990年代以降の日本企業は次第に**能力主義**[*]や**成果主義**[*]を謳い，人事評価制度とその対価としての賃金・報

遍的な状況で通用する知識観を前提にしているため，現場で経験して得る「経験知」に対応できなかったり，特定状況でのみ利用できる「事例的知識」の習得となりがちである。現場で応用するためにはOJTとの連携や上司による機会付与が欠かせないが，上司は部下の研修内容を把握しておらず，部下は研修で得た知識を現場で活かす機会が与えられないといった限界もある。そこで1980年頃から，「学習」とは環境や状況，他者との協働や刺激などを通じて知識を構築するものとする「状況的認知」「状況論アプローチ」が台頭し，新たに「経験学習モデル」（Experiential Learning Model）が打ち出された。このモデルでは学習は知識修得とその応用ではなく，学習者が自らの経験から「マイセオリー」（持論，経験知・暗黙知）を見つけ出すこととする。学習者が現場で「具体的経験」をし→体験からエピソードを抽出する「内省的観察」を行い→エピソード体験からマイセオリーを導き出す「抽象的概念化」を行い→マイセオリーを現場での問題に試す「能動的実験」を行う4ステージがある。

＊職能資格制度
➡第3章「評価制度」**❶**　3
＊ヘイシステム（Hay System/Hay Profile Guide Chart）
ヘイグループの創始者であるエドワード・ヘイが1940年代に開発し1960年代にアメリカで広まったシステ

ム。ガイドチャートにより職務を詳細に分析・評価する職務評価結果に基づいて序列や給与を決める。この制度は，客観性・説明性が高く，多くのアメリカ企業に受け入れられて世界中に広まり，世界9000社を超える企業に導入され，グローバルな職務評価基準として機能している。

＊アンコンシャス・バイアス（Unconscious Bias）
無意識の思い込みや偏見のこと。職場で起こりがちなアンコンシャス・バイアスとして，来客へのお茶出しは女性がするもの，力仕事は男性がするもの，などの例がある。それを職場で押し付けたり決めつけるとハラスメントがうまれ，風通しが悪くなり，人間関係が悪化していく恐れがある。働きやすい職場を作っていくために，研修等を通し，アンコンシャス・バイアスの存在に気づくこと，そして意識して行動することでダイバーシティが推進される。ジェンダーバイアスについては第12章「ダイバーシティ・マネジメントとワークライフ・インテグレーション」❸ 3 を参照。
＊能力主義
➡第3章「評価制度」❶ 2
＊成果主義
➡第3章「評価制度」❶ 3
＊コンピテンシーマネジメント
➡第3章「評価制度」❷ 3
＊心理的安全性（Psychological Safety）
組織の中で自分のアイディア，質問，懸念，考えや気持ちを誰に対してでも安心

酬の算定方法を変更しつつある。海外現地では業績評価を重視しているケースが多く，それに合わせる形で職務等級制度や**コンピテンシーマネジメント**＊を導入したためである。

　また，グローバル人材の RM のため，基本給，ベネフィット（福利厚生・諸手当），インセンティブなどの金銭的報酬と，非金銭的報酬（公平・公正な評価，仕事のやりがいや成長できる環境，WLB，**心理的安全性**＊，表彰制度など）を組み合わせた国際報酬マネジメントが行われる。報酬の算定に当たって行うのが**人事評価**＊（**人事考課**＊）であり，主に**情意評価**（勤務態度や仕事に対する意欲や姿勢），**能力評価**（職務遂行上のスキルや経験），**業績評価**（仕事量と目標達成度，業務成果），**コンピテンシー評価**＊（高業績の従業員に共通する行動特性を持っているか）（第3章も参照）の組み合わせに加え，**職務評価**＊（職務分析による職務の格づけと点数化）となる。

　なお，人事評価制度には目標設定が欠かせない。よく利用される2つの法則の1つが，実現可能性を最大限に高め，従業員のモチベーションを高めるとともに，評価も透明性をもち，現実的に達成できた自己効力感を感じやすい目標設定法**「SMART の法則」**＊である。もう1つは，野心的に高い目標を掲げてチャレンジし，高いパフォーマンスを引き出すことに重きを置き，「行動目標」，つまり何を行えば実現できるかを最終的に達成したい「成果目標」の手段として考える**「FAST の法則」**＊である。グローバル人材は FAST の法則に基づいた目標設定を通し，モチベーションを上げ，新しいアイディアや行動から新製品・新サービス市場が創造できる。たとえ目標達成できなかったとしても，実現可能な低い目標にとどまらずチャレンジしていく積極性を評価することでポテンシャルを引き出し，**リテンション**＊に繋げることができる。

3　**外部労働市場要素の変化に直面するグローバル人材**

　日本国内に本社を置く企業と，地理的，経済的，文化的，国籍等の差異がある海外子会社間を従業員が行き来する場合，評価制度を本国重視，ローカル重視，グローバル対応の3つから選ぶことになる。年と功を重んじるアジアを除くほとんどの国では**ジョブ型雇用**・成果主義評価が採用されていることもあり，グローバル人材に公平感を実感してもらうためには透明で客観性のある成果型人事評価が求められている

と言っても過言ではない。

　従来，公共職業紹介所や民間職業紹介所，民間求人広告などによって労働力が取引される「外部労働市場」において企業の求人と労働者の求職の需給がマッチングして雇用関係が成立してきた。つまり，企業の枠を超えて，必要なジョブやポジションにふさわしい人材を確保するため，スキルや経験値の高い労働者を中途採用やヘッドハンティングするケースも多かった。すでに1950年代半ばには，ケラーにより，職務に対する需給が賃金率に影響を与える賃金市場と，地域別，産業別，職業別に分断され，それぞれの市場が職務を配分するジョブ市場に分かれていることが論じられている。

　一方，1950年代のアメリカで唱えられ，ドリンジャーとピオーリにより体系化された「内部労働市場」とは，企業内部で労働力を配分し，賃金を決定するメカニズムである。企業内で就いた職務の能力を教育訓練を受けて長期的に高めていき，企業特殊的能力を高めながら内部昇進させる。結果として転職や解雇が困難になるが，企業内部に留めやすくなる。外部労働市場とは異なるルールの労働市場概念が示されたわけである。

　グローバル人材について考えると，社内での人材配置のため内部労働市場的要素が高いとはいえ，能力が高く適した人材・リーダーを抜擢し，評価方法，報酬額，移動に伴う役職の変更などが行われるため，労働者にとっては外部労働市場での転職に近い変化が訪れる。本人が赴任を受諾することが前提であり，成果に見合う賃金や**フリンジ・ベネフィット**[*]の提供水準が海外赴任を受け入れるかどうかの決断の要素の大きな割合を占めるだろう。

　報酬の基本的な要素は，基本給，フリンジ・ベネフィットで，企業が海外赴任に伴う割増分を手当する。引越，一時帰国，物価調整，住居，子女の教育手当などである。近年多くのグローバル企業で導入されているのがコンサル等により販売されている「購買力補償方式」で，赴任後の生活水準を補償できるよう，日本での生活費相当額に生計費指数と為替レートを乗じて現地給与を算出し，これに手当を加算していく。この方式は一見客観的で納得感があるように思えるが，人事担当者の労力は削減できてもコンサルに高額な費用を払うためコストが高いこと，先進国以外では生計費と物価がかけ離れたり，単身者には適用しにくい算定法であるなどの問

して発言できる状態のこと。組織行動学を研究するエイミー・エドモンドソンが1999年に提唱した「チームの他のメンバーが自分の発言を拒絶したり，罰したりしないと確信できる状態」のこと。達成できているチームのメンバーは受け入れられ，尊重されていると感じる。心理的安全性が高い職場では，自ら考えて提案し，実行してみる土壌があるため，若年層からの意見が比較的自由に出される。若年労働者にとっては早期から失敗・成功の経験を積んで，上司から言われたことをこなすよりも率先して仕事に関わっていくことが成長に繋がると実感できる。組織にとっては，日頃培った臨機応変に対応する姿勢や，提案されるアイディアが新プロジェクトやリスクマネジメントに繋がり，次世代のリーダーの資質を養うことにもなる。

＊人事評価
➡第3章「評価制度」❶
＊人事考課
➡第3章「評価制度」❶
＊情意評価
➡第3章「評価制度」❶
＊能力評価
➡第3章「評価制度」❶
＊業績評価
➡第3章「評価制度」❶
＊職務評価
➡第3章「評価制度」❶
＊SMART の法則
1981年，ジョージ・T・ドランにより発表された理論で目標設定手法の代表的フレームワーク。SMART，すなわち Specific（具体性：具体的かつ明確な目標か），

Measurable（計量性：目標が定量的に評価・分析できるものか），Achievable（達成可能性：実現可能性が十分あるか），Relevant（関連性：目標達成が組織にもたらすメリットがあるか），Time-bound（明確な期限：目標の明確な期日）により，個人や組織がこれらの要素を満たしているかを重視する。

*FAST の法則

2018年，ドナルド・サルとチャールズ・サルが提唱した目標達成フレームワーク。Frequent（頻繁に：目標について高頻度で議論する），Ambitions（野心的な：目標がチャレンジしがいのあるものか），Specific（具体的な：具体的で明確な目標か），Transparent（透明性のある：組織構成員全員が把握できる目標か）」の４つを要素とする法則。SMART の法則が比較的実現可能な目標を効果的に設定する手段として活用される傾向があるのに対し，FAST の法則はより野心的で挑戦的な目標を設定する場合に効果的となることが特徴。

*リテンション

➡第13章「タレント・マネジメントとワーク・エンゲイジメント」❶ [2]

*ジョブ型雇用

➡第１章「日本における人的資源管理の構造と展開」❺

*フリンジ・ベネフィット
（付加給付）

日本の福利厚生や諸手当に近い付加給付全般で，非課税対象となるもの。大企業では複数の福利厚生サービ

題もある。処遇について不満を感じさせない丁寧な算定や配慮が HRM に繋がることを忘れてはならない。

⑥　グローバル人材のリテンション・マネジメント

[1]　リテンション・マネジメント

　ハイパフォーマー，ハイポテンシャル人材として活躍するグローバル人材は引く手あまたでエンプロイアビリティが高く，組織への**エンゲイジメント***が低いと転職可能性が高くなるため，自組織に定着させ，能力を遺憾なく発揮し活躍し続けてもらうためにも，戦略的・継続的に複数の手段を組み合わせた RM が求められている。RM が効果的に行われ，従業員が高いエンゲージメントや**コミットメント***を感じている企業では，組織内で人財が成長し，ノウハウが蓄積され，新技術や新事業の創出につながる。従業員が心理的安全性を感じ，また組織に愛着を感じ，この組織で働き続けたいと感じるための１つの施策がトータル・リワードである。

[2]　トータル・リワード

　トータル・リワード*とは，金銭的報酬，すなわち賃金や付加給付（基本給，変動給，報奨制度，株式，休暇制度，退職金制度，貯蓄制度など）に，「非金銭的報酬」を組み合わせて RM やエンゲイジメントの向上を図ろうとする包括的な報酬概念である。

　非金銭的報酬に含まれるのは，仕事のやりがいや面白さに繋がる学習や能力開発（キャリア・ディベロップメント，サクセッションプラン，訓練），働きやすい職場・作業環境（健康管理サービス，組織風土，リーダーシップ，業務支援制度，WLB，承認，達成感など）で，自社環境や保有資源を踏まえて組織文化，能力・キャリア開発，福利厚生，各報酬オプションを提示し，報酬が従業員にとってより魅力的になるようにパッケージを構築していく。こうして，モチベーションマネジメントと併用しながら，メンタル面のケア，家族を含んだ現地適応のケア，問題発生時のサポート体制など，労働者を最も大切にする HRM を行っていくことでグローバル人材のリテンションが実現するのである。

　最後に，企業が HRM を行う上で大切なのは，従業員こそが競争優位の源泉だということである。本章では特に優れたパフォーマンスが期待できるグローバル人材と，そのリテン

ションを意識した HRM について述べてきたが，2：6：2の6，または下層の2の従業員にとってもアウトプットに見合った成果を正しく評価してフィードバックし，賃金やベネフィットを算定し，教育訓練を提供し，時には昇進させていくことが求められる。ただし，企業の総額人件費の制限から支出には限りがある。労働費用の適正化や従業員にも納得感のある分配を実現するためにも，担当部署やマネジャーは自社の HRM を常に点検し，見直し，従業員と対話しながら可能な意見を取り入れて HRM 施策をブラッシュアップしていくことが求められる。従業員全体のモチベーションマネジメントに成功すれば，組織の効率性や利益率が高まり，配分するパイが増え，より良い処遇を提供できるようになることを労使お互いが心に留め，協調的に組織の経営戦略を進めていく手段として HRM を活用してほしい。

引用参考文献

奥林康司・上林憲雄・平野光俊編著，2010，『入門人的資源管理［第2版］』中央経済社。

キャメル・ヤマモト，2006，『グローバル人材マネジメント論』東洋経済新報社。

白木三秀，2006，『国際人的資源管理の比較分析』有斐閣。

関口倫紀・竹内規彦・井口知栄編著，2022，『国際人的資源管理』中央経済社。

フォンス・トロンペナールス／チャールズ・ハムデン・ターナー／古屋紀人著・監訳，2013，『異文化間のグローバル人材戦略：多様なグローバル人材の効果的マネジメント』白桃書房。

Bartlett, C. A., and Ghoshal., S., 1989, *Managing Across Borders: The Transnational Solution,* Harvard Business School Press.

Heenan, D. A. and Perlmutter, H. V., 1979, *Multinational Organizational Development,* Weley Pub. Co.

Prahalad, C. and Doz, Y., 1987, *The Multinational Mission: Balancing Local Demand and Global Vision,* Free Press.

（佐藤飛鳥）

スメニューから利用者自身が必要な給付やサービスを選ぶ「カフェテリアプラン」の導入が進んでいる。

*エンゲイジメント
➡第13章「タレント・マネジメントとワーク・エンゲイジメント」❷

*コミットメント（Comittment）
公約，委託，委任，言質などの語義を持ち，職場では，業務や業績目標に対して「責任を持つ」，「達成を約束する」意味で用いられる。しばしば「コミットする」と言い，責任を持って仕事に取り組むことを明言する場合に使う。「組織コミットメント」は，所属する組織に対してコミットすること。
➡第13章「タレント・マネジメントとワーク・エンゲイジメント」❶ ❷

*トータル・リワード（Total Reward）
従業員に対する報酬（＝リワード）により総合的に動機づけるしくみ。金銭的報酬と非金銭的報酬をバランスよく包括した報酬マネジメント体系を指す。従業員の価値観やライフスタイルの多様化に対応するためには，賃金だけでなく，仕事そのものの面白さや働きやすい職場環境，組織文化，能力・キャリア開発，福利厚生，WLB/WLI も組み合わせた，自社独自の魅力的な報酬パッケージの提供が求められている。

終　章
あなたがキャリアデザインと向き合うために

　　本書の大目標は，**キャリアデザイン**と**ライフデザイン**の観点から
あなたが自分自身の働き方と生き方を考え，多くの時間を過ごすこ
とになる企業や組織の人と労務のマネジメント方法や方針について
知ることである。働きやすく，モチベーションを維持し続けられ，
能力を発揮しやすい環境を整える「HRM」と呼べる状況を残念な
がら実現できていない企業・組織の担当者となったと仮定して，**従
業員**にとって**帰属意識**が高く，ここで働き続けたいと「選ばれる」
ために今後改善していかなければならない課題も本書から読み
取ってほしい。

① 日本的 HRM を超えて，誰もが働きやすい HRM へ

　　読者の皆さんがグローバルに開かれた時代の就職活動を通
し，グローバル企業や，日本企業でも世界に活動の場を展開
している企業に就職し，共に働く仲間が世界各国から集まる
組織の一員になることもある。また，場合によってはあなた
自身がマネジメントを行う部署に配属されたり，経営者とし
て携わったりして HRM を行う立場となることもある。人事
部や労務部，総務部など名称の違いはあれど，組織の中で最
も重要な資源である従業員の人事管理（募集・採用，人材育
成，**人事評価**，異動，昇格，配置管理）や労務管理（**福利厚生・
労働安全衛生**・労使関係の管理や，労働組合との折衝や調整など職
場環境の整備）の担当者となることがあるからである。

　　労働者の視点，マネジメントを行う者の視点の両者を意識
して，読者自身が本書の基本的な情報を元に学びを進め，将
来的には企業や組織の課題を見つけ，提案し，改善する人財
が増えることで労使双方にメリットをもたらし「人的資源管
理」が達成される。

　　本書で紹介したように，グローバル人材のような一見きら
びやかな労働と，**技能実習生問題**のように是正策が喫緊の課
題となっている労働まで，労働のグローバル化は長短両側面
をもっている。本書では，アメリカやフランスの事例など，

＊キャリアデザイン
自分自身が将来の仕事や働
き方まで含めて，なりたい
姿やこうありたい姿を考
え，ビジョンを定めること
を通して職業人生を主体的
に設計し，具体的な計画を
実行して実現していくこと。

＊ライフデザイン
大きなライフイベントを達
成することも想定しなが
ら，過去から現在を振り返
り，その延長線上にある将
来，どんな人生を送りたい
かを具体的に構想するこ
と。自分の価値観や，成し
遂げたい夢，誰とどこで生
きていきたいか，周りの人
に自分自身がどんな人であ
ると理解してもらいたいか
を総合的に考慮して，ライ
フ（人生観）・キャリア
（仕事観）に，それを実現
するためのファイナンス
（金銭的裏づけ）の３要素
を組み合わせて考える必要
がある。退職後の過ごし方

も含めて早い段階で決定して就職先を選ぼう。

＊従業員

雇用契約に基づいて働いている「正社員，契約社員，嘱託社員，派遣社員，パートタイマー，アルバイト」などを指す。労働法規では使用者（事業主）と使用従属関係にあるもののこと。雇用契約以外の形で契約して働いている役員，代表取締役等は管理者側であり，その他業務委託，外注先などで働く人は自社で就労に係る管理を行わず，従業員に該当しない。本書では，人事労務管理・人的資源管理を受ける対象であることを明確にするために「従業員」という用語を用いている。

＊帰属意識
➡第4章「複雑化する賃金制度・報酬，福利厚生」④ 1，第13章「タレント・マネジメントとワーク・エンゲイジメント」❶ 2

＊人事評価
➡第3章「評価制度」❶，❷

＊福利厚生
➡第4章「複雑化する賃金制度・報酬，福利厚生」④

＊労働安全衛生
➡第9章「働きすぎと労働時間・安全衛生」❷

＊技能実習生問題
➡第11章「労働力不足と外国人労働者」

＊ダイバーシティ
➡第12章「ダイバーシティ・マネジメントとワーク・ライフ・インテグレーション」❶

＊外部労働市場
➡第14章「グローバル人材の確保と活用」⑤ 3

日本が取り入れるべきグッドプラクティスだけでなく，グローバル化に否応なしに対応せざるを得ない状況下の労働者マネジメントで課題となることにも触れている。日本における**ダイバーシティ**＊の進展により職場が変化しつつ，女性や高齢者，外国人などこれまでの人事労務管理上メインの労働者となってこなかった労働者の職場での活躍や，他方で男性のWLB・WLIのライフ部分への権利についても思いを馳せ，企業選びの参考にしてほしい。

　皆さん自身が「働く」に当たって職場でどのように「マネジメント」されるのか。そこにはまだ解決されていない課題があり，移行段階といえる。「HRMが実現されている企業に就職したい」のは当然として，入社後にしか実態がわからない情報の非対称性をなくす努力として，インターンシップ参加や，就職活動中の人事担当者への質問など，積極的な事前情報収集が欠かせない。さらに，皆さんが管理される側として雇用者と交渉を行ったり，管理者になったときに「人事労務管理」（英語圏ではPersonnel Labor Management, Human Resources and Labor Managementと表す。HRMの訳を人事労務管理とすることもあり，労働者のマネジメント手法一般を指す）から「HRM」に変えていく気概をもつために本書でHRMの基礎を押さえてほしい。

　ところで，本書は「HRM」という用語を，企業が企業価値の根幹となるヒトを活かし，ヒトのもつ側面を十分に理解し尊重したマネジメントであるという思いを込めて使用している。実は現在でも労働者の労務管理手法について「人事労務管理」という用語を信念に従いこだわりをもって使用する研究者が多い。本書が用語として「HRM」を選んだ背景には，企業，産業を超えて移動する雇用の流動化と就業形態の多様化の中で，**外部労働市場**＊全般で企業の枠を超えて働く一人ひとりが人間らしい生活を送るための労働条件および社会保障としての最低基礎条件となる管理手法が必要となっていることが根底にある。このベース（どの企業でもヒトとしての尊厳をもって，生活を営む手段として労働力を提供するために共通して提供される管理手法）が実現されて，個別企業の組織効率をも考慮した上で戦略的に人財をマネジメントしていくのがHRMなのである。

　加えて本書が「人的資源管理」という用語を選んだ理由は，従業員（ヒト）こそが**競争優位**＊の源泉であり，企業や組織が最も大切にし，育成し，**モチベーション**＊を引き出し，能力を最

大限に発揮してもらうための環境を整えることが必要だと考えるからである。人口減少，AI 活用，グローバル化，そしていつ何が起こるか予測不能な **VUCA**[*]（先行きが不透明で将来の予測が困難な）時代にあって自組織で力を発揮したいと考えてもらえるような組織であり続けるために「従業員を惹きつけられる人事労務管理」，すなわち HRM を実施していく必要がある。

② 「HRM」を実現するために

　本書が「ヒトこそ企業や組織の最も重要な要素」としてマネジメントを行っていく HRM について言及した課題，あるいは残された課題についてまとめたい。

　日本企業は**日本型雇用システム**[*]と呼ばれる特徴を備えながら，採用，配置，昇進，雇用調整，定年，賃金管理，労使関係などの「人事労務管理」を行ってきた。かつては Japan as No. 1 と呼ばれた日本の雇用システムも，企業活動，労働者，消費者などのグローバル化と**ダイバーシティ＆インクルージョン**[*]に伴って変化を余儀なくされている。大企業男性正社員が一家の生計を維持する家族をベースとして設定・運用されていた雇用システムは，それ以外の労働者（すなわち**雇用類似労働者**[*]，非正規労働者，女性，高齢者，外国人労働者など）を，管理上「イレギュラー」（アメリカにおける atypical worker）として，多くの場面で不利に扱ってきた。「それ以外」とされる労働者たちが大多数を占める今日の労働市場において，日本型雇用システムでは，従業員の能力を適切に評価し，彼らの働きに真摯に応える処遇を考え，モチベーションと能力を高めるマネジメントが実現できないのが実情である。多様化している職種や就業上の地位，性別や国籍などの属性のダイバーシティにかかわらず，それぞれの成果にふさわしい賃金や付加給付を提供すること。そして，職場環境を整え，施設面，制度面や人間関係上での働きやすさを追求することが求められる。

　加えて，管理手法としては人事労務管理と共通であっても，常に組織の長期的戦略に基づき，一歩先を見越した管理を行いつつ，企業の経営資源において最重要の要素として従業員と向き合うのが HRM である。黒字にもかかわらずリストラを行ってきた反動，グローバル化の影響，**若年層の早期離職問題**[*]など，近年の深刻な人手不足に直面して企業への**リテンション・マネジメント**[*]に注目が集まっている。自社への

＊競争優位（Competitive advantage）
競争状態にある企業や競合状態にある製品より優れた価値を提供できること。業界平均や競合社以上の利益率を上げ，市場占有率を獲得している状態のこと。競争優位は，競争相手に対するコスト優位か，差別化優位かに大別できる。また，消費者が企業や製品に対し，競合他社や競合製品よりも大きな価値を見出し，「この企業から」，または「この製品を」購入したいと考えること。

＊モチベーション
➡第13章「タレント・マネジメントとワーク・エンゲイジメント」❶ ②

＊VUCA
➡第14章「グローバル人材の確保と活用」❶ ①

＊日本型雇用システム
➡第14章「グローバル人材の確保と活用」❹ ②

＊ダイバーシティ＆インクルージョン
➡第12章「ダイバーシティ・マネジメントとワーク・ライフ・インテグレーション」❸ ②

＊雇用類似労働者
➡第6章「雇用の流動化と多様な就業形態」❹ ①

＊若年層の早期離職問題
七五三現象とも呼ばれる。学卒後就職3年以内に，中卒新入社員の7割，高卒新入社員の5割，大卒新入社員の3割が離職する現象のこと。仕事内容への理解不足や仕事と本人の能力とのミスマッチ，再就職の困難さへの理解不足で安易に離職してしまうことなどが原

因といわれることが多い。早期離職は，その後非正規雇用になったり収入が落ちたりとキャリア形成に悪影響をもたらすため，自らの適性をよく考えた上で就職先を決定することや，企業側のリテンションマネジメントも求められる。

＊リテンション・マネジメント
➡第14章❻

定着を促すには，従業員から「ここで働きたい」と実感してもらえる HRM を実践していく必要があるため，多大なる労力，時間，コストのかかる HRM をどう組み合わせて提供すれば効率的で効果が期待できるか，全社戦略を設定して実行せねばならない。

例えば，企業はコストとリスクを負いながら従業員の評価・考課を行い，給与，昇格・昇進や能力開発の機会付与などの処遇を通して従業員を動機づけ，能力開発を促している。これまではすぐに効果の出ない人材育成がコスト削減対象となってきたが，本書で一貫して強調してきたように，新たな競争力構築のためには，マイノリティ扱いされているが実際には労働市場の主要な構成者である非正規雇用労働者や女性従業員に教育や評価，人事考課の対象を広げ，育成・活用を進める方針転換が求められる。透明性確保や多様な従業員に応じた評価制度のあり方も課題である。効率的な適材適所を実現するため，人材のポテンシャルまでを考慮した募集・採用を行った上で，その後も継続的に教育を通して能力を養い，高めていく必要がある。そのためにコストがかかっても個別的な従業員の状況に合わせた評価が必要となるのである。

❸ 社会の責任：グローバル基準の企業倫理観の醸成を促す

人手不足に直面する製造現場，サービス業など，特に中小零細企業で外国人労働者が量的・質的に基幹労働力化しているにもかかわらず，日本人との生活格差や，帰国前提の制度設計などの面で労働者・生活者としての権利が脅かされている。急増している外国人技能実習生の一時的移民としての権利制限は経済的搾取であり，これも HRM の対極問題として即時に解決しなければならない課題である。社会（消費者）は，労務費の大幅削減による製品価格の不当な廉価設定で価格競争力を高めている企業がないかどうかを意識して消費活動を行うべきである。

＊ダイバーシティ・マネジメント
➡第12章「ダイバーシティ・マネジメントとワーク・ライフ・インテグレーション」❶ 1

均一的な文化・政策の下でマネジメントを行ってきた日本でも外国人労働者の増加で多様な**ダイバーシティ・マネジメント**が意識されはじめている。この点で先進国であるアメリカの多様な人材を包含する「ダイバーシティ＆インクルージョン」が生き残り戦略として活用できる。しかしグローバル人材確保のためには，多国にまたがって活動する上での文化的差異，国ごとの労働慣行の違いや労働者のダイバーシ

ティを踏まえる必要がある。従業員の現地適応のための配慮を中心にしたリテンション・マネジメント施策を含め，競争優位の源泉である「従業員を惹きつける HRM」が企業に求められている。

④　政府および企業の責任：最低労働基準と国際競争力

　常態化する**時間外労働***が過労による自死や精神疾患につながるなど，ブラック企業での働きすぎの状況こそが HRM の実現と対極にある現実であり，最も早く着手して解決しなければならない課題である。柔軟な労働時間管理制度の適用により，働きすぎに歯止めをかけ，従業員の**労働力再生産***を担保することが切に求められている。これに対するアンサーの1つとして注目したいのがフランスの長期休暇制度**バカンス***である。日本では**有給休暇***取得義務化と時間単位取得が可能となったが，取得へのためらいと病気休暇がないことで取得率は6割に満たず低迷している。フランスが法整備と政府の積極推進によってバカンスを整備し，文化として浸透・大衆化したことで，休暇が WLB，モチベーションや生産性・創造性の向上に貢献していることに学ばなければならない。

　日本でも当初はコロナ禍の対症療法として利用され始めた**リモートワーク***が，例えば育児や介護などを同時に行う労働者の働きやすさに繋がったり，通勤時間の短縮や家族との生活時間の確保によって身体・精神両面で体力や気力の再生産につながるなど，従業員ファーストで「従業員は何を求めているか」を元に HRM 施策を考えるヒントとなる。

　企業にとっても，手間とコストをかけて育成するメリットのあるタレントのマネジメントが HRM となりやすく，**ワーク・モチベーション***や**組織コミットメント***，そして役割外行動を高めることで結果として組織の業績向上に寄与する。**タレント人材**向けに制度化した HRM を全従業員に適用していけば，**労働生産性**・社員の定着率向上を通して組織目標達成に期待できる。

　加えて，競争激化の中，経営に関する高度な専門性やスキル，対人能力をもつ人材を計画的に育成する**選抜型人事***を導入し，リーダープログラム・管理監督者研修などを活用する企業が増加していることからみても，戦略的 HRM の実践は管理職の育成戦略と**サクセッションプラン**に現れる。ライフイベントとの両立，キャリアビジョンとのマッチは従業員の

＊労働力再生産
➡マルクス『資本論』による労働力の価値と再生産過程の考え方。市場へ商品として売り出された「労働力」は，雇用契約後に「生産」過程で使用され力を発揮し，この使役により労働力は消耗する。つまり，生きた個人である労働者が1日働き，疲れて帰宅した翌日，勤務日であれば再び元気に回復した労働力とともに職場に来て働くことが繰り返される。就業後，次の勤務までに労働者は食事をして栄養補給したり，入浴したり家族や友人と過ごしたり，趣味に没頭したり，出かけたりしてリラックスし，睡眠を取り元気が戻っている状態が労働力の再生産である。そのために必要な費用を「労働力の再生産費」と呼び，労働力の価値，賃金だとする考え方。労働力の所有者を維持する生活手段，食費や家賃などの生活費，家族を養う費用，労働者がいなくなったときに代替する子どもの養育費，修業費も含むとする。

＊リモートワーク
在宅勤務をメインに，レンタルオフィスなど，企業の

オフィス以外で働くこと。カフェや外出先で仕事をするモバイルワークや、コワーキングスペースなどで仕事をするサテライトオフィスワークなども含む。1970年代から、日本でも国や自治体を中心に「テレワーク」(tele＝離れた所＋work＝働く)という呼称を用いてきた。インターネット環境が充実したことで、Web会議ツールやチャットツールなどを活用しながら遠隔地で業務を行うことが可能となった。

＊ワーク・モチベーション
➡第13章「タレント・マネジメントとワーク・エンゲイジメント」❶ 2

＊組織コミットメント
➡第13章「タレント・マネジメントとワーク・エンゲイジメント」❶ 2

＊タレント人材
➡第13章「タレント・マネジメントとワーク・エンゲイジメント」❶ 1

＊労働生産性
「労働投入量1単位当たりの産出量・産出額」で表され、労働者1人当たり、あるいは労働1時間当たりに生み出した成果を示すもの。労働生産性が向上するというとき、同じ労働量でより多くの生産物（成果）を生んだか、より少ない労働量でこれまでと同じ量の生産物（成果）を生んだことを意味する。「付加価値労働生産性」は生み出した成果に対しての付加価値を表し、「物的労働生産性」は成果に対しての生産量や金額などを表す。

働き方の尊重と働かせ方の選択肢として HRM 担当者が常に意識しなくてはならない点である。これは各企業の責任においてだけでなく、国際競争力や産業競争力を高め、日本企業がグローバル競争下で外貨獲得によって経済成長を果たし、同時に国際社会への貢献を実現していくために必要不可欠な視点である。政府はグローバル基準で通用する**労働法**[＊]の整備により、すべての労働者が働きやすい環境を整えることで企業の HRM を下支えすることができる。

⑤ ステークホルダーの責任：従業員を大切にする企業を選ぶ

アメリカでは1991年に Great Place to Work® Institute「働きがいのある会社」研究所が設立され、働きがいに関する調査・分析が行われてきた。現在では世界約100か国で調査が行われ、毎年1月に雑誌 *Fortune* を通じてランキングを発表している。ランクインすることは**ワーク・エンゲイジメント**[＊]が高い従業員を擁する企業の証であり、従業員が自社に抱く信頼感や、自発性や職務遂行への熱意、**コミットメント**[＊]も高い。**エンゲイジメント**[＊]が高いと定着率も高く、従業員が業績向上や目標達成に向かって協力している様子が報告されている。

また、ボランティアなど地域活動に参加する企業や、消費者から製品やサービス、従業員についての正のフィードバックをもらう企業に勤めていることが従業員のエンゲイジメントを高めることも明らかになっている。従業員を大切な**ステークホルダー**[＊]として対応している企業への投資を行うべきである。

⑥ 企業の責任：一人ひとりの「ヒト」のマネジメント

HRM を通して、企業（のマネジャー）は従業員の能力のさらなる向上を図り、仕事上の成功体験を通して**自己効力感**[＊]を高めるとともにチャレンジングな試みを奨励する。**心理的安全性**[＊]が確保されている職場では、職場のモチベーションをアップしつつ、イノベーションにつなげていくことができる。ポストが限られている中で、次世代のリーダーとなる実力を備えた人材を抜擢し、昇格させ、能力を開花させることも HRM の主要な役割である。

他方で、タレント人材の待遇整備やリテンション・マネジメントのような狭い範囲と HRM を結びつけるべきではない。何度も触れたように、企業や組織にとって従業員、「ヒト」こそが競争優位の源泉である。商品やサービスや特許な

ど直接的な成果物を生み出すアイディアもヒトが考えるし，製品製造のラインで細かな作業をするのもヒトである。自社製品やサービスの特徴やメリットを他社製品と比較して，顧客に納得して購入してもらう説得や交渉を行うのもヒトである。また，すべての従業員の働く環境を整えたり，経理などを行ったり組織内部で運営業務を行うのもヒトである。すべての仕事を行う人にその人の生活があり，家族がいて，消費者としての側面ももっている。喜怒哀楽があり，疲労し，眠り，食べ，子を育て，親の面倒をみる人々が従業員なのである。労働力を提供してもらうからには，従業員が個性をもったヒトの集まりであり，全員がその人のもつ有限の時間を自社のために提供していることを忘れてはならない。

　個人の能力や資質を見極め，適材適所とふさわしい処遇を設定することは難事ではあるが，HRM を実施する上では避けては通れない問題である。急増する非正規雇用や外国人労働者など，権利を主張しがたい人の交渉権の確保も含め，丁寧な人事考課，納得できる処遇，今後のモチベーションに繋がるインセンティブ，リテンション・マネジメントとなる処遇の実現が課題として挙げられる。

　これまで，日本ではバブル崩壊時のような必然に迫られたときも，必ずしもそうでないときも，労務費（人件費）は企業において大きな比率を占めるがゆえに，迅速に進められて効果が期待できるコストカット対象とされてきた。しかも，**企業別組合**[*]による集団的労使交渉で一律決定できるため，企業側は個別交渉にかかるタイムコストを負担してこなかった。

　一方，HRM に基づいた人事考課・評価を行おうとすると，熱意と時間とコストがかかり，多様な仕事を行う従業員の能力を適切に評価できる上司や管理者，経営者などが必要となる。**総額人件費**[*]の枠内，すなわち労務費の上限が決まっている中で，透明性があり，納得性が高く，従業員のモチベーションを高める配分方法は一朝一夕には実現し得ない。時間がかかるからこそすぐに取り掛かり，他国の手法から学びつつ，カスタマイズしながら進めていくのが良いだろう。従業員から選ばれる企業になることは，HRM にかかるコストを補って余りある実りをもたらす。

⑦　労働者の責任：労働条件への関心と改善のための交渉

本書ではマルクスの**剰余価値**[*]概念を用いて労働力の再生産

＊剰余価値
➡第4章「複雑化する賃金制度・報酬，福利厚生」❶

＊カフェテリアプラン
従業員が付与されたポイントの範囲内で，予め用意された福利厚生サービスの中から好きなものを選ぶ選択型福利厚生制度のこと。好きな飲物や食べ物を選択するカフェテリアを由来とする。経団連の調査では導入企業は1000人以上を擁する大企業が全体の9割弱を占めている。多様なプランを提供するための福利厚生費が豊富であるためである。

＊生産年齢人口
労働に従事でき，生産活動を中心となって支える年齢別人口を意味する概念で，日本では15歳以上65歳未満の層を指す。年齢別人口には3つの区分があり，0〜14歳の年齢層は「年少人口」，15〜64歳は「生産年齢人口」，そして65歳以上の層は「高齢人口」と定義される。少子高齢化により生産年齢人口の減少に歯止めがかからないが，労働の担い手としても社会保障を支える存在としても重要なこの層が総人口に先駆けて減少していることは日本全体の課題である。

＊企業別労働組合
➡第5章「労働組合と労使関係」❸

＊労使協議制
➡第1章「日本における人的資源管理の構造と展開」❹ 3

の観点から「賃金」の考え方を紹介したが，HRM が実施されている企業では賃金提供に加え，生身の人間が労働により消耗した心と身体を休め，従業員が自身の能力をいかんなく発揮できる状態づくりに貢献するために「労働力再生産のサポート」まで行うと理解しよう。具体的にはモチベーションアップやリテンション・マネジメントに繋がる福利厚生を提供することが現実的で，これらは HRM の重要施策でもある。ここでも多様なニーズに応えるべく**カフェテリアプラン**＊の提供を行うなど，個別の労働者の事情や期待に寄り添う企業姿勢を知ることができる。入社前に福利厚生や付加給付の提供情報を比較することで，あなたに合った企業選びができる。

　少子高齢時代となり，**生産年齢人口**も減少していく。製品やサービスの付加価値を高めるためには，価値の源泉である従業員を最も大切な経営資源・要素と認識してマネジメントを行う企業を探し続けよう。土地や機械，資本を持たない労働者を搾取して利益率を高めるような前時代的な経営者・労働者関係が成立しなくなっただけでなく，グローバル化，AI の活用，価値観やニーズの多様化，コロナ禍が生活様式や働き方さえも変える激動の変化の中で，本書の多くの読者は就職活動を通して企業や組織に属することになる。働くことは生計費の獲得手段であり，自己実現の手段であり，社会との接点である。キャリアとライフ両輪のデザインのバランスを取りながら進めてほしい。そこで欠かせないのが，企業選びの段階で企業や組織が従業員をどう取り扱おうとしているかを知っておくことなのである。

　賃金額，一時金，福利厚生，付加給付，年次有給休暇日数などを，求人票や企業の（新卒）採用ページ，就職支援企業（マイナビやリクナビなど）の各企業ページから読み取ることができる。離職率，従業員年齢構成や労働組合加入率なども公表しているケースもある。企業理念や経営者からのメッセージにも HRM に繋がる方針が明らかになることもある。

　さらに考えてみよう。こうした労働者の処遇改善はマネジメント側が一方的に提示するもので，あなたは示されたプランから選ぶことで満足できるだろうか。労働条件の改善や民主主義的経営をめざし活動する**企業別労働組合**や**労使協議制**＊がある。労働組合に加入し，一人ではなかなか主張できない権利を要求して，仲間とともに居場所としての企業の過ごしやすさを改善する力を行使することができる。

　もう 1 つの潮流として，働き方の多様化，価値観の多様化により賃金や処遇の個別的管理が進み，労働組合加入率が低下している。つまり，これまで日本の多くの企業は労働者を標準化して画一的管理を行ってきたが，それができないほど就労形態が多様化し，ダイバーシティが前提の社会となり，ライフスタイルも多様化してきた。結果として，単一的・一律的な労働集団の処遇を交渉する集団的労使関係では対応しきれなくなっている。労使交渉単位が個人となるケースが増え，また，より良い労働環境や処遇を求めてキャリアビルドするタレント人材は契約交渉時，雇用契約時，契約更新時のタイミングで交渉を行うようになっている。従業員一人ひとりに向き合い，有限の時間を自社のために割いて労働力を提供している従業員とともに企業目的を達成しようとする企業を探し当てるためにも，あなた自身が労働条件に関心をもって自律的に動くことが肝要である。

　以上にみてきたように，社会，政府，企業，ステークホルダー，労働者といった多様なアクターと win-win 関係を維持しながら，従業員を通して企業価値を高めることが HRM 施策となる。そして，HRM は社会に商品やサービスといった価値を提供して組織の存在意義を示し，社会に価値を還元し続けるために従業員に労働力を提供し続けてもらうための仕組みである。従業員を大切にする企業が労働者からも消費者からも選ばれる。本書の読者が，HRM を実現し（ようとし）ている企業を選び，また，HRM を実現していく当事者になっていただくことを期待する。

引用参考文献

岩出博編著，2020，『従業員満足のための人的資源管理』中央経済社。

奥林康司・上林憲雄・平野光俊編著，2022，『入門　人的資源管理［第 2 版］』中央経済社。

上林憲雄・厨子直之・森田雅也，2020，『経験から学ぶ人的資源管理［新版］』有斐閣。

白木三秀編著，2017，『新版　人的資源管理の基本［第 2 版］』文眞堂。

守屋貴司・中村艶子・橋場俊展編著，2018，『価値創発（EVP）時代の人的資源管理』ミネルヴァ書房。

（佐藤飛鳥）

事項索引

※「人的資源管理（HRM）」「労働基準法（労基法）」等は頻出するため省略した。

●わ　行

●欧　文

執筆者紹介

（執筆順，＊は編者）

中村艶子（なかむら・つやこ）　はしがき，**第12章**

モントレー国際大学院通訳翻訳学研究科。翻訳修士。

現在：同志社大学グローバル・コミュニケーション学部教授。専門：女性労働，社会学。

主著：『男女協働の職場づくり』共著，ミネルヴァ書房，2004年。

『ワークライフ・インテグレーション――未来を拓く働き方』共編著，ミネルヴァ書房，2021年。

＊橋場俊展（はしば・としのぶ）　序章，**第5章**

同志社大学大学院商学研究科博士課程（後期課程）中退。商学修士。

現在：名城大学経営学部教授　専門：人的資源管理論。

主著：「人的資源管理――人口減少社会における人材の育成と定着」櫻井純理編著『どうする日本の労働政策』ミネルヴァ書房，2021年。

「我が国の従業員エンゲージメントに関する一試論――批判的見解を含む示唆的所論を手がかりに」『名城論叢』第22巻第4号，2022年。

平澤克彦（ひらさわ・かつひこ）　**第1章**

日本大学大学院商学研究科博士後期課程満期退学。博士（経営学）。

現在：日本大学商学部特任教授。専門：人的資源管理論。

主著：『企業共同決定制の成立史』千倉書房，2006年。

Transforming Asian Economy and Business Administration, co-edited, BoD Germany, 2022.

山本大造（やまもと・だいぞう）　**第2章**

同志社大学大学院商学研究科博士課程満期退学。修士（経営学）。

現在：愛知大学経営学部教授。専門：人事管理論，労使関係論。

主著：『ヒト・仕事・職場のマネジメント――人的資源管理の理論と展開』共著，ミネルヴァ書房，2016年。

『ワークライフ・インテグレーション――未来を拓く働き方』共著，ミネルヴァ書房，2021年。

熊沢　透（くまざわ・とおる）　**第3章**

東京大学大学院経済学研究科単位取得退学。経済学修士。

現在：福島大学経済経営学類教授。労働問題。

主著：『どうする日本の労働政策』共著，ミネルヴァ書房，2021年。

『社会保障』共著，弘文堂，2023年。

石　文婧（いし・うぇんじん）　**第4章**

現在：日本大学大学院商学研究科博士後期課程。専門：人的資源管理論。

主著：「賃金管理論の成立について――スコットらの所論を中心に」日本大学『商学論叢』第14巻第1号，2022年。

「賃金管理と予算統制」日本大学『商学論叢』第15巻第1号，2023年。

山崎　憲（やまざき・けん）　**第6章**

明治大学大学院経営学研究科博士課程修了。博士（経営学）。

現在：明治大学経営学部専任准教授。専門：人事労務管理，人的資源管理，Industrial Relations。

主著：『デトロイトウェイの破綻──日米自動車産業の明暗』旬報社，2010年。

『「働くこと」を問い直す』岩波新書，2014年。

島内高太（しまうち・こうた）　**第7章**

中央大学大学院商学研究科博士課程後期課程修了。博士（経営学）。

現在：拓殖大学商学部教授。専門：経営学，人的資源管理論，人材育成論。

主著：『企業内訓練校の教育システム──連携と共育による中核技能者育成』晃洋書房，2022年。

"Employment Management Reform and the Japanese Production System: The Experience of Japanese Manufacturers During the Lost Decade", Kappei Hidaka（eds.）*Industrial Renaissance : New Business Ideas for the Japanese Company*, Chuo University Press, 2017.

木村三千世（きむら・みちよ）　**第8章**

龍谷大学大学院経営学研究科修士課程修了。修士（経営学）。

現在：四天王寺大学経営学部教授。専門：人的資源管理論。

主著：『価値創発（EVP）時代の人的資源管理── Industry4.0 の新しい働き方・働かせ方』共著，ミネルヴァ書房，2018年。

『ワークライフ・インテグレーション──未来を拓く働き方』共著，ミネルヴァ書房，2021年。

＊浅野和也（あさの・かずや）　**第9章**

中京大学大学院経営学研究科博士後期課程修了。博士（経営学）。

現在：三重短期大学法経科准教授。専門：人的資源管理，労務管理，労使関係。

主著：『トヨタの躍進と人事労務管理──「日本的経営」とその限界』共著，税務経理協会，2016年。

『安倍政権下のトヨタ自動車』共著，税務経理協会，2018年。

五十畑浩平（いそはた・こうへい）　**第10章**

中央大学大学院経済学研究科博士後期課程修了。博士（経済学）。

現在：名城大学経営学部教授。専門：フランスにおける職業教育，キャリア開発，人材育成。

主著：『スタージュ　フランス版「インターンシップ」──社会への浸透とインパクト』日本経済評論社，2020年。

『フランス──経済・社会・文化の実相』共著，中央大学出版部，2016年。

永田　瞬（ながた・しゅん）　**第11章**

一橋大学大学院経済学研究科博士課程修了。博士（経済学）。

現在：高崎経済大学経済学部教授。専門：経営労務論，社会政策論。

主著：『働く人のための人事労務管理』共編著，八千代出版，2023年。

「外国人技能実習生の基幹労働力化と不安定化──岡山県倉敷市における縫製産業の事例から」『高崎経済大学論集』第63巻1号，2020年。

岸田泰則（きしだ・やすのり）　第13章

　法政大学大学院政策創造研究科博士後期課程修了。博士（政策学）。

　現在：釧路公立大学非常勤講師。専門：組織行動論。

　主著：『シニアと職場をつなぐ——ジョブ・クラフティングの実践』学文社，2022年。

　　　　「高齢雇用者のジョブクラフティングの規定要因とその影響——修正版グラウンデッド・セオ

　　　　リー・アプローチからの探索的検討」『日本労働研究雑誌』No. 703，2019年。

＊佐藤飛鳥（さとう・あすか）　第14章，終章

　金沢大学大学院社会環境科学研究科博士後期課程修了。博士（経済学）。

　現在：東北工業大学ライフデザイン学部准教授，東北工業大学マーケティングサポート研究所所長。

　　　　専門：アメリカ労働経済学，人的資源管理論，マーケティング。

　主著：『価値創発（EVP）時代の人的資源管理—— Industry4.0の新しい働き方・働かせ方』共編著，

　　　　ミネルヴァ書房，2018年。

　　　　『明日を生きる 人的資源管理入門』共著，ミネルヴァ書房，2009年。

Horitsu Bunka Sha

Basic Study Books

入門 人的資源管理論

2024年10月15日　初版第1刷発行

編著者	佐藤飛鳥・浅野和也 橋場俊展
発行者	畑　　光
発行所	株式会社 法律文化社

〒603-8053
京都市北区上賀茂岩ヶ垣内町71
電話 075(791)7131　FAX 075(721)8400
https://www.hou-bun.com/

印刷：共同印刷工業㈱／製本：新生製本㈱
装幀：白沢　正

ISBN 978-4-589-04364-1

© 2024　A. Sato, K. Asano, T. Hashiba
Printed in Japan

具 滋承編著

経 営 学 の 入 門

A 5 判・290頁・2530円

企業形態、組織・労務管理、ガバナンス、経営戦略、財務・会計、マーケティング、生産管理、イノベーション、ブランド、消費者行動、環境、国際経営など、経営学を学び始めるために必要な基礎知識を網羅。経営学全体を俯瞰し理解する初学者必携の基礎テキスト。

具 承桓編

生 産 マ ネ ジ メ ン ト 論

A 5 判・276頁・3080円

生産マネジメントは、モノづくりを中心とするビジネス活動そのものである。本書はこれらの基礎を体系的に解説し、企業活動における生産の仕組みを様々な生産システムの発展、生産方式、戦略まで最新の情報と実態を踏まえ詳述。生産計画の意義や流れを理解する。

石田光男著

仕 事 と 賃 金 の ル ー ル

―「働き方改革」の社会的対話に向けて―

四六判・200頁・2970円

徹底した現場主義で、労使関係の実態を検証し続けてきた著者が、これまでの日英米の国際比較調査を跡づけながら、仕事と賃金のルールの特性を浮かび上がらせ、そこから照らし出される日本の労使関係のあり方を語る。

Basic Study Books 初学者が学び始めの段階でつまずくことなく、基礎と全体像、最新情報と課題をわかりやすく解説。「側注」を設け、重要語句の解説・補足、クロスリファレンス（相互参照）などを記載し、網羅的に全体像を把握することができる。[A 5 判・並製]

馬場 健・南島和久 編著
地方自治入門
2750円

武藤博己監修／南島和久・堀内 匠 編著
自治体政策学
3520円

大森正仁 編著
入門 国際法
2750円

佐久間信夫・井上善博・矢口義教 編著
入門 企業論
2970円

佐藤飛鳥・浅野和也・橋場俊展 編著
入門 人的資源管理論
3190円

石井まこと・所 道彦・垣田裕介 編著
社会政策入門 これからの生活・労働・福祉
2860円

――法律文化社――

表示価格は消費税10％を含んだ価格です